Peter Bachmann

GPS für Piloten

Peter Bachmann

GPS für Piloten

Satelliten-Navigation
in der Luftfahrt-Praxis

Motorbuch Verlag

Einbandgestaltung: Anita Ament

ISBN 3-613-01839-X

1. Auflage 1997

Produktion: Air Report Verlag, 64739 Höchst
Druck: Rung-Druck, 73033 Göppingen
Bindung: Karl Dieringer, 70839 Gerlingen
Printed in Germany

Die Informationen und Daten in diesem Handbuch sind von Autor und Verlag sorgfältig erwogen
und geprüft. Dennoch kann eine Garantie für Richtigkeit und Vollständigkeit nicht übernommen
werden. Eine Haftung des Autors oder des Verlags und seiner Beauftragten für Personen-, Sach-
und Vermögensschäden ist ausgeschlossen.

Unser Dank gilt ausnahmslos allen GPS-Herstellern sowie der AOPA Germany, die uns bei diesem
Handbuch mit umfangreichem Daten-, Bild- und Textmaterial unterstützt haben. Besonders bedan-
ken möchten wir uns bei dem Bundesministerium für Verkehr, der DFS Deutsche Flugsicherung
GmbH, der DFS (Büro NfL), dem Luftfahrt-Bundesamt und dem Institut für Kartographie und Geodäsie für die umfassenden Hilfen und Beiträge. Die Quellen der Abbildungen sind in den Bildunter-
schriften angegeben.

Inhalt

3. GPS-Empfängertechnik

4. Portraits der GPS-Empfänger und Moving Map Displays

5. GPS heute und morgen

6. Anhang

Vorwort

GPS - Global Positioning System, eine faszinierende, neue Technologie beherrscht seit einigen Jahren das Navigieren auf dem Lande, zu Wasser und in der Luft. GPS ist ein Meilenstein in der Geschichte der Navigation und wird in Zukunft alle bisher bekannten und verwendeten Navigationsverfahren entbehrlich machen. In einer Entfernung von etwa 20.000 Kilometern umkreisen 24 GPS-Satelliten in 6 Umlaufbahnen die Erde und sorgen dafür, daß an jedem Punkt der Erde rund um die Uhr und wetterunabhängig immer genügend Navigationssignale empfangen werden, um metergenau navigieren zu können.

Einfach zu bedienende Empfangsgeräte werten die Signale aus und errechnen alle für die Navigation wichtigen Daten. Der technische Aufwand bei den GPS-Empfängern ist im Vergleich zu anderen elektronischen Navigationsinstrumenten gering. Der navigatorische Fortschritt des GPS wird am deutlichsten in der Luftfahrt, wo GPS die seit Jahrzehnten verwendeten komplexen und aufwendigen Navigationsverfahren in den nächsten Jahren verdrängen wird.

Dieses Handbuch beschreibt nach einer kurzen Einführung in die GPS-Grundlagen die Technik der GPS-Empfänger für die Luftfahrt und ihre Anwendungen und Funktionen in der fliegerischen Praxis. Anschauliche Grafiken und Abbildungen zeigen dabei die verschiedenen Layouts der Anzeige- und Bedienteile und vermitteln einen Eindruck über die Geräte-Bedienung sowie die Darstellung und Interpretation der Display-Anzeigen.

In den Portraits der GPS-Empfänger und der Moving Map Displays mit internen oder externen GPS-Empfangsteilen werden die Geräte mit je einer Abbildung und den wichtigsten technischen Daten standardisiert vorgestellt. Screenshots von Flugabläufen und Navigationsbeispielen runden den Portraitteil ab.

Eine GPS-Bestandsaufnahme im Luftfahrtbereich, ein Ausblick auf die künftigen navigatorischen Luftfahrt-Entwicklungen nach nationalen und internationalen Planungen sowie der Anhang mit Anschriften und umfangreichem Akronym- und Stichwortverzeichnis runden das Handbuch ab.

Höchst, im Oktober 1997

Peter Bachmann

Kapitel 1
GPS-Grundlagen

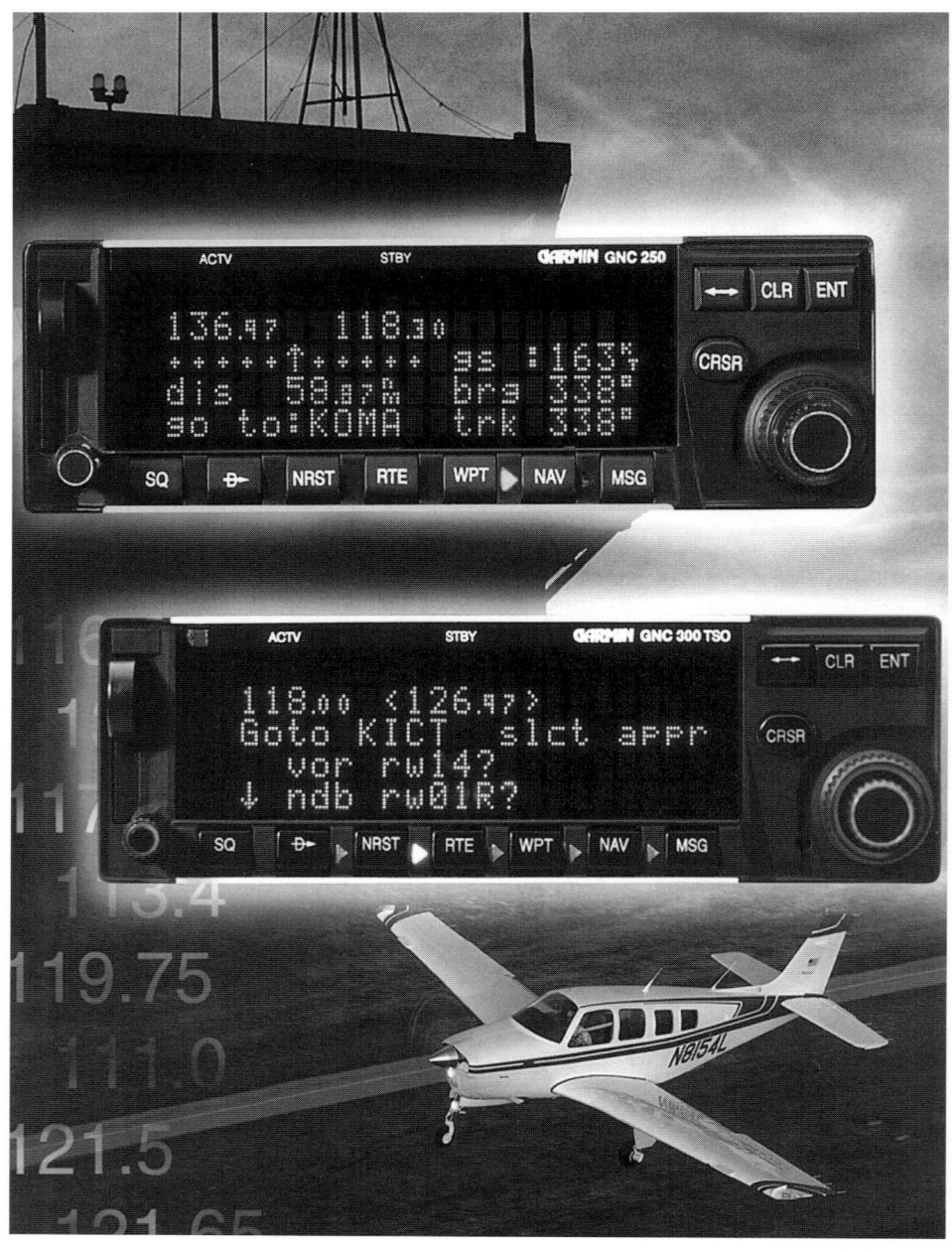

Abb. 1.1: GPS hat die Luftfahrt-Navigation revolutioniert: GPS-Empfänger in den Cockpits bestimmen heute die Streckennavigation bei VFR- und IFR-Flügen (Quelle: Garmin).

GPS - die navigatorische Revolution

Jeder, der sich in der Luftfahrt, Seefahrt und auch beim Landverkehr auskennt, weiß, welcher Wandel sich navigatorisch in diesen Verkehrssystemen in den vergangenen Jahren vollzogen hat. Insbesondere in der Luftfahrt erlebten wir in den vergangenen zehn Jahren mehr Fortschritte bei den Navigationsverfahren als in ihrer gesamten Geschichte.

Eine neue Generation an Navigationsgeräten bestimmt die Cockpits: Farbige Bildschirme mit digitalisierten Darstellungen ganzer Instrumentengruppen haben zumindest in der gewerblichen Luftfahrt und der Linienluftfahrt fast vollständig die konventionellen, elektromechanischen Navigationsinstrumente ersetzt.

Das Non plus ultra dieser Neuerungen ist die Navigation mit Satelliten, die Navigation mit GPS, dem Global Positioning System.

In der Luftfahrt ist GPS erst seit vier bis fünf Jahren zunehmend aktuell. Bis jetzt sind GPS-Empfänger für die Luftfahrt als primäre Navigationsinstrumente noch nicht zugelassen, weil Systemungenauigkeiten derzeit noch einen sicheren und im Sinne der internationalen Luftfahrtbehörden zulassungsfähigen Einsatz ausschließen.

Doch die GPS-Industrie arbeitet intensiv an bodenseitigen Systemen zur Verringerung der GPS-Ungenauigkeiten. Schon heute kann mit DGPS eine unvorstellbare Präzision bei der Positionsbestimmung bis in den Zentimeter-Bereich erreicht werden. Parallel dazu werden auch die Empfänger in ihrer Integrität so weit optimiert, daß sie, z.B. in Verbindung mit weiteren Navigationssensoren, alle Chancen haben, die konventionellen Navigationsverfahren in wenigen Jahren zu ersetzen.

Weltweit und wetterunabhängig navigieren

Als satellitengestütztes System hat GPS gegenüber bodenabhängigen Navigationssystemen einige Vorteile. Der größte ist die weltweite und wetterunabhängige Signalverfügbarkeit. Das heißt, daß mit GPS bei 24 Satelliten im Orbit an jedem Punkt der Erde gearbeitet werden kann.

GPS verwendet hochfrequente Signale, ähnlich wie VORs (Very High Frequency Omnidirectional Radio Range, UKW-Drehfunkfeuer für die Luftfahrt-Navigation). Dadurch sind Interferenzen durch statische Elektrizität und Wettererscheinungen (Gewitter, Stürme usw.) weitgehend minimiert. Andere Störungen der GPS-Signale durch sichtbare Wettererscheinungen wie z.B. Regen, Schnee oder Nebel (ADF oder VOR) gibt es ebenfalls nicht.

GPS-Navigation in Kurzform

Bevor wir später genauer auf die Navigation mit GPS eingehen, wollen wir zunächst kurz die navigatorischen Möglichkeiten in bezug zur Luftfahrt ansprechen. Vereinfacht ausgedrückt ermöglicht GPS die Navigation von Punkt zu Punkt ohne die Einschränkungen und komplizierten Methoden aller bekannten Navigationsverfahren.

Die GPS-Navigation basiert auf der Entfernungsbestimmung zu den NAVSTAR-Satelliten im All (NAVSTAR, NAVigation System with Time And Ranging). Die Entfernung wird dabei durch folgende Gleichung ermittelt:

$$D = V \times T$$

D steht in dieser Gleichung für Entfernung, V für Geschwindigkeit und T für Zeit.

Da bekannt ist, daß sich elektromagnetische Wellen mit Lichtgeschwindigkeit (ca. 300.000 km pro Sekunde) ausbreiten, läßt sich die Entfernung Satellit-GPS-Empfänger durch exakte Laufzeitmessung des Satellitensignales errechnen.

Positionsbestimmung

Sind die Entfernungen zu drei Satelliten festgestellt, können durch trigonometrische Berechnungen die Positionskoordinaten des Empfängerstandortes in der Ebene (Latitude, LAT; Longitude, LON) bestimmt werden.

Berechnet man noch die Entfernung zu einem 4. Satelliten, kann zusätzlich zu der zweidimensionalen Position die Höhe des Empfängerstandortes ermittelt werden.

Durch Vergleich mit den bekannten Koordinaten eines Zielortes oder einer auf dem Weg liegenden Zwischenstation (Waypoint) kann so leicht die Entfernung zu diesen Punkten festgestellt werden.

Kursbestimmung

Hat ein GPS-Empfänger seine Position errechnet, und die Zielkoordinaten stehen geräteintern ebenfalls zur Verfügung, werden zunächst Kursinformationen zum Zielort als Steuerkurs (Heading, HDG) in Form einer alphanumerischen Anzeige (z.B. HDG 345°) und / oder als grafische Kursablage-Anzeige (Course Deviation Indication, CDI) ausgegeben.

Dabei ist es auch möglich, parallel versetzte Kurse (Parallel Offset Courses) zu fliegen, wenn man, z.B. auf seiner Flug-route, plötzlich in eine Schlechtwetterzone gerät und gezwungen wird, großräumig auszuweichen.

Routen und Waypoints

Außerdem können, je nach Empfängertyp, verschiedene, häufig beflogene Routen in mehrere Abschnitte (Legs) aufgeteilt, gespeichert und je nach Bedarf während des Fluges abgerufen werden. Die einzelnen Legs wiederum kann man durch Waypoints definieren.

Geschwindigkeiten und Zeiten

Aus den vielfältigen weiteren navigatorischen Berechnungsmöglichkeiten eines GPS-Empfängers seien beispielhaft die Geschwindigkeit, z.B. über Grund (Ground Speed, GS) und die Zeit, z.B. die geschätzte Zeit zum Zielort (Estimated Time Enroute, ETE), genannt. Daraus ergeben sich dann logischerweise auch weitere Navigationsparameter wie z.B. die ETA (Estimated Time of Arrival), die Ankunftszeit am Zielort (oder Waypoint) usw.

Die Geschwindigkeit selbst kann z.B. über den Dopplereffekt (s.a. Doppler-Navigation) ermittelt werden. Außerdem ist eine Berechnung mit der Gleichung

$$V = D : T$$

möglich. Die Größe D (Entfernung zwischen 2 Punkten) errechnet sich dabei aus der Subtraktion der Koordinaten dieser Punkte. Die Größe T entspricht der für diese Strecke benötigten Zeit. Die Rechenvorgänge laufen in der Rechnereinheit des GPS-Empfängers ab.

Abb. 1.2: GPS-Satelliten-Herstellung bei Rockwell International (Quelle: Aerodata).

Der GPS-Markt

Der GPS-Empfänger-Markt im Luftfahrt-Consumer-Bereich expandiert seit mehr als fünf Jahren. Neben den GPS-"Pionieren" (IIMorrow, Garmin, Trimble usw.) und etablierten Avionic-Firmen (Allied Signal Bendix/King, Collins, Honeywell usw.) mischen inzwischen auch große Unternehmen der Unterhaltungselektronik (Sony, Panasonic) mit und bieten Allround-Handheld-Geräte an, kleine, portable Geräte mit Batteriebetrieb. Die Qualität dieser GPS-Geräte „für die Westentasche" reicht allerdings nicht für eine zuverlässige Luftfahrtnavigation aus.

Die Preise sind heute niedrig, für rund 400 bis 800 Mark - je nach Ausstattung - kann man solche Taschen-Geräte erwerben. Gute „luftfahrt-taugliche" Handheld-GPS-Empfänger gibt es ab etwa 1.000 bis 1.200 DM.

Die Preise der GPS-Empfänger werden weitgehend von der Leistungsfähigkeit bestimmt. 4- oder 5-Kanal-Empfänger kosten natürlich weniger als z.B. 8- oder 12-Kanal-Empfänger. DGPS-taugliche Empfänger, die eine horizontale Genauigkeit von rund 1-10 Meter liefern, liegen nochmals ein gutes Stück darüber. DGPS-tauglich sind GPS-Empfänger, die entweder über ein integriertes DGPS-Empfangsteil oder eine Schnittstelle zum Anschluß eines externen DGPS-Empfängers verfügen.

Trendwende bei der Navigation

Seit Jahrzehnten quälen sich private und professionelle Piloten mit komplizierten Navigationsverfahren und setzen für die an sich einfache Aufgabe, von A nach B zu kommen, viele teure und empfindliche Navigationsinstrumente ein.

Früher, als es nur das ADF gab, war die Navigation einfacher, von der Störanfälligkeit dieses Systems durch Wetter usw. einmal abgesehen. Man folgte einer Nadel, deren Spitze auf ein Funkfeuer (NDB) zeigte, und erreichte irgendwann das Ziel, das NDB. Für Schlechtwetter-Flugbetrieb war dieses Verfahren nicht sonderlich gut geeignet, denn es war abhängig von Nacht-, Dämmerungs-, Küsten- und Witterungsfehlern und versagte bei Gewittern gar völlig seinen Dienst.

Dies änderte sich erst, als die VOR-Navigation entwickelt wurde. Durch die höhere Frequenz des VOR (Very High Frequency Omnidirectional Radio Range, VOR) war das Problem der Störanfälligkeit durch statische Elektrizität und Interferenzen weitgehend beseitigt.

Die Flächennavigation (Area Navigation, RNAV) war der nächste navigatorische Schritt, das VOR- und NDB-Abfliegen zu „entschärfen". Mit der Möglichkeit, Phantom-VORs (Waypoints) bei RNAV zu erzeugen, konnte man nun einigermaßen plausible Routen planen, die nicht mehr im Zickzack von Funkfeuer zu Funkfeuer führten. Aber durch RNAV wurde die Instrumentierung im Cockpit noch unübersichtlicher. Das komplizierte Management der zahlreichen Avionic-Instrumente überfordert fast jeden nicht-professionellen Piloten, sofern er nicht ständig in fliegerischer Übung ist.

Nun beherrscht GPS das navigatorische Denken aller Piloten in der Allgemeinen Luftfahrt. Mit zunehmender Besorgnis beobachtet wegen dieser Tendenz auch das Luftfahrt-Bundesamt in Braunschweig die rapide ansteigende Zahl der GPS-Nutzer in den Cockpits ein- und zweimotoriger Reiseflugzeuge. Dabei geht es dem LBA weniger um das Problem der Zulassung, sondern mehr um die Art und Weise, wie die GPS-Navigation betrieben wird.

Die meisten Allround-Handheld-Geräte sind von der Bedienung und der Anzeige her gesehen für einen ernsthaften fliegerischen Einsatz kaum geeignet, obwohl auch sie brauchbare Navigationsergebnisse im Flugzeug liefern. Ausgenommen davon sind natürlich alle speziell für die Luftfahrt konzipierten Geräte, z.B. von Garmin, IIMorrow, Magellan usw. Aber auch beim Einsatz dieser Geräte ist darauf zu achten, daß eine gefahrlose, ergonomische Plazierung im Blickfeld des Piloten und die Ablesbarkeit des Displays sichergestellt sind.

Wer sich heute als Sichtflieger eine neue Ein- oder Zweimotorige anschafft, wird angesichts der navigatorischen Leistungsfähigkeit von GPS nicht zögern, z.B. auf ein zweites VOR zu verzichten (vom ADF gar nicht erst zu reden) und stattdessen einen GPS-Empfänger in State-Of-The-Art-Technologie (ab 5-Kanal-Empfänger aufwärts) zu installieren. Auch bei Ersatzanschaffungen spielt GPS eine zunehmend bedeutende Rolle. Der Trend in der Allgemeinen Luftfahrt geht von der üblichen NAV-Doppel-Instrumentierung zur Backup-Instrumentierung mit GPS, wobei in naher Zukunft GPS als Primary Means Of Navigation oder sogar als Sole Means Of Navigation einsatzfähig sein wird.

Vergleich konventioneller Avionic mit GPS

Ein großer Unterschied besteht auch im technischen Aufwand bei konventioneller NAV-Avionic und GPS-Empfängern, wenn man die Hochtechnologie bei den Sende-stationen (Satelliten bei GPS und Boden-stationen bei der konventionellen NAV-Avionic) einmal außer acht läßt. Während z.B. die Technik eines VOR-Empfängers außerordentlich aufwendig ist, handelt es sich bei einem einfachen Handheld-GPS-Empfänger im Grunde nur um ein (allerdings präzises) Radio, das eine einzige Frequenz empfängt, auswertet und mit einem Stan-dard-Mikroprozessor und einer hochwerti-gen Quarzuhr alle für die Navigation wich-tigen Daten berechnet und auf einem LCD-Bildschirm mit 2-4 Zeilen ausgibt.

Ein einfacher GPS-Empfänger kommt mit einem Bruchteil des technischen Aufwands aus, der z.B. für einen VOR-Empfänger be-trieben werden muß, wobei der GPS-Emp-fänger nicht nur aus der Sicht von VFR-Pi-loten häufig auch noch zuverlässiger und ge-nauer arbeitet.

ADF- und VOR-Störungen

Die GPS-Ungenauigkeiten (z.B. SA, Selec-tive Availability), kurzzeitiger Ausfall der NAV-Anzeigen bei Kurvenflug oder nicht verfügbare Satelliten spielen im Sichtflug navigatorisch keine Rolle. Häufig beklagen VFR-Piloten ohnehin die Unzuverlässigkeit konventioneller NAV-Technik (ADF, VOR) im nicht-professionellen Bereich. Drei Bei-spiele seien zu dieser Kritik genannt:

- Topografisch, witterungs- und tages-zeitlich bedingte ADF-Störungen.
- Unzuverlässige VOR-Anzeigen mit plötzlich auftauchenden Warning Flags, die ebenso schnell und unerwartet wie-der verschwinden.
- Noch weit von einer VOR-Station ent-fernt pendelt manche Kursablagenadel heftig hin und her und kündigt damit den unmittelbar bevorstehenden Über-flug der Station an.

Diese Fehler sind vor allem auf das quasi-optische Ausbreitungsprinzip des VOR zu-rückzuführen: Je niedriger man fliegt, um-so unzuverlässiger ist die Anzeige. Zwar arbeiten auch die GPS-Satelliten nach dem Prinzip der quasi-optischen Ausbreitung, doch hier kommen die elektromagnetischen Wellen aus dem All und erreichen weitge-hend unbehindert die Empfangsantenne auf dem Flugzeugrumpf.

Positionsfehler können allerdings kurzfristig auftreten, wenn das Flugzeug eine Kurve fliegt und dadurch beispielsweise drei von vier sichtbaren Satelliten durch die Tragflä-chen abgeschattet werden. Abhilfe könn-ten in diesem Fall aber z.B. weitere Anten-nen am Rumpf oder an den Flächen schaf-fen, wenn gleichzeitig das Umschalten von Antenne zu Antenne automatisch in kür-zester Zeit ohne Verlust von Satelliten ge-löst ist.

Bevor wir uns nach dieser Einleitung den technischen Verfahren der Satellitennavi-gation im Detail zuwenden, soll eine navi-gatorische Bestandsaufnahme die zur Zeit in der Luftfahrt verwendeten Navigations-systeme beschreiben.

Navigation heute

In diesem Abschnitt geht es zunächst kurz um die Definition der Begriffe „Ortung" und „Navigation". Dies ist deswegen wichtig, weil sich nur der Begriff „Navigation" im allgemeinen Sprachgebrauch gehalten hat, und der Begriff „Ortung" in allen Verkehrsbereichen mehr oder weniger subsumiert wurde. Hierzu muß festgehalten werden: Navigation ist erst nach Ortung möglich.

Nach der Begriffsbestimmung von Ortung und Navigation werden die in der Luftfahrt zugelassenen und heute vorrangig praktizierten Navigationsverfahren in Kurzform vorgestellt, um den Vergleich zur Navigation mit GPS zu ermöglichen.

Ortung und Navigation

Ortung

Ortung ist zunächst ein Begriff für die Gesamtheit der Meß- und Rechenvorgänge zur Bestimmung eines Standortes. Im weiteren Sinne versteht man unter Ortung:

- Die Ermittlung der Lage (Position) von Objekten durch Angabe ihrer ebenen oder räumlichen Koordinaten.
- Die Ermittlung des Bewegungszustandes (horizontale und vertikale Geschwindigkeit sowie Beschleunigung).

Je nach Art der verwendeten meßtechnischen Hilfsmittel unterscheidet man Sicht-, Schall-, Funk-, Astro- und Trägheitsnavigation.

Navigation

Im weiteren Sinn ist Navigation (lat. navigatio, Schiffahrt) das Führen eines Wasser-, Land-, Luft- oder Raumfahrzeuges von einem Ausgangsort auf bestimmtem Wege zu einem Zielort, einschließlich der dazu erforderlichen Meß- und Rechenvorgänge. In engerem Sinn ist Navigation die Planung und Überwachung der Fahrzeugbewegung (auch Schiffe und Flugzeuge sollen hier zu „Fahrzeugen" gezählt werden) in möglichst optimaler Weise. Dazu gehören die Ankunft an bestimmten Orten zu bestimmten Zeiten, das Ermitteln des bereits zurückgelegten Weges, das Einhalten eines vorgeschriebenen Kurses, das möglichst schnelle und treibstoffsparende Erreichen eines Zieles.

Bei der bordautonomen Navigation können sämtliche für die Navigation erforderlichen Meß- und Rechenvorgänge an Bord des Fahrzeuges vorgenommen werden (völlige Unabhängigkeit von Boden- oder Raumstationen). Hierzu gehört insbesondere die Koppelnavigation, bei der man, ausgehend von einem bekannten Startpunkt, durch laufende Messungen der Geschwindigkeit, ggf. auch der Beschleunigung des Fahrzeugs, und geeignete Integration dieser Meßwerte die Bahn des Fahrzeugs berechnet (Besteck-, Kurs- oder Koppelrechnung).

Nach den Grundlagen und den meßtechnischen Hilfsmitteln und Möglichkeiten unterscheidet man:

- Terrestrische Navigation und Sicht-Navigation: Einbeziehung der naturgegebenen Eigenschaften der Erde, z.B. der Sicht (Sichtpeilung), des Erdgravitationsfeldes (Lot, Horizont), des Erdmagnetfeldes (Magnetkompaß), der Erddrehung (Kreiselkompaß), der Atmosphäre und Hydrosphäre (Fahrtmesser, Höhenmesser, Variometer).
- Funknavigation: Ausnutzung der Funksignale spezieller Funknavigationssender (-systeme).

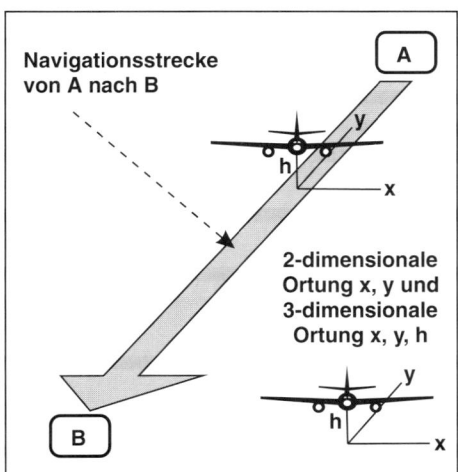

Abb. 1.3: Ortung (2- und 3-dimensional) und Navigation.

- Schallnavigation: Ausnutzung der Aus-breitungseigenschaften von Schallwel-len (Echolot, Sonar).
- Astronavigation
- Trägheitsnavigation
- Optimalnavigation: Kombination einzel-ner Meß- und Recheneinrichtungen, die bestimmte Aufgaben optimal lösen, zu Navigationszwecken (z.B. Träg-heitsnavigationssystem kombiniert mit Funk- oder Satellitennavigation).

Funknavigationsverfahren in der Luftfahrt

Im folgenden wollen wir die zur Zeit an-gewendeten Navigationsverfahren in der Luftfahrt kurz beschreiben und einen kur-zen Ausblick auf die künftige Verwendung der jeweiligen Systeme geben. Grundlage für die weitere Entwicklung oder Verwen-dung der bisherigen Funknavigationsver-fahren sind die Festlegungen des Euro-päischen Funknavigationsplanes 1996.

NDB/Radiokompaß (ADF)

Trotz allen Fortschritts bei den Anzeige- und Bediensystemen gibt es heute in der Luftfahrt immer noch eines der ersten Na-vigationsverfahren, wenn auch in wesent-lich verbesserter Verfahrens- und Geräte-Technik: Den Radiokompaß (Automatic Direction Finder, ADF). Die zum ADF ge-hörige Bodenstation heißt NDB (Non Di-rectional Beacon, ungerichtetes Funkfeuer). NDBs sind an wichtigen Positionen an Luft-straßen aufgestellt. Vorrangig dienen sie den Piloten zur Streckennavigation. Sie werden aber auch für Zielflugverfahren, zur Stand-ortbestimmung, zur Markierung von Pflicht-meldepunkten, als Wartefunk- und Anflug-funkfeuer sowie für Kursflüge eingesetzt.

NDBs arbeiten in einem Frequenzbereich von 200-1.750 kHz (Mittelwelle). Mit dem Bordgerät, dem ADF, wird die Richtung zwi-schen Flugzeug und Funkfeuer, bezogen auf die Flugzeuglängsachse (oder auf miß-weisend Nord), bestimmt. Eine Anzeigena-del auf dem Indicator zeigt den Peilwinkel.

Abb. 1.4: ADF-Anzeige (Quelle: Bendix/King).

Weitere Entwicklung

Das NDB wird vorwiegend von der zivilen Luftfahrt genutzt. Aus operationellen und ökonomischen Gründen wird vor dem Jahr 2010 nicht mit einer Einschränkung des Betriebes zu rechnen sein.

LORAN

Im Jahr 1940 entwickelten britische Ingenieure ein Funknavigationsverfahren zur Kurz- und Mittelstreckennavigation, dessen Standlinien Hyperbeln waren. Es arbeitete zwar nicht sonderlich genau, jedoch stand erstmals in der Geschichte der Fliegerei ein Verfahren zur Verfügung, bei dem die Flugzeuge nicht bestimmten Routen folgen mußten, um sich über ihren navigatorischen Standort im klaren zu sein.

In erster Linie diente das mit dem Namen GEE benannte Verfahren dazu, Kampfflugzeugen auf ihren Einsatzflügen die Navigation zu erleichtern. GEE war das erste mit Hyperbeln arbeitende Navigationsverfahren. Dabei werden von einer Bodenstation gesendete Funkstandlinien gleicher Zeitdifferenz als Hyperbeln auf einer Landkarte eingezeichnet.

Kurz nach der Entwicklung des GEE-Verfahrens führte man LORAN (Long Range Navigation) als Navigationsverfahren ein. Bei diesem Verfahren wurden längere Wellenlängen verwendet, so daß man über größere Distanzen navigieren konnte. Auch heute wird noch teilweise (vor allem in älteren Airlinern und verschiedenen General-Aviation-Flugzeugen) mit LORAN navigiert, allerdings nur in der Version LORAN C, denn die Version A wurde im Jahr 1977 eingestellt. In der Seefahrt gehört LORAN weiterhin zu den verbreiteten Navigationsverfahren.

Für die europäische Verkehrsluftfahrt gehört LORAN im Prinzip der Vergangenheit an. In den USA jedoch ist diese Navigationsart noch weit verbreitet. Insgesamt stehen dort 12 der weltweit 19 LORAN-Senderketten. Eine Spezialität ist in den USA die Kopplung von LORAN mit GPS. Einige Avionic-Hersteller bieten dazu Kombinationsgeräte an, die allerdings für den deutschen bzw. europäischen Markt keine Bedeutung haben. In Flight Management Systemen (FMS) amerikanischer Hersteller sind häufig noch Schnittstellen für den Anschluß von LORAN-Sensoren vorhanden.

Weitere Entwicklung

LORAN C überdeckt die meisten europäischen Küstenregionen und ist daher für die vielen maritimen Nutzer ein wichtiges Navigationssystem. Außerdem wird LORAN C je nach Gebiet auch von Land-, Zeitverteilungs- und meteorologischen Nutzern für Navigations- und Positionierungsdienste verwendet. Dagegen navigieren in Europa nur sehr wenige Luftfahrtnutzer nach diesem Verfahren. Die Planungen sehen vor, LORAN C in Europa über das Jahr 2010 hinaus weiter zu betreiben.

VOR/DME

Zum Leidwesen vieler Techniker, die das Decca-Verfahren für wesentlich genauer als beispielsweise das VOR/DME-Verfahren hielten, konnte sich Decca bei dem entscheidenden Treffen der ICAO zur Festlegung eines Standard-Navigationsverfahrens im Jahre 1958 nicht durchsetzen. Die VOR/DME-Navigation wurde bevorzugt und hat sich bis heute weltweit als Standard-Navigationsverfahren im Kurzstreckenbereich gehalten.

Die Arbeit einer VOR-Bodenstation (UKW-Drehfunkfeuer) kann mit einem Leuchtturm

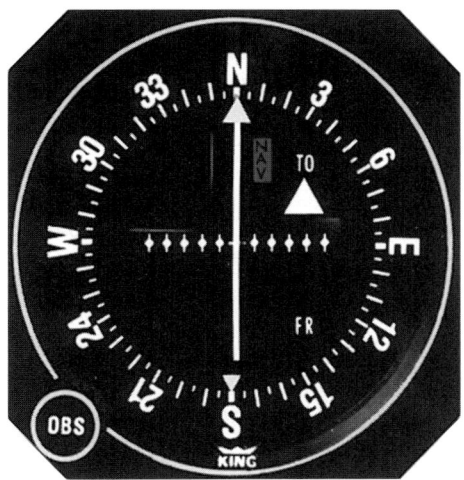

Abb. 1.5: VOR-Anzeige (Quelle: Bendix/King).

verglichen werden, dessen in einem bestimmten Zeitraum um 360 Grad rotierendes Leuchtfeuer einen aus allen Richtungen erkennbaren Blitz abgibt. Die VOR-Bodenstation hat eine rotierende Antenne, die sogenannte „Leitstrahlen" (Radiale) abstrahlt. Insgesamt sind es (wie bei einer Kompaßrose) 360 Radiale.

VOR-Bodenanlagen werden als normale VOR für die Streckennavigation, als TVOR für an- und abfliegende Flugzeuge im Flughafenbereich, als DVOR (Doppler-VOR) und VOT (Testanlage für bordseitige VOR-Empfänger) eingesetzt.

Die nach dem Doppler-Verfahren arbeitende DVOR hat gegenüber einer normal arbeitenden VOR den Vorteil, daß sie auch in der Nähe von reflektierenden Gebäuden usw. sowie bei niedrigem Flug über gebirgigem Gelände genauere Navigationsinformationen liefert. Massive Störungen wie bei der Wellenausbreitung einer normalen VOR gibt es bei der DVOR nicht. Beim DME (Distance Measuring Equipment, Entfernungsmeßgerät) handelt es sich nicht um ein ei-

genständiges Navigationsgerät, sondern um ein separates Anzeigegerät oder eine separate Anzeige auf einem Display an Bord des Flugzeuges. Die VOR/DME-Bodenstation liefert automatisch die Entfernungswerte beim Rasten der Frequenz.

Die DME-Bodenanlage ist immer mit einer VOR-Station gekoppelt. Die VOR-Station muß aber entweder als VOR/DME-Anlage konzipiert sein oder mit einer TACAN-Anlage kombiniert sein, die den entfernungsgebenden Teil (DME) enthält. Im letzten Fall nennt man diese Anlage dann VORTAC. Ist der VOR-Teil der VORTAC-Station ein Doppler-VOR (DVOR), heißt sie DVORTAC.

Weitere Entwicklung

Die VOR wird von den Luftfahrtnutzern für die Navigation und für Nicht-Präzisionslandungen verwendet. Zur Zeit ist ein Betrieb bis zum Jahr 2010 vorgesehen. Es wird aber vermutet, daß der Bedarf durch die Einführung satellitengestützter Navigationssysteme zurückgehen wird und somit die Nutzung nach 2010 noch nicht sichergestellt ist. Das DME wird wie die VOR genutzt, allerdings ist der Betrieb für Navigationszwecke auch noch nach 2010 vorgesehen (s.a. Kapitel 5).

Area Navigation (RNAV)

Area Navigation (RNAV, Flächennavigation) im Kurzstreckenbereich wird mit VOR/DME- oder VORTAC-Stationen durchgeführt. Im Grunde ist das RNAV-Verfahren nichts anderes als eine simple Dreiecksberechnung, die ein Rechner in einem entsprechenden Bordgerät ausführt und die Werte z.B. über ein DME-Anzeigegerät ausgibt. Mit Area Navigation kann man seine genaue Position bestimmen und Waypoints (Phantom-VORs) festlegen.

Die Position des Waypoints ist durch das Radial und die Entfernung zur VOR/DME-Station festgelegt.

Doppler

Jeder kennt den Effekt, den zum Beispiel ein nahender Zug mit einem Warnton verursacht: Bei Annäherung des Zuges hat der Warnton eine höhere Frequenz als nach dem Vorbeifahren. Diesen Effekt macht sich das Doppler-Verfahren, das heute noch verwendet wird, zunutze.

Die Doppler-Navigationsanlage (Doppler Radar) an Bord des Flugzeuges sendet eng gebündelte Radarstrahlen mit einer bestimmten Frequenz zum Erdboden. Entsprechend der relativen Geschwindigkeit zwischen Flugzeug und Erdboden ist beim Auftreffen dieser Strahlen auf dem Erdboden eine Dopplerfrequenz vorhanden.

Ein Teil dieser Radarstrahlen wird reflektiert und kann an Bord wieder empfangen werden. Die Strahlen werden nun in verschiedene Richtungen ausgesendet. Durch Auswertung der Dopplerfrequenzen lassen sich nun die Geschwindigkeit über Grund und die Abdrift bestimmen. Ungenaue Daten liefert das Dopplerverfahren lediglich bei sehr niedrigen Fluggeschwindigkeiten und ebenen Flächen (z.B. bei ruhiger, glatter See).

Zur Geschwindigkeitsbestimmung arbeiten auch GPS-Empfänger zum Teil nach dem Doppler-Verfahren. Mit zeitlich versetzten Messungen der Satellitensignale werden die Dopplerfrequenzen ermittelt. Durch Vergleich dieser Frequenzen kann man die Geschwindigkeit über Grund berechnen.

Trägheitsnavigation (INS)

Das zweite völlig autonom arbeitende Navigationsverfahren, das heute noch eingesetzt wird, ist die Trägheitsnavigation (Inertial Navigation System, INS). Dieses Verfahren, das bei fast allen Langstreckenflugzeugen zum Einsatz kommt, basiert auf dem Grundgedanken, Beschleunigungen zu messen und damit die von dem Flugzeug zurückgelegte Strecke zu errechnen. Die Technik ist allerdings sehr kompliziert und läßt sich nicht mit ein paar Worten beschreiben.

Bei heutigen modernen Anlagen steht im Zentrum des INS-Systems (meistens Inertial Reference Unit, IRU, genannt) ein Laserkreisel, der dreidimensionale Lagereferenzen (Position und Höhe) an die IRU liefert. Hinzu kommen die Daten des Air Data Computers (Geschwindigkeits- und Höheninformationen vom Staurohr und vom Höhenmesser). Von der IRU werden die berechneten Werte sowohl an das FMS (Flight Management System), das EFIS (Electronic Flight Instrument System) und den RMI (Radio Magnetic Indicator) ausgegeben.

Die z.B. im FMS aufbereiteten Daten werden im Wechsel via EFIS an den EHSI (Electronic Horizontal Situation Indicator) zur Navigation und auch an den Controller des Autopiloten zur automatischen Kurskorrektur ausgegeben. Der EHSI zeigt dabei unter anderem den Kurs, den Flugweg, die Abweichung vom Flugweg wie auch die Entfernung zum Bestimmungsort oder zum nächsten Waypoint an.

Doppler- und Trägheitsnavigation gehören zu den am meisten angewendeten Navigationsverfahren. Sie ermöglichen eine sehr präzise Navigation und werden bei allen Streckenflügen angewendet. Heute steht die Trägheitsnavigation mit dem Laserkreisel als Langstrecken-Navigationsverfahren noch an erster Stelle, obwohl sich GPS zunehmend diesen Spitzenplatz erobert.

OMEGA

Die OMEGA-Navigation wurde nach der Trägheitsnavigation entwickelt und war bis zur Satellitennavigation das jüngste Navigationsverfahren. Auch OMEGA arbeitet wie Decca und LORAN im VLF-Bereich (Very Low Frequency, sehr niedrige Frequenzen) mit Hyperbel-Standlinien. Obwohl weltweit nur 8 Bodenstationen benötigt werden, ist die Navigationsgenauigkeit sehr hoch. Mit OMEGA wird aber nicht nur in der Luftfahrt, sondern auch z.B. in Unterseebooten (sogar in Tauch-Konfiguration) navigiert. Zur Positionsbestimmung benötigt man mindestens drei Sendestationen und zwei Hyperbelschare.

OMEGA hatte sich nach der Einstellung von LORAN A in 1977 als VLF-Langstreckenflug-Navigationsverfahren erster Wahl etabliert. Teilweise navigieren auch heute noch zivile und militärische Langstreckenflugzeuge mit OMEGA.

Weitere Entwicklung

Durch internationale Vereinbarungen wird der Omega-Service für Luftfahrt-, Schifffahrt- und andere Nutzer bis zum Jahr 1997 aufrechterhalten, danach aber eingestellt.

Astronavigation

Bei der Langstreckennavigation dominierte in den Jahren zwischen 1930-1960 die Astronavigation, der Vorläufer der Trägheitsnavigation. Bei der Astronavigation wurden Standorte und Kurse durch Winkelmessungen zu Gestirnen bestimmt. In das Dach des Flugzeuges war eine durchsichtige Kuppel eingebaut, durch die der Navigator mit dem Handsextanten die Gestirne beobachtete. Später verwendete man „Periskop-Sextanten", ähnlich dem Periskop in einem U-Boot. Man umging dadurch die mangelnde Druckfestigkeit der Kuppeln, ihren baubedingt hohen aerodynamischen Widerstand und die durch Lichtbrechung in der Kuppel verursachten Beobachtungsfehler.

Astronavigation war nur bei guten Sichtverhältnissen möglich. Der Navigator mußte seine Ergebnisse ständig überprüfen: Mit LORAN, dem Doppler-Radar und zwischendurch immer wieder mit der Astronavigation. In den Cockpits saßen bis zu 5 Crew-Mitglieder: Flugkapitän, Co-Pilot, Flugingenieur, Navigator und oft auch ein zweiter Flugkapitän. Seit vielen Jahren allerdings wird nicht mehr nach den Sternen navigiert.

Landeverfahren

Vom Durchstoßverfahren bis zum heutigen Instrumentenlandesystem war es ein langer Weg, obwohl den Piloten schon Ende der 20er Jahre Vorläufer des jetzigen ILS zur Verfügung standen.

Inzwischen aber ist auch das ILS in die Jahre gekommen, neue Instrumenten-Technologien haben in den vergangenen Jahren sprunghaft die Cockpits verändert und ermöglichen heute Landeanflüge mit großer Präzision. Es fehlt jedoch ein Landesystem mit einer ebenso präzisen Bodenanlage, die weitgehend unbeeinflußt von ihrer topografischen Lage arbeitet. Diese Voraussetzungen würde das Mikrowellenlandesystem mitbringen.

Instrumentenlandesystem (ILS)

Bereits 1929 gab es das Instrumentenlandesystem (Instrument Landing System, ILS) in seiner grundlegenden Form. Nach langwierigen Experimenten und ständigen Verbesserungen wurde es schließlich im Jahr 1942 für den Luftverkehr eingeführt und 1949 weltweit als Standard-Anflugverfahren festgeschrieben. In Deutschland installierte man die ersten ILS-Systeme in den 50er Jahren.

Die ILS-Bodenanlage besteht zunächst aus dem Landekurssender (Localizer), der dem anfliegenden Flugzeug Kurs- und Gleitweginformationen liefert. Zusätzlich gehören die Markierungsfunkfeuer (Marker Beacons = Outer Marker, OM, und Middle Marker, MM) dazu, die in festgelegten Distanzen zum Aufsetzpunkt der Landebahn installiert sind und dem Flugzeugführer beim Überflug die jeweilige Entfernung bis zum Aufsetzpunkt durch Ton- und Lichtsignale angeben.

Kurs- und Gleitweginformationen werden vom Landekurssender mit verschiedenen Frequenzen abgestrahlt. Beide Signale werden im Flugzeug vom VOR-Empfänger, der für den Gleitwegempfang ausgerüstet sein muß, verarbeitet und auf dem Kreuzzeigerinstrument (VOR/LOC/GS-Anzeigegerät) mit zwei senkrecht zueinander stehenden Zeigern dargestellt. Der korrekte Anflugkurs und die richtige Position auf dem Gleitweg sind erreicht, wenn sich beide Anzeigenadeln exakt in der Mitte der Anzeigeskala kreuzen.

Weitere Entwicklung

In ganz Europa wird das ILS als alleiniges Navigationssystem für Präzisionslandungen (CAT-I bis CAT-III) verwendet. Dort, wo ein ILS-Betrieb technisch und ökonomisch sinnvoll ist, wird nach derzeitigem Stand das ILS auch nach dem Jahr 2010 betrieben werden. Nur wenn ein ILS nicht die geforderte Leistungsfähigkeit bringt oder der Investitionsaufwand zu hoch wird, kann MLS statt ILS eingesetzt werden. Dazu müssen allerdings die Flugzeuge entsprechend ausgerüstet werden.

Mikrowellenlandesystem (MLS)

Mit Zunahme des Weltluftverkehrs war das ILS im Laufe der Zeit vor allem bei topografisch ungünstig gelegenen Flughäfen nicht ideal, da sein volles Frequenzspektrum nicht ausgenutzt werden kann. Nur eine bestimmte Anzahl von Frequenzen eignet sich, um unerwünschte Reflexionen (u.a. auch von Gebäuden) zu vermeiden.

Abhilfe schuf man in den 70er Jahren mit dem Mikrowellenlandesystem (MLS, Microwave Landing System). MLS sollte das bisherige ILS ersetzen.

Der Vorteil des MLS liegt in einem hochstabilen Sendesignal in einem Umkreis von 20 Nautischen Meilen um die Sendestation. Im MLS-Empfänger an Bord des Flugzeuges werden sehr genaue Gleitweg- und Kurssignale empfangen, die exaktere und damit sicherere Anflüge gewährleisten. Einen Mehrwege-Empfang wie beim ILS gibt es beim MLS nicht. Außerdem erlaubt MLS mit 200 Kanälen (gegenüber 40 beim ILS), auch in Gebieten mit größerer Flughafendichte die Installation mehrerer Systeme in unmittelbarer Nähe, ohne daß es zu Interferenzproblemen kommt.

Seit einiger Zeit ist auf dem Flughafen München eine Versuchsanlage installiert. Der Versuch bleibt auf München beschränkt, MLS wird nach den Mitteilungen der DFS in Deutschland nicht installiert werden.

Weitere Entwicklung

Das Mikrowellenlandesystem MLS versorgt die Luftfahrtnutzer ähnlich dem ILS und zwar an den Standorten, wo der ILS-Betrieb aufgegeben worden ist. Dort, wo das MLS eingesetzt wird, wird es auch noch nach dem Jahr 2010 betrieben werden.

Kapitel 2
GPS-System

Einführung in GPS

Zur Einleitung eine wichtige Anmerkung: GPS steht immer noch am Anfang seiner Entwicklung. Obwohl in diesem Handbuch GPS nach dem derzeitigen Stand der Technik relativ umfassend behandelt wird, darf nicht übersehen werden, daß ständig mit Änderungen, Verbesserungen und Weiterentwicklungen zu rechnen ist.

GPS wurde vom US-Verteidigungsministerium (DOD) 1978 als Nachfolgesystem von Transit, dem ersten US-Satellitennavigationssystem aus den 60er Jahren, gestartet. Der erste Satellitentyp (Block-I) ist inzwischen von Block-II- und Block-II-A-Typen ersetzt worden.

Der ursprüngliche Zweck von GPS war, die Streitkräfte mit einem zuverlässigen und einfachen Navigations- und Waffen-Leitsystem auszustatten. Doch in der Zwischenzeit hat das DOD das System auch zivilen Nutzern geöffnet. Falls das DOD jedoch beabsichtigen sollte, das System stillzulegen oder nur noch für militärische Zwecke zuzulassen, werden die zivilen Nutzer sechs Jahre vor der Einstellung oder Nutzungsänderung informiert.

GPS verfügt in seiner jetzigen, endgültig ausgebauten Form über 24 NAVSTAR-Satelliten. Bei dieser Konfiguration sind an jedem Punkt der Erde rund um die Uhr immer vier Satelliten sichtbar.

Definition

Bei GPS handelt es sich um ein weltumspannendes Navigationssystem, das eine bestimmte Konstellation von Satelliten in Erdumlaufbahnen verwendet, um die Positionen von Fahrzeugen, Schiffen, Flug-zeugen und anderen beweglichen Objekten unter bezug zu regionalen und/oder globalen Kartendarstellungen der Erde zu bestimmen. Die systembedingten Vorteile des GPS mit 24 Satelliten sind:

- Weltweite Verfügbarkeit
- 24 Stunden am Tag nutzbar
- Völlige Wetterunabhängigkeit
- Hochgenaue Bestimmung von Position, Geschwindigkeit und Zeit

Das GPS-System besteht aus drei Teilen:

- Raum-Segment (24 Satelliten)
- Kontroll-Segment (Master Control Station, Monitor Stations)
- Nutzer-Segment (Empfänger)

GPS-Raum-Segment: Satelliten

In seiner mittlerweile voll funktionsfähigen Endstufe verfügt das GPS-Raum-Segment über 24 Satelliten, die in sechs Orbits zu je vier Satelliten in einer Höhe von ca. 20.000 km die Erde umkreisen. In nahezu 12 Stunden umrundet jeder Satellit einmal die Erde.

Die Satellitenbahnen sind so ausgewählt worden, daß an jedem Punkt der Erde, die Polarregionen eingeschlossen, zu jeder Zeit mindestens vier Satelliten nutzbar sind. In der nördlichen Hemisphäre stehen in der Regel sechs bis acht Satelliten fast ständig über dem Horizont.

Die Satelliten sind mit Solarpaddeln ausgerüstet, um die Akkumulatoren sämtlicher Bordsysteme wie Sender, Computer und Empfänger für die Korrektursignale der Master Control Station erdunabhängig mit Strom versorgen zu können.

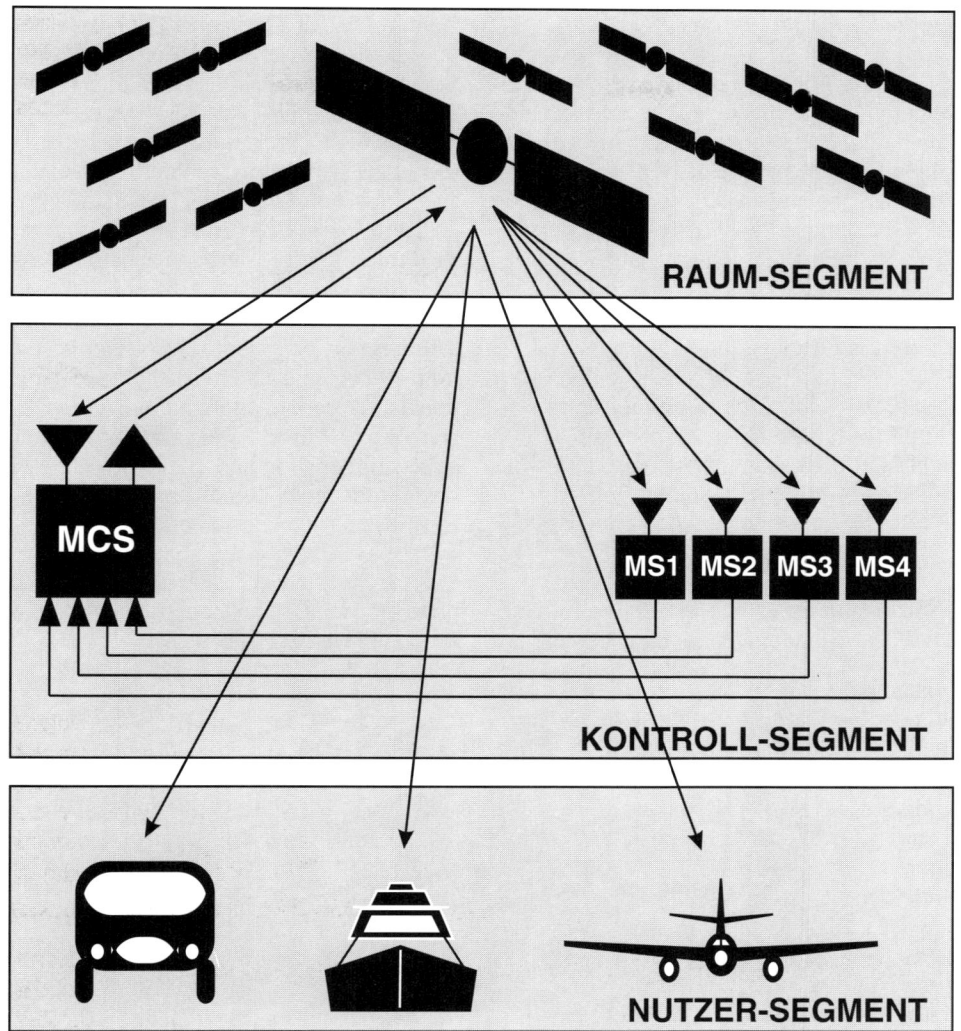

RAUM-SEGMENT

KONTROLL-SEGMENT

NUTZER-SEGMENT

MCS

MS1 MS2 MS3 MS4

Abb. 2.1: Das komplette GPS, bestehend aus dem Raum-Segment (24 Satelliten), dem Kontroll-Segment (1 Master Control Station MCS, 4 Monitor-Stationen MS1 bis MS4) und dem Nutzersegment (Seefahrt, Luftfahrt, Landverkehr einschließlich Geodäsie).

Jeder Satellit sendet zu exakt definierten Zeiten auf zwei Trägerfrequenzen (L1, L2) modulierte Signale, die hochpräzise Infor-mationen über seine eigene Bahn enthalten. Alle 30 Sekunden werden diese mit Ephemeris bezeichneten Informationen wiederholt.

Alle 12,5 Minuten werden die Bahndaten (mit geringerer Genauigkeit) aller im Raum-Segment befindlichen Satelliten (Almanach) gesendet.

Bedeckungsgeometrie

Ein für die Positionsbestimmung des GPS-Empfängers wichtiger Faktor ist die Geometrie der Satellitenkonstellation, DOP (Dilution Of Precision). Der DOP ist ein Maß für die Signalbedeckungsgeometrie, die für eine bestimmte, zeit- und ortsabhängige Empfangssituation gegeben ist.

Man unterscheidet zwischen fünf verschiedenen Bedeckungsgeometrien:

* HDOP (horizontal, zweidimensional)
* VDOP (vertikal, eindimensional)
* TDOP (Zeit, eindimensional)
* PDOP (Position, dreidimensional)
* GDOP (vollständige Geometrie, vierdimensional)

Wie wichtig die DOPs in der Praxis sind, wird bei folgender Überlegung deutlich.

Nehmen wir an, es stehen vier Satelliten über dem Horizont, und wir empfangen die Signale dieser vier Satelliten in ausreichender Signalstärke. Allerdings stehen sie in unserem angenommenen Fall so dicht zusammen, daß sich die gedachten Verbindungslinien zwischen Empfänger und Satelliten in spitzen Winkeln beim Empfänger schneiden. Je dichter nun die Satelliten zusammenstehen, um so spitzer werden die Winkel.

Würden nun bei unserem Beispiel im Extremfall die Satelliten wie an einer Schnur aneinandergereiht übereinanderstehen, so wäre kein Winkel zwischen den Signalstrecken mehr vorhanden, und wir könnten wegen der fehlenden Schnittpunkte keine Positionsbestimmung vornehmen.

Das gleiche gilt, wenn sich die Satelliten zu nahe am Horizont befinden und die Winkel zu stumpf werden.

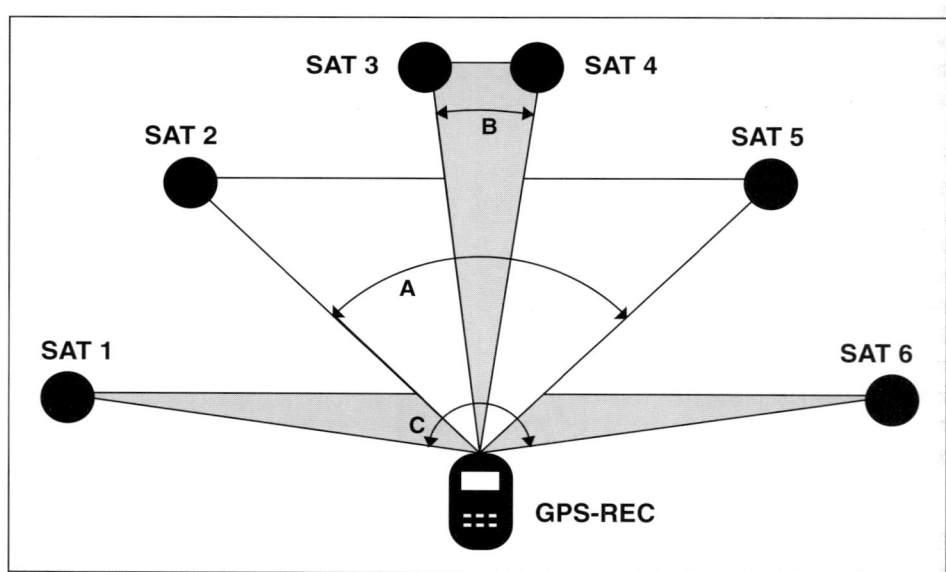

Abb. 2.2: Drei verschiedene zweidimensionale Satellitengeometrien:
Ideale Geometrie GPS-REC zu SAT 2 / SAT 5 (Winkel A = 90°). Ungünstiger sind zu kleine (z.B. Winkel B = 15°) und zu große (z.B. Winkel C = 165°) Winkel.

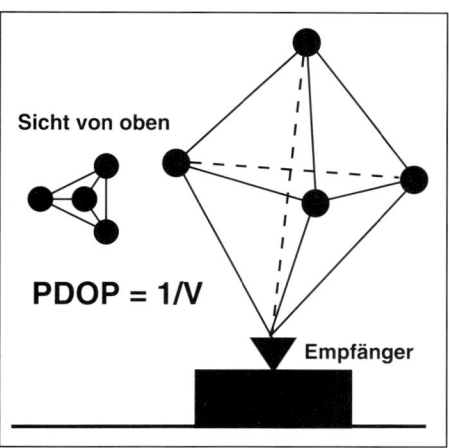

Sicht von oben

PDOP = 1/V

Empfänger

Abb. 2.3: Der für den Positionsfehler entscheidende Faktor PDOP wird durch das reziproke Volumen V, das von den vier zu den Satelliten weisenden Einheitsvektoren eingeschlossen wird, definiert.

Für die Positionsbestimmung ideal sind rechte Winkel. Diese Konstellation wird erreicht, wenn sich, z.B. in der Ebene, zwei Signalstrecken genau im Winkel von 90° schneiden.

Für den Positionsfehler in der GPS-Praxis ist der PDOP wichtig. Ein PDOP-Wert von 1 entspräche der idealen Satellitengeometrie für die dreidimensionale Positionsbestimmung. Werte unter 3 gelten als gut, Werte über 8 als schlecht. Werte zwischen 3 und 8 sind die Norm und liefern eine befriedigende Positionsbestimmung. Je nach Empfängertyp werden bei einer schlechten Satellitengeometrie Meldungen ausgegeben, z.B. „Poor Satellite Geometry".

GPS-Kontroll-Segment:
Kontroll- und Monitor-Stationen

Das Kontroll-Segment besteht aus einer Master Control Station (Haupt-Kontroll-Station) und zur Zeit vier Monitor Stations (Überwachungsstationen). Diese Monitor Stations haben die Aufgabe, die Satellitenbahnen zu überwachen. Sie empfangen von allen Satelliten die dafür erforderlichen Informationen.

Die Monitor Stations senden die Daten an die Master Control Station, wo sie mit den Solldaten verglichen werden. Sind Änderungen erforderlich, sendet die Master Control Station entsprechende Korrekturdaten an die Satelliten. Die Master Control Station befindet sich auf der Falcon Air Force Base in Colorado Springs, USA.

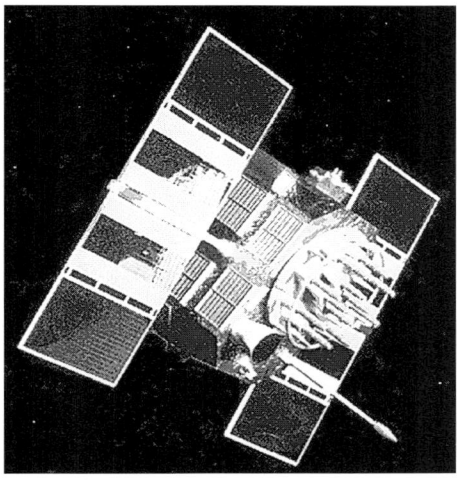

Abb. 2.4: GPS-Satellit (Quelle: GIBS).

GPS-Nutzer-Segment:
GPS-Empfänger

Das Nutzer-Segment wird durch sämtliche auf der Erde, auf See oder in der Luft befindlichen GPS-Empfänger repräsentiert, welche mit den Satellitensignalen ihre Position bestimmen und danach navigieren. In diesem Handbuch geht es nahezu ausschließlich um einen Teil des GPS-Nutzer-

31

Segments, um die Vorstellung und Beschreibung von GPS-Empfängern für die Luftfahrt.

Systemvergleich GPS - GLONASS

Das zweite Satellitennavigationssystem ist GLONASS (GLObal NAvigation Satellite System), das von der früheren Sowjetunion entwickelt wurde. Wie bei den GPS-Satelliten verwendet jeder GLONASS-Satellit L-Band-Trägerfrequenzen L1 und L2. Im Gegensatz zu GPS jedoch sind die Frequenzen bei jedem Satelliten unterschiedlich.

Auch GLONASS besteht in vollständig ausgebautem Zustand aus 24 Satelliten, die sich in drei Bahnebenen zu je acht Satelliten in 19.100 km Höhe (Umlaufzeit 11 Stunden 16 Minuten) befinden. Gegenüber der Bahnneigung von 55 Grad beim GPS-System beträgt die GLONASS-Inklination 64,8 Grad. In hohen Breiten ist dies ein deutlicher Vorteil gegenüber GPS.

GPS basiert auf dem Koordinatensystem WGS 84 (World Geodetic System 1984), GLONASS auf SGS 85 (Soviet Geodetic System 1985). Ein wesentlicher Unterschied gegenüber dem GPS-Verfahren besteht bei GLONASS darin, daß die Satellitensignale nicht künstlich verschlechtert werden (GPS: SA, AS). Die russischen Betreiber garantieren, das System für die nächsten 10 Jahre kostenlos zur Verfügung zu stellen.

Gegenüber der Vielzahl der inzwischen weltweit erhältlichen GPS-Empfänger gibt es für GLONASS nur einen Empfängertyp, der in einer bisher produzierten Stückzahl von ca. 1.500 vorwiegend in russischen Transportflugzeugen eingesetzt wird. Dieser Empfängertyp (ASN-16) verfügt über einen Kanal (C/A-Code-Empfänger) und arbeitet sequentiell.

Andere sequentiell arbeitende Empfänger verfolgen die vier für die Positionsbestimmung erforderlichen Satelliten ebenfalls mit nur einem Kanal. Dabei werden die dafür notwendigen Entfernungen nacheinander ermittelt (Dauer je Satellit ca. eine Sekunde).

Sequentielle Empfängertypen sind hinsichtlich ihrer Dynamik (Geschwindigkeit und Beschleunigung) stark eingeschränkt und haben außerdem ein höheres Empfängerrauschen als die heute vorwiegend eingesetzten Mehrkanalempfänger, die parallel (je Satellit ein Kanal) arbeiten.

Für den Einsatz des GLONASS-Empfängers bei dynamischen Anwendungen ist eine zusätzliche Stützung durch einen externen Geschwindigkeitssensor nötig. Der Vorteil, daß GLONASS nicht mit SA belegt ist, führt allerdings zu einer zwei- bis dreimal höheren Genauigkeit gegenüber GPS mit SA. Eine GPS-GLONASS-Kombination mit 48 Satelliten wäre einem einzigen System mit 24 Satelliten überlegen. Eine deutliche Verbesserung der Geometrie und damit der erzielbaren Genauigkeit wäre das Ergebnis.

Die Zukunft von GLONASS wird allerdings weltweit sehr skeptisch gesehen. Nicht zuletzt die technischen Probleme mit der Raumstation MIR sowie die chronischen finanziellen Defizite Russlands lassen auch bei wohlwollender Betrachtung keine günstigen Prognosen zu. Aus diesen Gründen sind inzwischen auch GPS/GLONASS-Empfänger-Prototypen aufgegeben worden und vom Markt verschwunden.

Inwieweit bei einer globalen GNSS-Navigationslösung auch das russische GLONASS künftig noch einbezogen wird, bleibt abzuwarten. Bei dem europäischen EGNOS-Konzept jedenfalls gehört es nicht mehr als Systembaustein dazu.

Positionsbestimmung mit GPS

Ortung und Navigation mit GPS beruhen auf der Entfernungsmessung der GPS-Empfänger zu den einzelnen Satelliten und anschließender trigonometrischer Berechnung der horizontalen und vertikalen Empfängerposition. Die Entfernungen werden dabei durch Messungen der Signallaufzeiten zwischen Satelliten und Empfänger bestimmt.

Wie wird die Entfernung zu den Satelliten berechnet?

Bevor wir uns mit der Frage der Entfernungsberechnung befassen, wollen wir kurz untersuchen, welche Signale die GPS-Satelliten abstrahlen und welche Informationen darin enthalten sind.

Trägerfrequenzen und Codes

Jeder GPS-Satellit sendet auf den Frequenzen 1575,42 MHz (L1) und 1227,60 MHz (L2). Diese Trägerfrequenzen (auch Trägerwellen genannt) werden im Verlaufe dieses Handbuches immer wieder mit den Bezeichnungen L1 und L2 erwähnt. Auf diese Frequenzen werden die Signale „gepackt". Modulation nennt man in der Fachsprache dieses Verfahren. Die modulierten Signale werden Codes genannt. Codes bestehen aus einer Reihe positiver und negativer Impulse. Da die Reihenfolge dieser Impulse frei gewählt werden kann, nennt man diese Codes auch Pseudo Random Noise Codes (PRN-Codes).

Die Trägerfrequenz L1 übermittelt dabei den C/A-Code und den P-Code, L2 nur den P-Code. C/A steht hierbei für Coarse Acquisition und bedeutet soviel wie „Groberfassung" (grobe Akquisition). Dieser vielleicht etwas unverständliche Begriff soll lediglich den Unterschied zum P-Code, der eine „feinere" Akquisition durchführt und damit deutlich genauere Positionsberechnungen ermöglicht, verdeutlichen. Häufig findet man für C/A auch die Bezeichnung „Civil Access", was mit „ziviler Zugriff" übersetzt werden kann. Gemeint ist damit, daß für den zivilen GPS-Anwender nur der C/A-Code nutzbar ist.

Beim P-Code steht das P für Precise (präzise). Dieser P-Code kann von zivilen Anwendern nicht ausgewertet werden. Nur militärische Stellen und besonders autorisierte zivile Anwender haben darauf Zugriff.

Eine weitere technische Möglichkeit des DOD, in politischen Krisen- oder Spannungszeiten auch den zum Teil noch zivil verfügbaren P-Code unbrauchbar zu machen, nennt man „Anti Spoofing" (AS). Hier wird der P-Code durch einen chiffrierten Y-Code ersetzt, um Täuschungsmanöver gegnerischer Störsender zu unterbinden.

Zwei Betriebsdienste des GPS stehen also den Anwendern zur Verfügung:

- Der Standard Positioning Service (SPS, L1 mit C/A-Code) und der
- Precise Positioning Service (PPS, L1 mit C/A- und P-Code, L2 mit P-Code).

Beim SPS wird mit 95% Wahrscheinlichkeit eine horizontale Positionsgenauigkeit von +/- 100 Meter erreicht. Diesen ungenaueren Betriebsdienst SPS betrachten wir nochmals im Abschnitt „Systemfehler" genauer.

Die beiden Trägerwellen L1 und L2 werden zusätzlich zu den beiden Codes (C/A und P) noch mit den Navigationsnachrichten des Satelliten moduliert. Zu diesen Nachrichten gehören:

- Korrekturdaten der Satellitenuhr
- Ephemeris des sendenden Satelliten
- Almanachdaten

In der Ephemeris des sendenden Satelliten sind seine exakten Positions- und Bahndaten enthalten. Mit den Ephemeriden von drei Satelliten kann der GPS-Empfänger seine Position in der Ebene exakt berechnen.

Genaue Entfernungsbestimmung durch Code-Verschiebung

Wie bereits erwähnt, strahlt der GPS-Satellit mit der Trägerwelle L1 den C/A-Code aus. Dieser C/A-Code wird vom GPS-Empfänger genau nachgebildet. Betrachten wir nun im Detail, was mit diesen beiden Codes im Empfänger geschieht.

Der Satellit erzeugt den C/A-Code zu einer bestimmten Zeit mit einer definierten Länge von 1.000 Mikrosekunden (1 Mikrosekunde = 1 Millionstel Sekunde = 300 m) und strahlt ihn aus. In genau dem gleichen Moment erzeugt der GPS-Empfänger diesen Code als Kopie. Da nun der Satelliten-Code erst die Strecke Satellit-Empfänger durchlaufen muß, trifft er zeitverzögert zur Code-Kopie beim Empfänger ein.

Der Empfänger verschiebt jetzt den Satelliten-Code so lange, bis er mit der selbst erzeugten Code-Kopie korreliert. Korrelation bedeutet in diesem Zusammenhang Deckungsgleichheit. Das Maß, um den der Satelliten-Code verschoben werden mußte, entspricht nun genau der Signallaufzeit zwischen Satellit und Empfänger.

Die so festgestellte Zeitdifferenz kann nunmehr entsprechend der bekannten Ausbreitungsgeschwindigkeit von elektromagnetischen Wellen in die Entfernung zwischen Satellit und Empfänger umgerechnet werden.

Berechnet man auf diese Art und Weise die Entfernungen zu drei oder vier Satelliten, wird mit einer trigonometrischen Berechnung (Triangulation) exakt die Position des Empfängers ermittelt. Triangulation ist, vereinfacht ausgedrückt, die Positionsbestimmung eines Punktes durch Entfernungsbestimmung zu anderen bekannten Punkten.

Damit der GPS-Empfänger seine genaue 3-dimensionale Position (geografische Länge, geografische Breite und Höhe) errechnen kann, benötigt er die Entfernungen zu vier Satelliten.

Genauer als Entfernungsmessungen mit Code-Verschiebung sind z.B. Trägerphasenmessungen, die Positionsbestimmungen bis auf wenige Meter ermöglichen. Dieses Verfahren allerdings setzt einen Empfänger voraus, der die beiden Satelliten-Trägerwellen L1 und L2 empfangen und verarbeiten kann. Solche Empfängertypen werden in diesem Handbuch jedoch nur am Rande erwähnt, weil sie im Luftfahrt-GPS-Bereich, nicht zuletzt wegen des hohen Preises, kaum erhältlich sind. Künftig ist vom GPS-Betreiber geplant, eine weitere zivile Frequenz (L5) auch zivilen Anwendern zur Verfügung zu stellen. Dies dürfte zu erheblichen Änderungen an der allgemeinen System-Architektur kommender GPS-Empfänger-Generationen führen.

Man könnte jetzt unbesorgt den Abschnitt „Entfernungsmessung Satellit-Empfänger" abschließen, wenn die mit der Signallaufzeit-Berechnung ermittelte Entfernung mit der geometrischen Entfernung (der effektiven Entfernung also) identisch wäre. Leider ist sie das nicht. Verschiedene Systemfehler verfälschen nämlich das Satellitensignal. Dadurch erhält man keine effektive Entfernung, sondern eine Pseudo-Entfernung, die man in der GPS-Fachsprache

„Pseudo Range" nennt. Betrachten wir diese Systemfehler im einzelnen.

Systemfehler

Fehler in Ephemeriden und Almanach

Sobald eine komplexe Technik von Menschen bedient und gesteuert wird, entsteht die Gefahr, daß z.B. eine Maschine oder ein System durch Fehlsteuerung oder fehlerhafte Eingaben von Daten diese Fehler auch reproduziert. Es gibt zwar bei jedem System interne Prüfroutinen, um Fehleingaben zu verhindern oder mindestens zu minimieren, doch ganz ausschließen kann man solche Fehler niemals.

Bei GPS, dessen Satelliten vom DOD überwacht und mit Daten „gefüttert" werden, können bereits Fehler in den Ephemeriden und im Almanach versteckt sein. Diese Daten werden von der GPS Master Control Station in Colorado Springs regelmäßig an die Satelliten gesendet. Auch Korrektursignale dieser Station können fehlerhaft sein. Da solche Fehler aber nicht erfaßt werden können, müssen sie bei den weiteren Betrachtungen unberücksichtigt bleiben. Nur der Vollständigkeit halber seien deshalb diese Fehlermöglichkeiten hier erwähnt.

Uhrenfehler

Die Berechnung der Signallaufzeit vom Satelliten zum GPS-Empfänger, und damit der Entfernung zum Satelliten, setzt eine extreme Genauigkeit voraus. Eine derart genaue Zeitmessung ist heute nur mit Atomuhren möglich. Durch die hohe Frequenzstabilität dieser Uhren ist ein maximaler Fehler von 10 Nanosekunden pro 12 Stunden gegeben. Eine Nanosekunde (1 Milliardstel Sekunde) entspricht einer Entfernung von 0,3 Meter. Da der Fehler der

Atomuhren folglich bekannt ist, kann er bei der Laufzeit-Berechnung als konstante Größe berücksichtigt werden.

Weit weniger genau arbeiten die in den Empfängern eingebauten Uhren. Es handelt sich dabei zwar um qualitativ hochwertige Quarzuhren mit einer großen Resistenz gegenüber Temperaturschwankungen und Beschleunigungen, doch die Genauigkeit der Satelliten-Borduhren erreichen sie bei weitem nicht. Deswegen werden sie ständig per Satellitensignal korrigiert und auf die gemeinsame GPS-Systemzeit (GPS-Time) gebracht.

Schaltet man einen GPS-Empfänger ein, wird sofort nach der Akquisition des ersten Satelliten die Empfänger-Uhr gestellt. Es erscheint dann bei manchen Empfängern die Meldung „GPS Time Valid" (gültige GPS-Zeit). Trotzdem bleibt ein relativ großer Restfehler, der bei der Entfernungsberechnung kompensiert werden muß.

Schwerwiegend sind auch physikalische Laufzeit-Fehler, die wir im folgenden näher betrachten wollen. Die elektromagnetischen Signale der Navigationssatelliten werden auf ihrem Weg zwischen Satellit und Empfänger in verschiedenen Bereichen der Erdatmosphäre gestört. Für diese Störungen sind besonders die Ionosphäre und die Troposphäre verantwortlich.

Ionosphärenfehler

Durch die ionisierende Wirkung der Sonne bilden sich in der Ionosphäre (Höhe ca. 80 bis 400 Kilometer) in großer Zahl Elektronen und positive Ionen, die in vier leitenden Schichten innerhalb der Ionosphäre (D-, E-, F1- und F2-Schicht) konzentriert sind. Diese Schichten reflektieren (brechen) elektromagnetische Wellen.

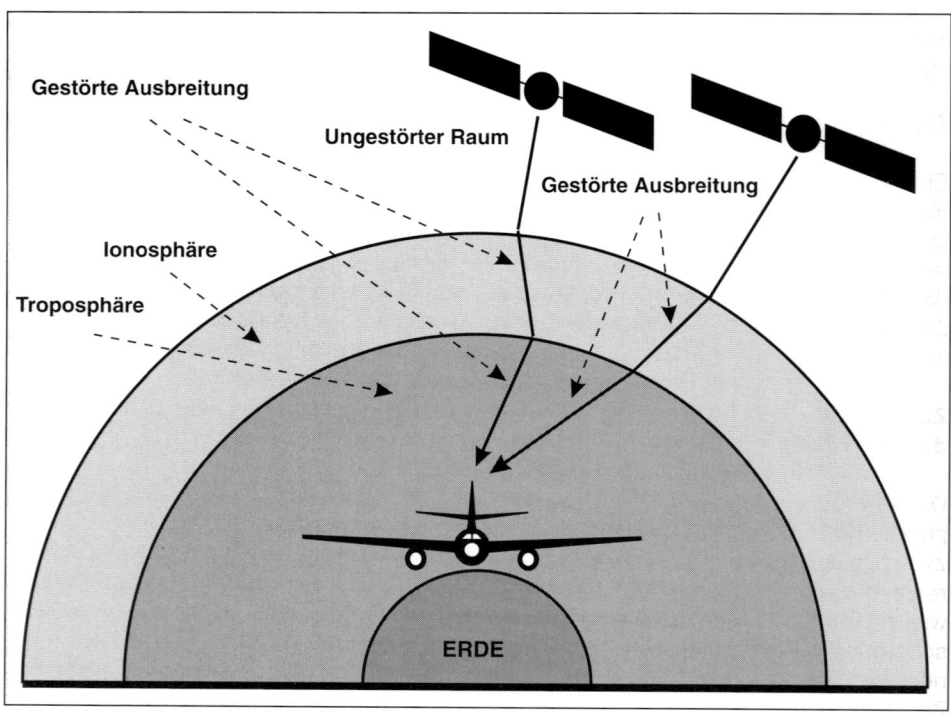

Gestörte Ausbreitung

Ungestörter Raum

Gestörte Ausbreitung

Ionosphäre

Troposphäre

ERDE

Abb. 2.5: Laufzeitfehler der Satellitensignale durch Brechung in der Atmosphäre.

Das führt dazu, daß die von den Satelliten ausgestrahlten elektromagnetischen Wellen in dieser Schicht zum Teil reflektiert und abgelenkt werden. Die Satellitensignale haben also eine längere Laufzeit.

Es gibt aber Möglichkeiten, diese Fehler zu minimieren. Man weiß z.B., daß sich elektromagnetische Wellen beim Durchlaufen der Ionosphäre umgekehrt proportional ihrer Frequenz zum Quadrat $(1/f^2)$ verlangsamen. Das wiederum bedeutet, daß sich elektromagnetische Wellen mit niedrigen Frequenzen stärker als solche mit höheren Frequenzen verlangsamen. Wenn man nun die z.B. bei einem Empfänger ankommenden hoch- und tieffrequenten Signale hinsichtlich ihrer unterschiedlichen Ankunftszeit untersucht, kann die

ionosphärische Laufzeitverlängerung berechnet werden. Diese Korrektur-Möglichkeit gibt es aber nur bei technisch aufwendigeren L1/L2-Empfängern. Solche GPS-Empfänger werden z. B. bei hochpräzisen Positionsbestimmungen (DGPS) in allen Verkehrsbereichen verwendet.

Eine andere, weniger genaue Methode kann man aber anwenden, wenn man die typische Geschwindigkeitsabweichung bei tieferen und höheren Frequenzen während der Ionosphärendurchdringung an einem Standardtag zu Standardbedingungen ermittelt und diesen Wert bei allen Entfernungsberechnungen einbezieht.

Wenn auch diese Methode nicht so genau ist, können doch die meisten der durch die

Ionosphäre verursachten Fehler grob korrigiert werden.

Troposphärenfehler

Ein anderer Faktor, der durch Brechung die Laufzeit elektromagnetischer Wellen verlängert, sind durch verschiedene Wetterlagen bedingte unterschiedliche Wasserdampfkonzentrationen in der Troposphäre. Der Fehler ist hier aber kleiner als in der Ionosphäre.

Zusammenfassung der atmosphärischen Fehler

Da die Position des GPS-Empfängers mit präzisen Messungen der Signallaufzeiten zwischen Satelliten und Empfänger berechnet wird, kann man sich vorstellen, wie sich Ablenkungsfehler in der Atmosphäre auswirken. Ionosphärenfehler können, wie bereits erwähnt, z.B. durch ein Zwei-Frequenzverfahren (L1/L2) weitgehend eliminiert werden. Die in der Troposphäre auftretenden Fehler allerdings können nur in einem Modell erfaßt und gegebenenfalls als pauschaler Korrekturfaktor in die Berechnungen einbezogen werden.

Topografische und bebauungsbedingte Fehler

In unmittelbarer Bodennähe oder am Boden selbst spielen Mehrwegeausbreitungen und Satellitenabschattungen, bedingt durch die jeweils lokale Topographie des Horizontes, ebenfalls eine große Rolle für die Qualität des Satellitensignals. Bei der Messung der Signallaufzeit können hier bereits Positionsfehler von etwa 20 Meter entstehen.

Mehrwege-Empfang entsteht hauptsächlich durch Reflexionen in der Umgebung der GPS-Antenne. Daraus wiederum resultiert, daß der Position der GPS-Antenne eine besondere Bedeutung zukommt. Neben der Verwendung geeigneter Antennen und durch die Wahl eines optimalen Standortes können diese Mehrwege-Effekte aber minimiert werden.

Dies geschieht vor allem dadurch, daß die Antenne von Wänden gleich welcher Reflexionseigenschaften möglichst weit entfernt plaziert wird. In der Nähe der Antenne befindliche größere Objekte verursachen jedoch nicht nur Reflexionen, sondern auch Abschattungen gegenüber dem Satellitensignal. Abschattungen bei Luftfahrzeugen beispielsweise kommen vor, wenn beim Kurvenflug die Tragflächen die quasioptische Verbindung der GPS-Antenne zu den Satelliten unterbricht.

Selective Availability - die künstliche Signalverschlechterung

Addiert man alle bisher erwähnten Fehlerquellen, erreicht man eine GPS-Genauigkeit von etwa 30 m. Es gibt allerdings eine weitere, zusätzliche Fehlerquelle, welche die Genauigkeit stärker beeinträchtigt. Diese größte Fehlerquelle ist der GPS-Betreiber, das DOD (Department of Defense), selbst.

Das DOD verschlechtert nämlich die Genauigkeit des GPS absichtlich. Man nennt diese Maßnahme „Selective Availability" (SA). Diese Signalverschlechterung wurde eingeführt, um im Kriegs- oder Krisenfall feindlichen Streitkräften den Zugriff auf die volle GPS-Präzision zu verwehren. Bei SA werden die Frequenzen der Satelliten-Borduhren und die Satelliten-Bahndaten nach dem Zufallsprinzip (stochastisch) verfälscht. Man hat als ziviler GPS-Nutzer also nicht nur den gegenüber PPS schlechteren SPS, bei dem allein der C/A-Code ausgewertet werden kann, sondern zusätzlich auch noch SA zu verkraften.

Wie sich die Summe aller Fehler bei der Genauigkeit auswirkt, steht im folgenden Abschnitt.

Pseudo Range

Kommen wir zurück auf die Berechnung der Entfernung Satellit-Empfänger. Die per Code-Korrelation gemessene Entfernung entspricht nicht der geometrischen Entfernung, da das Satellitensignal bei der Ankunft im Empfänger Laufzeitfehler enthält.

Hinzu kommen die künstlich verschlechterten Werte (SA) aus den Navigationsnachrichten (Ephemeriden und Zeit). Wir können folglich keine wirkliche, geometrische Entfernung zu den Satelliten messen, sondern nur die Pseudo-Entfernung, die Pseudo Range.

Die in den GPS-Empfängern berechnete Pseudo Range läßt sich durch folgende Formel ausdrücken:

Pseudo Range = Geometrische Entfernung + Systemfehler einschließlich SA

Durch Empfänger-interne Maßnahmen (präzise Empfänger-Architektur mit hochwertigen Bauteilen, Korrektur-Software usw.) können die Pseudo Ranges den geometrischen Entfernungen optimal genähert werden.

Die Fehler durch Selective Availability (SA) können mit den in diesem Handbuch vorgestellten L1 C/A-Code-Empfängern jedoch nicht ausgeglichen werden. Die Genauigkeit der Positionsbestimmung ist unter Einbeziehung aller Fehler bei 95% der Zeit auf horizontal +/-100 Meter beschränkt. Die vertikale Genauigkeit liegt bei +/-300 Meter.

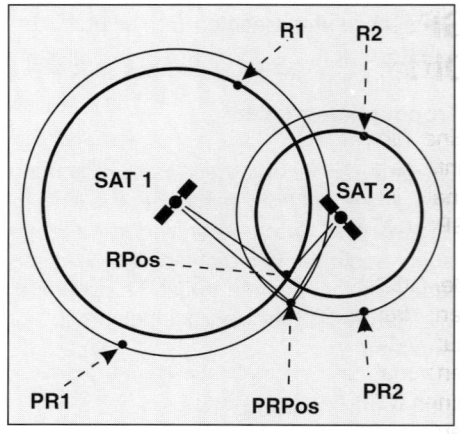

Abb. 2.6: Pseudo Range, zweidimensional.
R1, R2 = Reale Ranges zu SAT 1 + 2
RPos = Reale Position zu SAT 1 + 2
PR1, PR2 = Pseudo Ranges zu SAT 1 + 2
PRPos = Pseudo Range Position

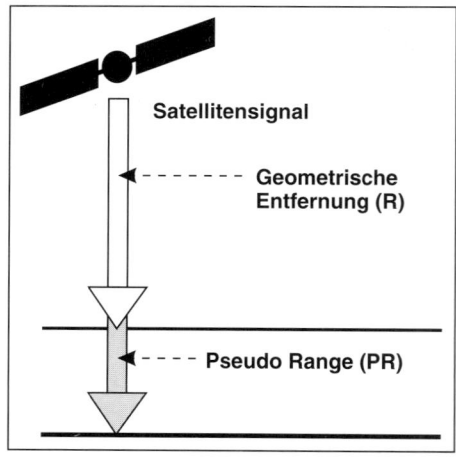

Abb. 2.7: Die Pseudo Range enthält Fehler durch SA, Ionosphären- und Troposphären-Fehler sowie Fehler der GPS-Empfänger-internen Uhr. Pseudo Range = R + Fehler.

GPS-Optimierung mit Differential GPS (DGPS)

Eine Möglichkeit, die z.B. für Präzisionsanflüge erforderliche Genauigkeit zu erreichen, ist die Verwendung von Differential GPS (DGPS).

Bei DGPS handelt es sich um ein Verfahren, das durch die Systemfehler und SA auf +/-100 m Genauigkeit limitierte Satellitensignal zu korrigieren. Dabei werden von einer DGPS-Bodenstation (auch GPS-Referenzempfänger genannt), die an einem exakt vermessenen Punkt steht, die Systemfehler (Uhrenfehler der Satelliten, ungenaue Ephemeriden, ionosphärische und troposphärische Laufzeitfehler usw.) jedes Satellitensignals gemessen, korrigiert und als Korrektursignal zur Verwertung an mobile DGPS-Stationen (Schiffe, Flugzeuge, Fahrzeuge, andere mobile Objekte) gesendet.

Die Fehlerkorrektur erfolgt bei der Bodenstation durch Vergleich ihrer exakten, bekannten Position mit der Position, die mittels der Satellitensignale errechnet wurde. Die Empfänger-interne Verarbeitung der Satellitensignale und der Korrekturdaten bei den Mobilstationen ermöglichen eine Genauigkeit bis in den Zentimeterbereich.

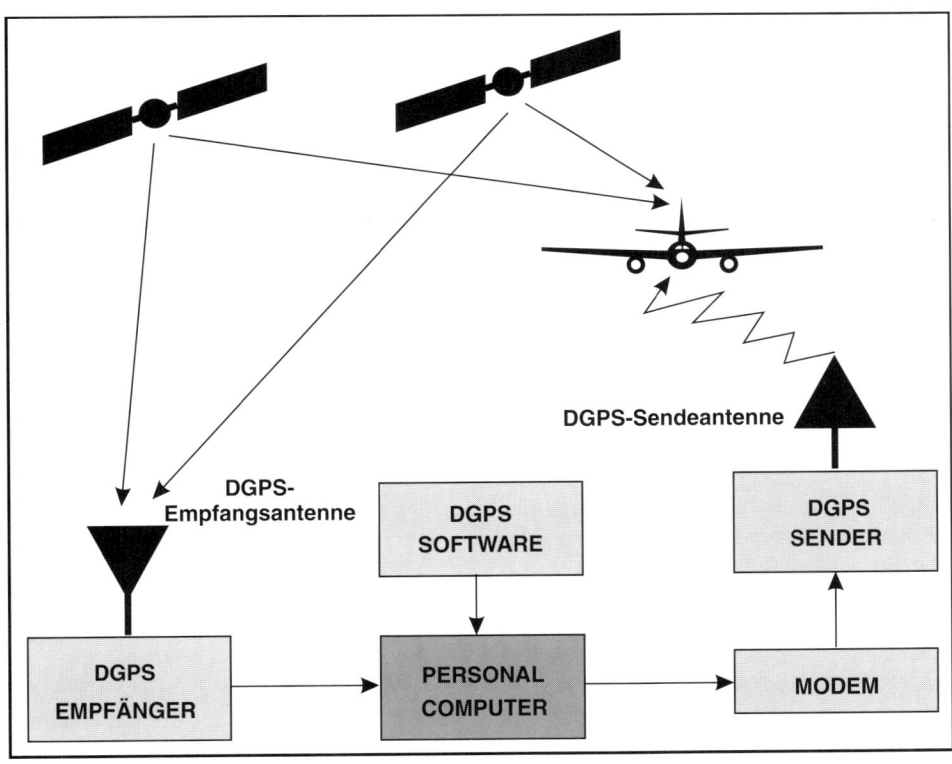

Abb. 2.8: Aufbau einer DGPS-Bodenstation.

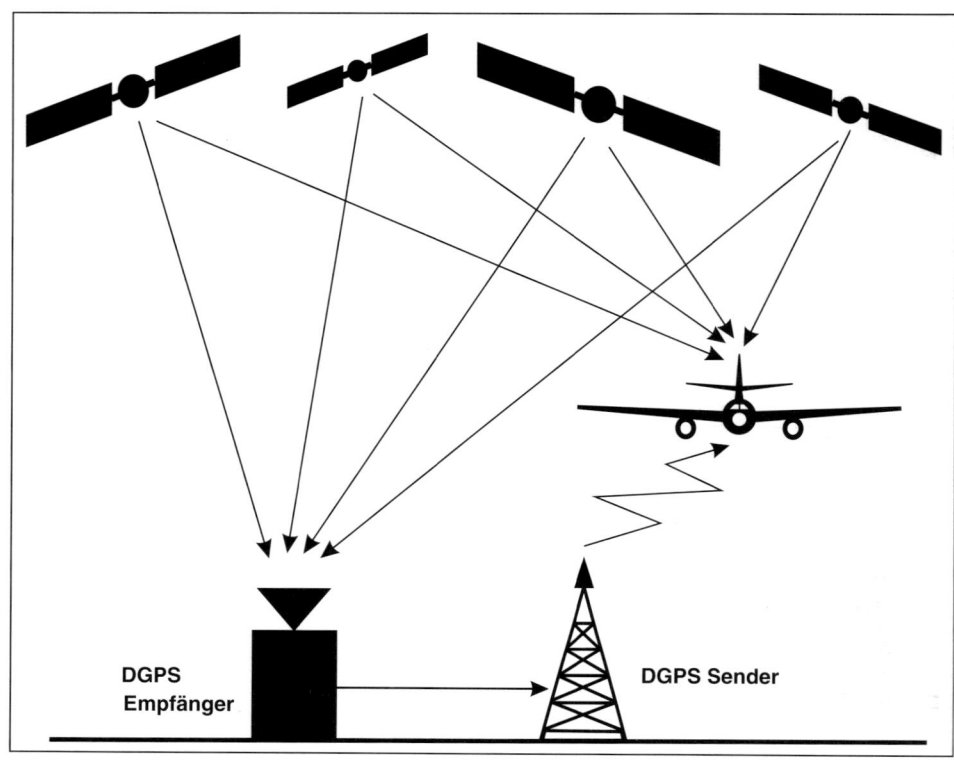

Abb. 2.9: Differential GPS Bodenstation mit DGPS-Empfänger und -Sender.

Dieses Verfahren wird schon seit einigen Jahren bei der Seefahrt angewendet. Hier senden an den Küsten installierte DGPS-Bodenstationen Korrektursignale aus.

In der Luftfahrt gibt es in den USA an vielen Flugplätzen bereits DGPS-Anflugverfahren (SCAT-I), in Deutschland jedoch gab es bislang nur Feldversuche. Es ist aber damit zu rechnen, daß entsprechend der generellen Vorreiter-Rolle der USA auch bei uns in absehbarer Zeit vergleichbare Verfahren eingeführt werden. Auch bei geodätischen Vermessungen ist aus Präzisionsgründen DGPS erforderlich. Dieser Bereich ist in Deutschland allerdings schon sehr weit entwickelt.

Mit hochpräzisen PPS-fähigen GPS-Empfängern und DGPS-Stationen werden schon Messungen im Zentimeter-Bereich durchgeführt. Eine Systemkomponente dieser Präzisionsmessungen ist der Satellitenpositionierungsdienst (SAPOS), der im folgenden Abschnitt kurz erläutert wird.

Satellitenpositionierungsdienst (SAPOS)

Wie in Zukunft DGPS-Dienste für die Luftfahrt aussehen könnten, ist bereits bei anderen GPS-Anwendern Praxis. Prinzipiell wird sich in Zukunft Luftfahrt-DGPS kaum von den schon vorhandenen Diensten un-

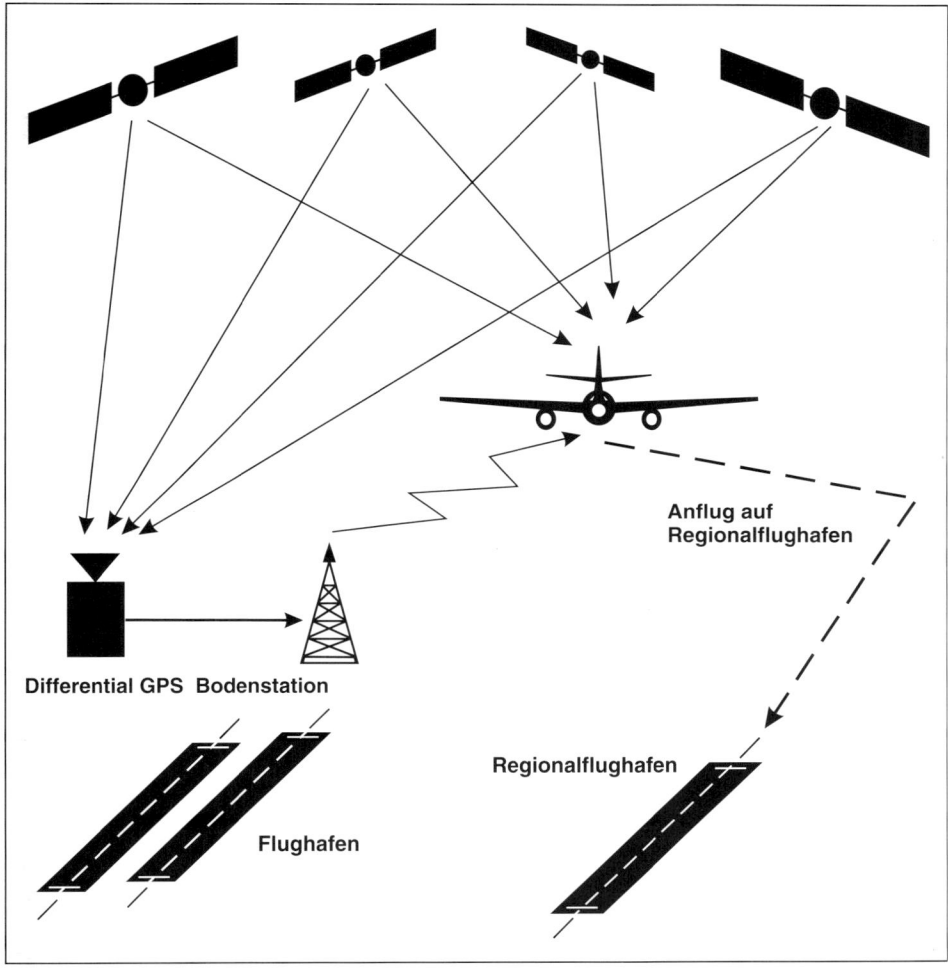

Abb. 2.10: DGPS-Anflug mit einem LAAS-System (Local Area Augmentation System).
Bei diesem Zukunftsprojekt werden von der DGPS-Bodenstation hochgenaue Navigations-
korrekturdaten an die anfliegenden Flugzeuge gesendet, so daß im Anfangsstadium des Sy-
stems CAT I Anflüge möglich sind.

terscheiden. Wie ein solcher Dienst aussieht, zeigt SAPOS.

Die Arbeitsgemeinschaft der Vermessungsverwaltungen der Länder der Bundesrepublik Deutschland (AdV) erarbeitete als Gemeinschaftsprojekt den Satellitenpositionie-

rungsdienst SAPOS und stellte so das amtliche Bezugssystem mit modernen Methoden bereit.

SAPOS richtet einen permanent betriebenen, multifunktionalen und flächendeckenden DGPS-Dienst ein.

41

Basis des Systems ist ein Netz von GPS-Referenzstationen.

SAPOS umfaßt vier Servicebereiche mit unterschiedlichen Eigenschaften und Genauigkeiten, die dem GPS-Anwender eine wirtschaftliche und effiziente Lösung seiner Aufgaben ermöglichen:

- EPS Echtzeit Positionierungs-Service
- HEPS Hochpräziser Echtzeit Positionierungs-Service
- GPPS Geodätischer Präziser Positionierungs-Service
- GHPS Geodätischer Hochpräziser Positionierungs-Service

Von diesen vier Servicebereichen soll nur EPS kurz vorgestellt werden, weil hier die Werte im Bereich der von der Luftfahrt geforderten Genauigkeit liegen. Nach einem ähnlichen Verfahren könnte beispielsweise auch LAAS auf nationaler Ebene in Deutschland arbeiten.

EPS Echtzeit-Positionierungs-Service

EPS liefert Echtzeit-Positionierungen mit 1 bis 3 Meter Genauigkeit. Referenzstationen messen ständig Entfernungen zu den GPS-Satelliten und ermitteln daraus Korrekturwerte. Dem Anwender stehen die Korrekturdaten in Echtzeit und in standardisiertem Format zur Verfügung. Es ist ihm also mit geringem Geräteaufwand möglich, seine gemessene GPS-Position auf 1 bis zu 3 Meter zu korrigieren. Korrekturdaten werden in Zusammenarbeit mit den Rundfunkanstalten der ARD (UKW), mit der Telekom (Langwelle) und über Sender der Landesvermessung (2m-Band) gesendet.

Als Datenformat wird der international eingeführte Standard RTCM SC-104, Version 2.0, eingesetzt.

Im Luftfahrtbereich könnte jedoch als Standard ein Datenformat nach RTCA verwendet werden. Für die Verbreitung der Korrekturdaten dürften auch keine Rundfunksender, sondern spezielle Luftfahrt-DGPS-Stationen sowie Pseudolites (GPS-Satelliten-ähnliche Bodenstationen) infrage kommen.

Um SAPOS EPS nutzen zu können, genügt ein einfacher GPS-Empfänger und ein im Handel erhältlicher UKW/LW-Empfänger oder ein 2m-Band-Empfänger mit Decoder. In der Luftfahrt setzen allerdings andere Genauigkeits- und Zuverlässigkeitsanforderungen die Maßstäbe für die Qualität der GPS- und DGPS-Empfänger. Mit einfachen Geräten ist es hier nicht getan.

Auch wird bei SAPOS nicht das in der Luftfahrt verwendete geodätische Bezugssystem WGS 84, sondern das European Terrestrial Reference System 1989 (ETRS89) eingesetzt. ETRS89 ist ein dreidimensionales geozentrisches Referenzsystem und eine Konkretisierung des WGS 84. Die Lage der SAPOS-Referenzstationen ist im ETRS89 zentimetergenau festgelegt. Die Nutzer von SAPOS können somit das einheitliche exakte Bezugssystem ETRS89 unmittelbar verwenden.

In der Luftfahrt wäre das rechner-interne Umrechnen von ETRS89 in WGS 84 kein Problem, da lediglich die GPS-Empfänger-Software geändert werden müßte.

Der DGPS-Dienst EPS der Arbeitsgemeinschaft der Vermessungsverwaltungen hat folgende Kenndaten:

- Sender: Etwa 95 Stationen, betrieben derzeit durch WDR, BR, SWF, MDR, SFB, SDR, NDR usw.
- Senderreichweiten: 100 km
- Frequenzen: 87,5 bis 108 MHz
- Datenformat: RDS, RTCM 2.0

- Genauigkeit: Besser als 5 m; erreichbar sind je nach Empfängerqualität 1-3 m
- Wesentliches Einsatzgebiet: Landnavigation
- Status: Operationell seit April 1996
- Verhandlungen: Mit Rundfunkanstalten über Sendernutzung zur Verfahrensausdehnung
- Intention: Vollständige Bedeckung für Deutschland,Telematik-Integrationen

DGPS im EGNOS-Konzept

Eine weitere Planung sieht DGPS für die Luftfahrt im Rahmen des EGNOS-Konzeptes vor (European Geostationary Navigation Overlay Service). Dieses mit US-amerikanischen Projekten konkurrierende Vorhaben wäre die Voraussetzung für die Einführung von Präzisionsanflügen. Dies sind die Details des Konzeptes:

- Vorschlag von France Telecom und DBP Telekom gegründet auf Mandat von ESA, EC und EUROCONTROL
- Overlay für GPS und GLONASS durch INMARSAT III geostationäre Satelliten
- Konzept beinhaltet Streckensignal, Integritätsinformation und differentielle Korrekturdaten
- Reichweite: Ost-Atlantik und Indischer Ozean
- Wesentliches Einsatzgebiet: Navigation in der Luftfahrt
- Kompatibilität und Interoperabilität mit LAAS und WAAS der USA beabsichtigt
- Status: Entwicklung

Weitere Details über EGNOS sind in Kapitel 5 zu finden.

GPS-Zuverlässigkeit in der Luftfahrt

Das Hauptproblem bei GPS in der Luftfahrt besteht darin, die Forderungen nach Integrität (Integrity) zu erfüllen. Integrität bedeutet, daß Piloten rechtzeitig gewarnt werden, wenn einer oder mehrere Satelliten während des Fluges nicht mehr für Navigationsaufgaben zur Verfügung stehen. Eine Lösung, den Flugbetrieb mit GPS-Empfängern sicherer zu machen, besteht einmal in der Erhöhung der Integrität eines GPS-Empfängers, zum anderen in der Überwachung dieser Integrität (Integrity Monitoring).

Integrity

Unter Integrity ist die Fähigkeit eines Systems zu verstehen, zeitgerechte Warnungen an den Benutzer auszugeben, sobald es nicht mehr zur Navigation verwendet werden sollte. Nach einer anderen Definition muß innerhalb einer bestimmten Zeitspanne Alarm ausgelöst werden (Time To Alert), wenn der Positionsfehler einen festgelegten Grenzwert überschreitet. Die Integrity ist das Schlüsselproblem bei der Zulassung von GPS als Navigationshilfe in der Zivilluftfahrt.

Integrity Monitoring

Integrity Monitoring ist eine zweistufige Methode (Detektion und Isolation) zur Eliminierung eines Satelliten, der fehlerhafte Daten liefert, aus der Navigationslösung. Nach der Ermittlung des Positionsfehlers aus redundanten Messungen wird dieser mit einem Schwellwert verglichen. Bei Abweichung wird der die fehlerhaften Signale liefernde Satellit identifiziert und isoliert.

Receiver Autonomous Integrity Monitoring (RAIM)

Integrity und Integrity Monitoring können unter dem Begriff RAIM (Receiver Autonomous Integrity Monitoring) zusammengefaßt werden. RAIM wird vorwiegend durch entsprechende Software im GPS-Empfänger erreicht. Um RAIM aktivieren zu können, muß der GPS-Empfänger die Signale von fünf Satelliten auswerten können. Der fünfte Satellit dient hierbei zur Überprüfung der vier für die Positionsbestimmung verwendeten Satelliten.

Sobald ein Fehler entdeckt wird, muß eine Warnflagge am Anzeigeteil des Empfängers erscheinen und parallel eine Warnlampe aufleuchten. Kann nun ein sechster Satellit akquiriert werden, wird der ausgefallene Satellit identifiziert und isoliert. Mit den dann wieder fünf vorhandenen Satelliten können die Navigations- und RAIM-Funktionen erneut initialisiert werden.

RAIM setzt zur Aufdeckung eines fehlerhaften Satelliten also mindestens fünf Satelliten in ständiger Sicht mit optimaler Bedeckungsgeometrie (s.a. DOP) voraus. Der sechste ist zur Isolation des fehlerhaften Satelliten erforderlich.

GPS und LORAN

In den USA nutzt man beispielsweise GPS- und LORAN-Signale gemeinsam (Multi Sensor System), um die Zuverlässigkeit von GPS zu erhöhen. Dabei kann jedes System das andere kontrollieren und verläßliche und genaue Navigationsdaten liefern. Das Problem dieses Konzeptes aber besteht darin, daß LORAN außerhalb Nordamerikas nur beschränkt verfügbar ist und somit eine weltweite Einsatzmöglichkeit nicht gegeben ist.

Kombinationsempfänger GPS / GLONASS

Eine weitere Lösung mit einem GPS-GLONASS-Empfänger aber ist inzwischen weitgehend vernachlässigt, wenn nicht sogar endgültig aufgegeben worden (s.a. Systemvergleich GPS-GLONASS).

Kontroll-Satelliten

In einer dritten Lösung könnten einige geostationäre Monitor-Satelliten (INMARSAT-3-Satelliten bei EGNOS) fehlerhaft arbeitende Satelliten entdecken und Warnungen sowie Korrekturdaten aussenden. Möglich wäre auch, mit Bodenstationen (Pseudolites) GPS-Satelliten zu emulieren. So könnte man die für RAIM nötige Satellitenzahl auch in Gebieten mit schlechter Satellitenabdeckung erhöhen.

GNSS-Overlay-Project

Nachdem es RAIM-fähige GPS-Empfänger gibt, plant die FAA ein umfassendes GNSS-Overlay-Projekt (Global Navigation Satellite Systems). Die Anfangsphase dieses Projektes sieht vor, etwa 4.500 GPS-Nichtpräzisionsanflüge einzuführen, wobei zur Kontrolle konventionelle NAV-Anlagen verwendet werden. Dies ist inzwischen erreicht worden. Nächstes Ziel ist, Präzisionsanflüge ohne konventionelle NAV-Anlagen durchzuführen (s.a. SCAT-I). Endziel wäre, GPS als einziges Navigationsverfahren einzusetzen und auf konventionelle NAV-Stationen zu verzichten.

Ausführliche Informationen zu diesen Projekten, auch auf europäischer Ebene, sind in Kapitel 5 zu finden. Kurze Begriffserläuterungen hierzu stehen im Anhang (s.a. WAAS, LAAS, EGNOS etc.).

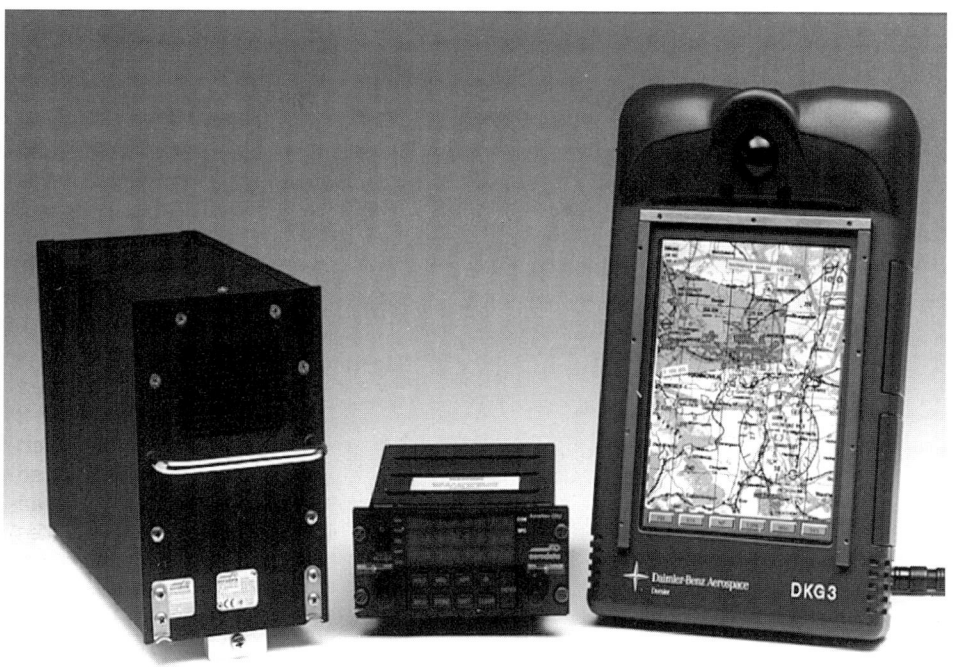

Abb. 2.11: Zur Erhöhung der Systemverfügbarkeit sowie der Integrität bei der GPS-Navigation entwickelte Aerodata in Braunschweig das AeroNav-System, das aus einer CDU (Control Display Unit, Bildmitte), einer NCU (Navigation Communication Unit, Navigations- und Kommunikationseinheit, links im Bild) mit integriertem 12-Kanal GPS-Empfänger und Trägheitssensor (INS, Inertial Navigation System) sowie einer externen Antenne besteht. Wahlweise kann noch ein externes Moving Map Display angeschlossen werden (rechts im Bild). Das System ist vom Luftfahrt-Bundesamt für VFR-Flüge zugelassen (Quelle: Aerodata).

Kapitel 3
GPS-Empfängertechnik

GPS-Empfängertypen

GPS-Empfänger Inside

Ein Standard-GPS-Empfänger (Frequenz L1, Auswertung des C/A-Codes, 1 Kanal, für allgemeine und private Anwendungen) ist zunächst einmal nichts anderes als ein Radio, mit dem man eine Frequenz (L1) empfangen kann. Die Signalaufbereitung und -digitalisierung allerdings bedarf schon einer etwas aufwendigeren Technik. Die Datenverarbeitungsprozessoren (häufig mit 32-Bit-Architektur) aber sind in der Regel von der Stange, genau wie LCD-Bildschirme und Tastaturen (Soft Keys, Folientastaturen usw.).

An die Quarzuhren werden höhere Anforderungen gestellt, was ihre Ganggenauigkeit und Stabilität gegenüber Beschleunigungen betrifft. Doch auch hier findet der Fachmann nichts Außergewöhnliches. Wie bei einer Funkuhr wird die Empfänger-interne Zeit mit der GPS-Systemzeit der Satelliten-Atomuhren ständig abgeglichen, um eine exakte Zeitreferenz zu haben (GPS-Time).

Die im Datenprozessor des GPS-Empfängers ablaufende Software allerdings sollte logisch und anwenderfreundlich aufgebaut sein. Da aber die Schnittstellen eines GPS-Empfängers zum Anwender (wie bei einem PC) Bildschirm und Tastatur sind, kann man sich angesichts der bei manchen GPS-Empfängern vorhandenen winzigen LCD-Bildschirme vorstellen, wie verzweigt die Software aufgebaut werden muß, um die navigatorischen und informatorischen Daten portionsweise „an den Mann" (oder die Frau) zu bringen.

Das wird in der Regel dadurch bewerkstelligt, daß man wie in einem Buch einzelne Hauptkapitel (Menüs) einrichtet, in denen man nach der jeweiligen Menü-Wahl (meistens per Funktionstaste) mit Cursortasten von Seite zu Seite springen kann, um die gewünschten Daten auf den Bildschirm zu holen oder einzugeben.

Je weniger Zeilen nun ein Bildschirm darstellen kann, um so öfter muß also mit Cursortasten gearbeitet werden, um von Seite zu Seite zu wechseln. Diese „Seiten" werden übrigens von manchen GPS-Empfänger-Herstellern in der Fachsprache mit „Pages", von anderen wiederum mit „Screens" oder einfach „Displays" bezeichnet.

Empfängertypen nach Bauart

Bei den GPS-Empfängern gibt es je nach Einsatzzweck verschiedene Arten, die sich im wesentlichen durch die Plazierung der GPS-Empfangseinheit unterscheiden.

Die in allen Verkehrsbereichen gebräuchlichste Bauform ist der GPS-Receiver, bei dem sich alle Bauteile (Antenne, Empfangsteil, Signalverarbeitungskanal bzw. -kanäle, Mikroprozessor, Anzeige/Bedienteil) in einem Gehäuse befinden. Zusätzlich gibt es bei diesen Geräten oft noch die Möglichkeit, eine externe Antenne anschließen zu können.

Anzeige/Bedienteil heißt auf englisch Control Display Unit und wird mit CDU abgekürzt. Welche Bauteile zu einem GPS-Empfänger gehören und wie sie miteinander in Beziehung stehen, kann man auf der folgenden Seite im Blockdiagramm „Aufbau eines GPS-C/A-Code-Empfängers" sehen.

GPS-Receiver

GPS-Receiver gibt es in allen Größen, vom kleinen, portablen Handheld-Empfänger mit geringem Gewicht bis zu schweren Gerä-

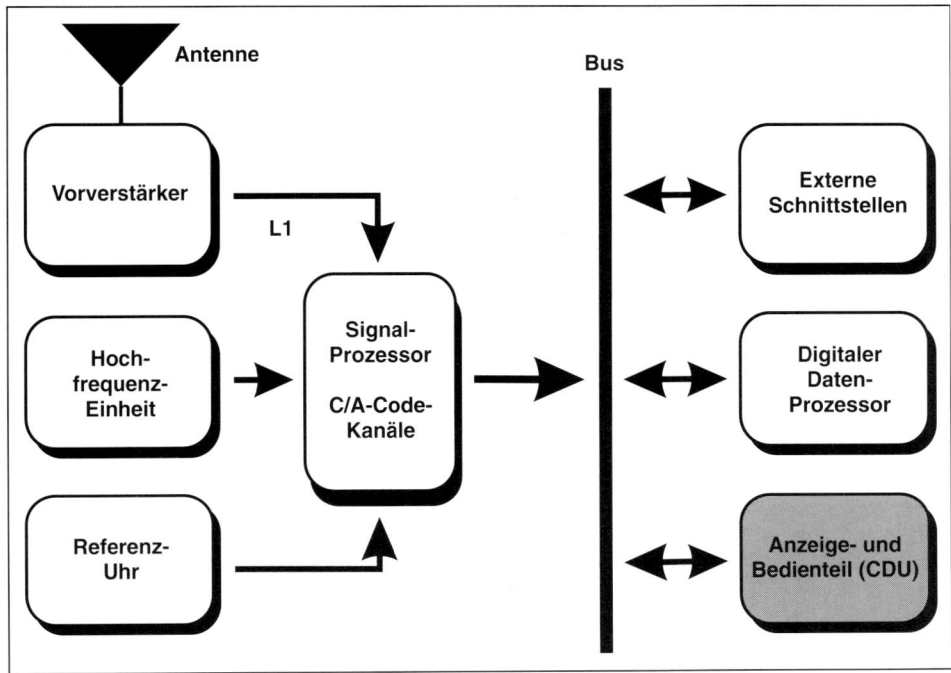

Abb. 3.1: Aufbau eines GPS C/A-Code-Empfängers.

ten, die vorwiegend stationär betrieben werden. Zu den Geräten mit hohem Gewicht gehören z.B. geodätische Empfänger. Die Zeichnung eines GPS-Receivers ist auf der folgende Seite zu finden (s. Abb. 3.2).

GPS-Sensor

Sobald das Empfangsteil von der Anzeige/Bedieneinheit getrennt ist, spricht man von einem GPS-Sensor, häufig auch GPS-Core-Modul genannt. Dabei kann es sich um einen Sensor handeln, der sogar in einer Antenne eingebaut ist. In der Regel allerdings sind GPS-Sensoren eigenständige Bauteile mit angeschlossenen Antennen (s. Abb. 3.3 auf der folgenden Seite).

GPS-Sensoren werden immer mit einem separaten Anzeige/Bedienteil (CDU) angesteuert. Auch die Spannungsversorgung des Sensors übernimmt die CDU. Wird aber ein GPS-Sensor als Steckkarte in einem PC verwendet (s. Abb. 3.5), ist dieser die spannungsliefernde Einheit .

GPS-Engine

Die Grenze zwischen GPS-Sensor und GPS-Engine (s. Abb. 3.4) ist verschwommen. Im Grunde ist eine GPS-Engine (GPS-"Maschine") ein Produkt eines bestimmten GPS-Empfänger-Herstellers, das als Bauteil, z.B. in einem Navigationssystem eines Avionic-Herstellers, Verwendung findet. Oft wird eine GPS-Engine auch als „OEM-Produkt" bezeichnet (OEM, Original Equipment Manufacturer).

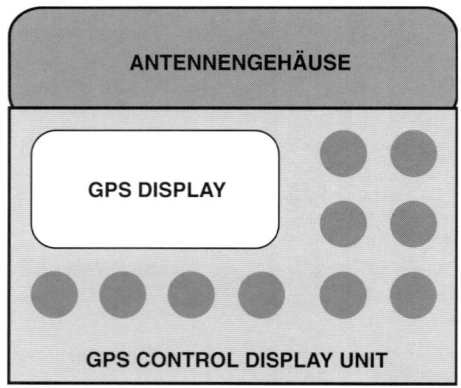

Abb. 3.2: GPS-Receiver. Komplettgerät mit integrierter Antenne. Oft sind in dieser „Urform" der GPS-Handheld-Empfänger die Antennengehäuse abnehmbar. Anschlüsse für eine externe Antenne sowie Datenausgänge für ein externes Display oder andere Datenverarbeitungsperipherie machen Handhelds universell einsatzfähig. Neben den internen Batterien sind auch externe Spannungsquellen anschließbar.

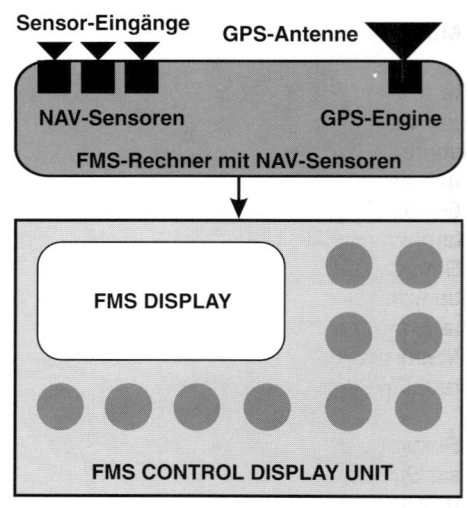

Abb. 3.4: GPS-Engine. Empfangsteil, z.B. Steckkarte, integriert in einem Flight Management System (FMS). GPS-Engines werden auch als OEM bezeichnet.

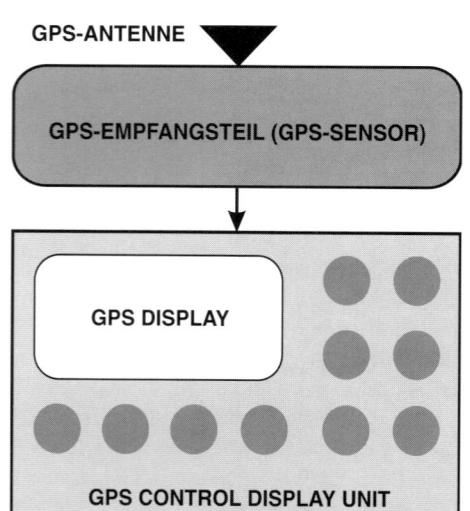

Abb. 3.3: GPS-Sensor. Empfangsteil und Control Display Unit sind getrennt.

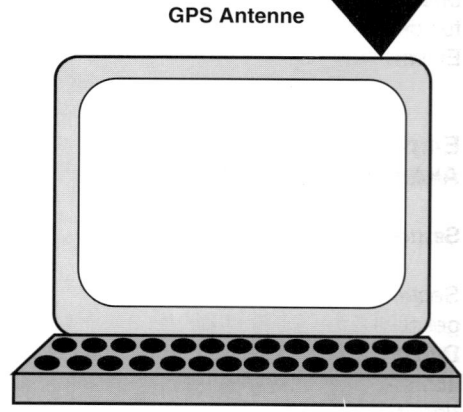

Abb. 3.5: PC mit integriertem GPS-Modul (Steckkarte, PCMCIA-Card) und externer GPS-Antenne. NAV-Software gibt es entweder als DOS- oder Windows-Versionen. Die graphischen Darstellungsmöglichkeiten sind bei GPS-Sensor/PC-Kombinationen unbegrenzt.

Multi-Sensor-Systeme

In den USA sind auf einem GPS-Empfänger als Basis konzipierte Multi-Sensor-Systeme (MSS), bestehend aus einem GPS- und einem LORAN-Empfangsteil in einem Gehäuse, sehr beliebt. Für uns in Deutschland würde diese Kombination aber wenig Sinn machen: Bei uns gibt es im Luftfahrtbereich kein LORAN C. Lediglich die Schiffahrt nutzt die an den mitteleuropäischen Meeresküsten und am Mittelmeer stationierten LORAN-Stationen.

Sinnvoll sind in unseren Breiten Multi-Sensor-Systeme als Flight Management System (FMS), bei dem verschiedene externe Sensoren anschließbar sind (GPS, VOR, DME, ADF etc.). Bei professionellen Geräten für präzise Positionsbestimmungen mit GPS als Basis (z.B. AeroNav von Aerodata) werden GPS und INS kombiniert. Diese Verfahren ermöglichen zwar Genauigkeiten in Zentimeter-Bereich, aber der technische und der finanzielle Aufwand sind hoch und für den privaten oder semiprofessionellen Einsatz noch nicht rentabel.

Empfängertypen nach Satelliten-Akquisition

Sequentiell arbeitende Empfänger

Sequentielle Empfänger haben in der Regel nur 1-2 Kanäle zur Satellitenverfolgung. Durch die relativ anspruchslose Konstruktion sind zwar die Herstellungskosten niedrig, die Zeit bis zum ersten Satelliten-Fix aber ist sehr hoch und bei hohen Geschwindigkeiten können keine Satelliten mehr verfolgt werden. Dieser GPS-Empfängertyp spielt in der Luftfahrt keine Rolle.

Parallel arbeitende Empfänger

Parallel-Empfänger haben als Minimum 5 Kanäle zur Satellitenverfolgung und sind damit die leistungsfähigsten. Mit 5 Kanälen können sie die Daten von vier Satelliten auswerten und mit dem fünften Kanal ständig die allgemeinen NAV-Daten aktualisieren. 6-Kanal-Empfänger schließlich verfolgen mit 4 Kanälen 4 Satelliten, lesen im 5. Kanal die allgemeinen NAV-Daten und haben den 6. Kanal als Reserve, falls einer der fünf anderen aus irgendeinem Grund ausfällt oder nicht mehr empfangen wird. Sogenannte „All-In-View"-Empfänger schließlich können bis zu 12 Satelliten parallel verfolgen.

Multiplex-Empfänger

Multiplex-Empfänger schalten zwischen den einzelnen Satelliten schnell um und arbeiten im Prinzip wie sequentielle Empfänger. Allerdings können sie durch die hohe Umschaltgeschwindigkeit (Sampling Rate ca. 50 Hertz) mehr Satelliten verfolgen, so daß sie besser als sequentielle Empfänger zu bewerten sind. Die Genauigkeit parallel arbeitender Empfänger allerdings erreichen sie nicht.

Empfängertypen nach Signal-Auswertung

Code-Korrelation

Diese Empfänger bestimmen die Position nach den in den Satellitensignalen enthaltenen Codes. Vorteilhaft sind die relativ niedrigen Herstellungskosten, nachteilig die nur mäßige Genauigkeit, die unter Ausnutzung sämtlicher Optimierungsverfahren allenfalls 10-30 m beträgt.

Trägerphasenmessung

Bei diesen Empfängern wird die Trägerphase der Satelliten ausgewertet. Die von den Satelliten gesendeten Daten müssen dabei nur zur Lokalisierung der Satelliten dekodiert werden. Manche Geräte haben keine Ausstattung zum Empfang der Codes, so daß die entsprechenden Daten vorher von einer anderen Signalquelle eingelesen werden müssen. Diese Empfänger können in Echtzeit zentimetergenaue Positionsbestimmungen liefern, wenn sie zusätzlich über Differentialkorrekturdaten verfügen. Nachteilig sind die hohen Anschaffungskosten.

Empfängertypen nach Anwendungszweck

Allround-Handheld-Empfänger

Diese Empfängerart hat eine kleine Bauweise, portable Einsatzmöglichkeiten im Freizeitbereich, Batterieversorgung und ein integriertes LCD-Display mit 2-4 Zeilen und alphanumerischer und/oder grafischer Daten-Darstellung. Die Technik ist anspruchslos, reine Freizeitgeräte sind als Massenprodukte ausgelegt. Hochwertige Handheld-Geräte mit entsprechend höheren Anschaffungspreisen findet man nur im Luftfahrtbereich

Empfänger zur Lagebestimmung

Der Einsatzbereich dieser Empfängerart (geodätische Empfänger) ist lediglich die Positionsbestimmung auf der Erde. Durch bereits vorhandene DGPS-Referenzstationen sind extrem genaue Messungen möglich. Geodätische GPS-Empfänger sind teurer als Geräte aus anderen Bereichen, da sie häufig als PPS-GPS-Empfänger konzipiert sind und über aufwendige Korrekturverfahren verfügen.

Luftfahrt

GPS-Empfänger für die Luftfahrt müssen ihre dreidimensionale Position möglichst genau innerhalb der vorgesehenen Betriebsarten berechnen. Die Genauigkeiten sind je nach Betriebsart gestaffelt. Für Strecken-Navigationszwecke sind in der Allgemeinen Luftfahrt +/- 100 m ausreichend, für exakte IFR-Anflug- und Landeverfahren allerdings sind entweder stützende Zusatzsysteme oder DGPS-Signale in Echtzeitauswertung erforderlich.

Je nach Ausstattung und Flugzeugklasse übertreffen die Anschaffungskosten solcher zusätzlichen Systeme bei weitem die von geodätischen Empfängern.

KFZ- Navigation, Flottenmanagement

Zur Navigation in Kraftfahrzeugen verwendet man GPS-Empfänger, die z.B. mit Radsensoren gekoppelt die jeweilige Position errechnen und auf digitalen Karten darstellen. Die Kartendaten sind dabei entweder auf CDROMs oder Festplatten gespeichert. In Verbindung mit terrestrischen Funkeinrichtungen oder über Kommunikationssatelliten können auch die jeweiligen Standorte (z.B. an Zentralstellen) übermittelt werden.

Datensammlung

Für Post-Processing-Verfahren beispielsweise zeichnen diese GPS-Empfänger Satellitendaten mit mittlerer bis sehr guter Genauigkeit auf. Häufig werden parallel zusätzliche DGPS-Referenzsignale aufgenommen. Meistens handelt sich bei diesem Empfängertyp um GPS-Sensoren, die ihre Daten in einem angeschlossenen Rechner (PC) speichern. Eingesetzt werden diese Empfängertypen auch bei Flugversuchen zur Festlegung von Anflugverfahren.

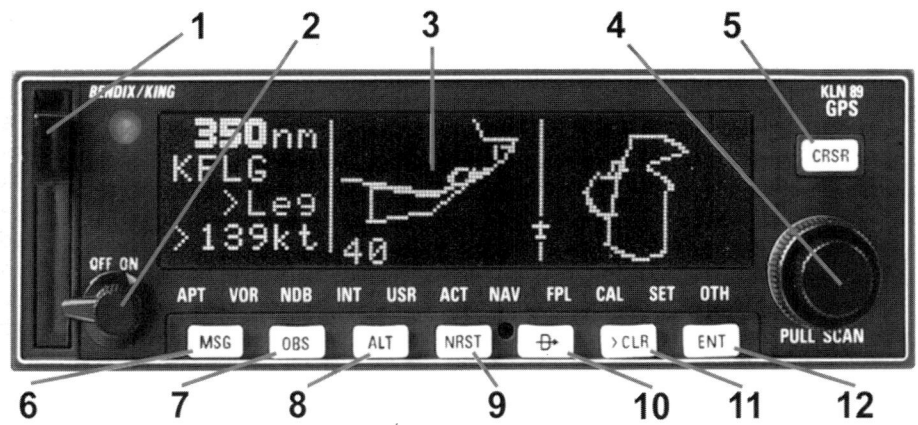

Abb. 3.6: Anzeige/Bedienteil des Bendix-King GPS-Empfängers KLN 89.

1. *Database-Einschubschacht*
2. *Ein-/Aus-Schalter. Nach dem Einschalten des Geräts wird automatisch auch der Database-Einschubschacht verriegelt.*
3. *Organgefarbiges Gasentladungs-Display*
4. *Konzentrische Dateneingabe-Drehknöpfe*
5. *Drucktaste zur Cursorsteuerung*
6. *Message-Drucktaste*
7. *Wechsel-Drucktaste zwischen dem normalen NAV-Modus und dem TO/FROM-NAV-Abruf von einem Waypoint*
8. *Altitude-Drucktaste für 2 Altitude-Seiten mit Sicherheitsmindesthöhe sowie VNAV- und Höhen-Alarm*
9. *Nearest-Drucktaste zum Aufruf eines Menues, in dem die nächstgelegenen Flughäfen, VORs, NDBs, Intersections, Anwender-definierte Waypoints usw. aus der Datenbank ausgelesen werden*
10. *Direct-To-Drucktaste*
11. *Clear-Drucktaste*
12. *Enter-Drucktaste*

Marine

Marine-GPS-Empfänger haben eine große Genauigkeit, um auch z.B. in Hafenbecken und bei Hafen-Ein- und Ausfahrten metergenau navigieren zu können. Häufig sind sie für den Einsatz auf Yachten und kleineren Schiffen seewasserfest ausgerüstet. Großzügige dimensionierte Displays unterscheiden Marine-GPS-Empfänger ebenfalls von Geräten anderer Anwendungsbereiche.

OEM (Original Equipment Manufacturer)

Diese Empfänger sind als GPS-Sensoren für den Einbau in NAV-Systeme anderer Hersteller vorgesehen. Sie werden ohne Display und Stromversorgung ausgeliefert. Ihre technische Ausstattung kann je nach Hardware- und/oder Software-Peripherie sowie dem vorgesehenen Einsatzbereich erheblich schwanken.

Raumfahrt

In der Raumfahrt werden GPS-Empfänger z.B. auch in Satelliten verwendet, um Position- und allgemeine Lage- und Geschwindigkeitsinformationen zu liefern.

Überwachung

Bei dieser geodätischen Aufgabenstellung werden hochpräzise GPS-Empfänger in Verbindung mit Rechnersystemen und DGPS-Korrekturen eingesetzt.

Zeitmessung

Da GPS-Empfänger extrem genaue Zeitinformationen liefern, verwendet man Timing-GPS-Empfänger häufig zur Instrumentenkalibrierung in Laboratorien, zur Synchronisation von Netzwerken im EDV-Bereich, bei astronomischen Beobachtungen und auch zur Synchronisation von Seismographen, z.B. bei der Erdbebenfrühwarnung. Positionsberechnungen werden mit diesem Empfänger-Typ selten durchgeführt. Oft werden neben GPS-Empfängern zur Zeitmessung aus Redundanzgründen bei kritischen Meßanforderungen zusätzlich Cäsium-Atomuhren eingesetzt.

Auswahl und Anschaffung von GPS-Empfängern

In den folgenden Abschnitten werden die einzelnen Kriterien beschrieben, die bei der Auswahl und beim Kauf eines GPS-Empfängers für die Luftfahrt besonders zu beachten sind. Dabei wurde auf ausführliche Preisangaben bewußt verzichtet, da auch der GPS-Empfänger-Markt fast täglichen Schwankungen unterworfen ist und die Preise fast schon wie Börsennotierungen gehandhabt werden. Am deutlichsten ist dies bei Werbeprospekten des Luftfahrtbedarfshandels zu sehen, in denen sehr selten GPS-Geräte mit Preisen aufgeführt sind. Stattdessen findet man immer Hinweise, daß GPS-Gerätepreise auf Anfrage mitgeteilt werden.

Anwendungsbereiche

Das GPS-Empfänger-Angebot ist - wie heute bei elektronischen Geräten üblich - unübersichtlich. Die Zahl der Empfängermodelle steigt ständig, es fällt immer schwerer, Unterschiede zwischen den einzelnen Typen auszumachen.

Abb. 3.7: Integration des GPS-Empfängers KLN 89B in die Avionic eines Flugzeuges der Allgemeinen Luftfahrt (Quelle: Allied Signal Bendix/King Silver):

1. *Aufschaltanlage KMA 24*
2. *GPS-Empfänger KLN 89B*
3. *NAV/COM KX 165*
4. *NAV/COM KX 155*
5. *ADF KR 87*
6. *Transponder KT 70 mit Höhencodierung*

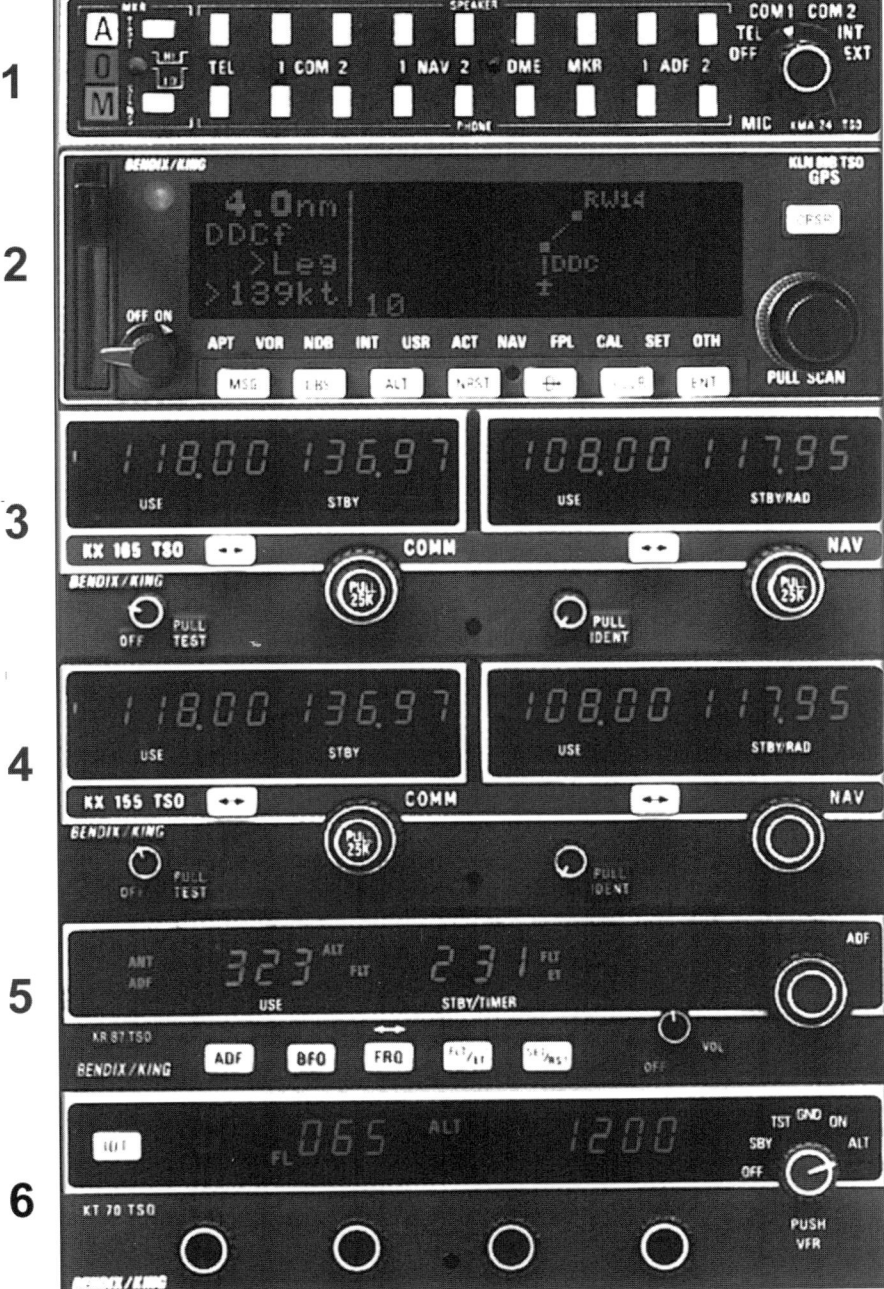

1

2

3

4

5

6

Auch das Studium der aufwendigen GPS-Prospekte hilft nur bedingt weiter, denn einige Hersteller beschreiben manchen Empfänger so, als ob man mit ihm sowohl im Hochgebirge als auch auf dem Schiff oder im Flugzeug optimale Ergebnisse erzielen könnte. Solche Geräte sind oft mit einer „Modus"-Funktion ausgestattet, mit der man wählen kann, ob man den Empfänger im Land-, See- oder Luftbetrieb einsetzen möchte. Bei Geräten dieser Art ist Vorsicht angebracht, denn man kann nur mit entsprechend hohem technischen Aufwand jedem Einsatzbereich gerecht werden.

Im Freizeitbereich müssen weitere Unterschiede gemacht werden. Empfänger, die in die Panels von ein- und zweimotorigen Reiseflugzeugen eingebaut werden, erfordern einen größeren technischen Aufwand als z.B. Handheld-Empfänger, die speziell für die Seefahrt und die Landnavigation ausgelegt sind. Der Freizeitskipper beispielsweise, der auf Flüssen, Binnenseen oder in Küstennähe gelegentlich seine Position, seine Distanz und den Kurs zum nächsten Hafen bestimmen will, kommt bereits mit einem Handheld-Empfänger einfacher Bauart gut zurecht.

In diesen Einsatzbereichen kommt es nicht darauf an, eine große Dynamik (hohe Geschwindigkeit und Beschleunigung) zu bewältigen. Entscheidend ist hier, daß die zweidimensionale Position und die entsprechenden Navigationsdaten in einer ausreichend schnellen Zeit zuverlässig zur Verfügung stehen.

Während Freizeit-GPS-Empfänger inzwischen für rund 400 DM zu haben sind, muß man mit 1.000 bis 10.000 DM für technisch aufwendiger ausgestattete Empfänger rechnen. Besonders Einbaugeräte im Luftfahrtbereich sind nicht unter 4.000 DM zu haben.

Anzahl der Kanäle

Für die Luftfahrt geeignete GPS-Empfänger müssen dreidimensional arbeiten und einen Dynamikbereich von mindestens 650 Knoten und 3 G umfassen. Die Folge der Positionsbestimmungen (Update Rate) sollte möglichst unter einer Sekunde liegen. Beim Einsatz eines GPS-Empfängers, der z.B. eine Update Rate von fünf Sekunden hat, fliegt eine Cessna 172 in der gleichen Zeit eine Strecke von etwa 300 Meter. Dies reicht für einen optimalen GPS-Einsatz in Luftfahrzeugen nicht aus.

Heute stehen preisgünstige Mehrkanal- und moderne Multiplexgeräte zur Verfügung, Einkanal-Empfänger haben eine langsame Update-Rate und einen geringen Dynamikbereich. In der Praxis aber reichen durchaus moderne Einkanal-Empfänger für eine normale Streckennavigation aus. Die Positionsanzeige ist jedoch, unabhängig von der Kanalzahl, bei allen Geräten gleich.

Wichtig ist, daß für eine 3D-Position vier Satelliten (bei RAIM sind es sechs Satelliten) gleichzeitig empfangen werden müssen. Um dies zu erreichen, gibt es zwei Technologien: Mehrere parallel arbeitende Kanäle (jeder Kanal sucht sich einen Satelliten) und Einkanal-Empfänger, die nach dem Multiplex-Verfahren (der Kanal schaltet extrem schnell zwischen den einzelnen Satelliten hin und her) arbeiten. Wenn es nicht um hochpräzise Messungen geht, macht sich dieser Unterschied bei der Genauigkeit und der Geschwindigkeit in der Praxis nicht bemerkbar.

Im Hochgeschwindigkeitsbereich (ab etwa 350 Knoten) ist ein Mehrkanal-Empfänger unverzichtbar. Um auch für die Zukunft gut gerüstet zu sein, ist ein Sechs- bis Zwölfkanal-Empfänger mit Differential-GPS-Tauglichkeit empfehlenswert.

Die Spezifikation allein der Ausgangsdaten aber reicht nicht aus, um einen Empfänger korrekt beurteilen zu können. Entscheidend ist auch, mit welcher Technik und mit welchen Verfahren diese Ausgangsdaten erzeugt werden. Von diesen Verfahren ist die Qualität der Ausgangsdaten (Genauigkeit, Stabilität in der Signalverfolgung, Dynamik usw.) abhängig.

DGPS-Tauglichkeit

In den wenigsten Empfängern ist bereits ein DGPS-Empfangsteil eingebaut. Die meisten aber sind „DGPS-tauglich". Das heißt, daß sie entweder intern für den nachträglichen Einbau eines DGPS-Empfangsteils vorbereitet sind oder eine DGPS-Schnittstelle (z.B. serielle Schnittstelle RS 232) haben. Bei einem Handheld-Empfänger ist eine Schnittstelle zum Anschluß eines externen DGPS-Empfängers allerdings unkomfortabel, denn wer schleppt schon ein zweites Gerät mit sich herum, das er über ein Kabel mit dem GPS-Empfänger koppeln muß.

Zur DGPS-Tauglichkeit gehört auch, daß entweder die erforderliche Software zur Verarbeitung der von dem DGPS-Empfangsteil kommenden RTCM-SC-104-Daten bereits im GPS-Rechnerteil vorhanden ist oder per Software-Update (EEPROM, mit elektrischer Spannung löschbarer und wiederbeschreibbarer elektronischer Speicherbaustein) nachgeladen werden kann.

Auch der Tausch der sogenannten Firmware (System-Software), die in einem EPROM (mit UV-Licht löschbarer elektronischer Speicherbaustein) gespeichert ist, gegen eine neuere Version ist möglich. Hierbei wird das auf der GPS-Rechnerplatine gesockelte EPROM durch ein neues mit aktueller Firmware ersetzt.

Im VFR-Betrieb aber kann man mit der DGPS-Genauigkeit von z.B. 5-10 m oder selbst 30 m wenig anfangen. Auch bei IFR-Enroute-Flügen (z.B. BRNAV) ist eine solche Präzision völlig unnötig. Schließlich ist bei BRNAV eine Genauigkeit von lediglich maximal +/- 5 NM Streckenabweichung vorgeschrieben. DGPS bringt also in diesem Zusammenhang keine Vorteile. Erst bei zukünftigen Anflugverfahren mit CAT I, II oder sogar CAT III kann DGPS in Verbindung mit anderen klein- oder großräumigen GPS-Navigationssystemen (LAAS, WAAS) alle IFR-Genauigkeitsprobleme lösen.

Für VFR-Flieger wird DGPS bei der Horizontal-Navigation eine nur theoretisch nutzbare Genauigkeitsoptimierung bleiben. Ob man nun mit +/- 100 m horizontaler Streckenabweichung (in 95% der GPS-Zeit) oder mit +/- 300 m (in 99,99% der GPS-Zeit) einen VFR-Streckenflug durchführt, ist völlig gleichgültig und für eine korrekte und sichere Flugdurchführung ohne Bedeutung.

Anders sieht es bei der Vertikal-Navigation aus. Hier gilt es, die unter SA erheblichen Ungenauigkeiten (bis zu 1.000 Fuß) in Zukunft deutlich zu reduzieren. Und dies ist nicht nur mit DGPS machbar. Die in 95% der Zeit unter SA erreichbare Vertikalgenauigkeit von +/- 156 m könnte z.B. bei PPS-Signalauswertung auf +/- 28 m erhöht werden. Noch genauere Positionswerte wären in der praktischen Durchführung eines VFR-Fluges mit einem Leichtflugzeug bedeutungslos und damit überflüssig.

Von dem GPS-Betreiber soll in der neuen GPS-Satellitengeneration Block IIF eine weitere zivile Frequenz (L5) für zivile Nutzer zur Verfügung gestellt werden. Welche Navigationsgenauigkeiten damit erreichbar sein werden, ist noch nicht bekannt.

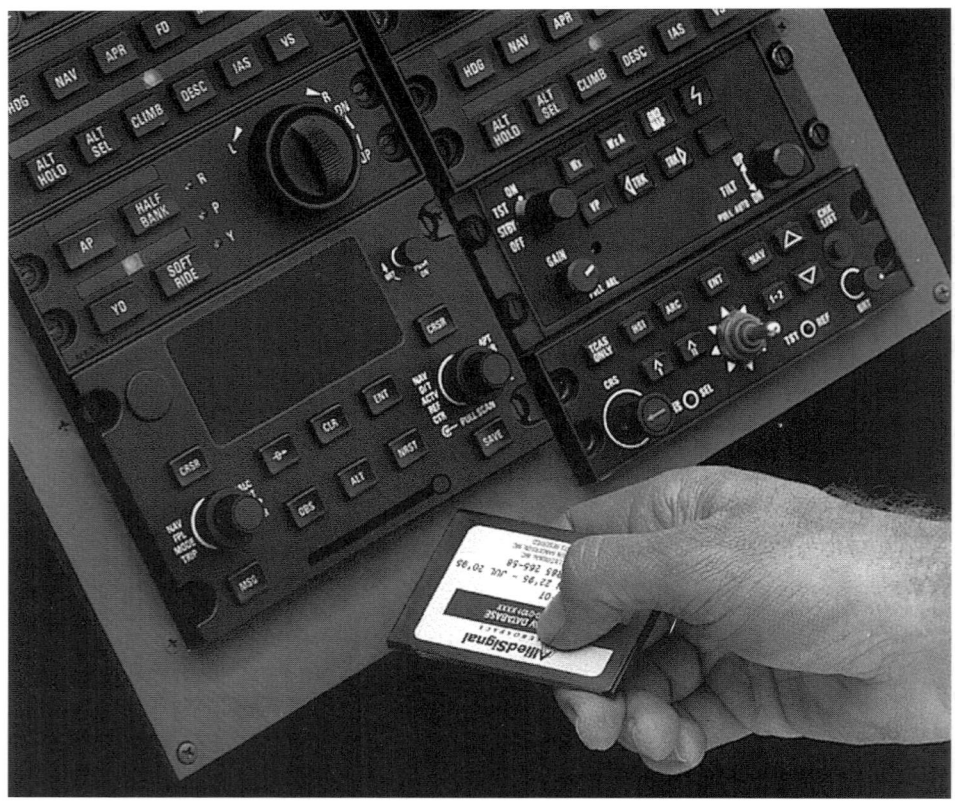

Abb. 3.8: Bendix/King Datacard (von Jeppesen) für das Bendix/King GPS-NAV-System KLN 900. Die Database kann vom Piloten aktualisiert werden (Quelle: Bendix/King).

Database

Wer vorwiegend Sonderlandeplätze anfliegt, braucht nicht unbedingt eine Database. Allerdings muß der Pilot alle Waypoints mit den zugehörigen Koordinaten manuell eingeben. Eine Eingabe während des Fluges ist umständlich und schwierig.

Es gibt festprogrammierte Databases und vom Benutzer zu wechselnde Datacards. Hauptanbieter bei per Abonnement aktualisierbaren Datacards ist Jeppesen. Eine festprogrammierte Database muß durch eine Fachwerkstatt gewechselt werden.

Jeppesen NavData Services für GPS-Empfänger

Jeder, der mit Luftfahrt zu tun hat, kennt die weltweit in der Verkehrsluftfahrt, Geschäfts- und Privatfliegerei verwendeten Jeppesen Airway Manuals, in denen Luftfahrtinformationen über nahezu alle Flughäfen, Flugstrecken, Funkfeuer usw. veröffentlicht und regelmäßig aktualisiert werden. Die gleichen Daten im einheitlichen Datenformat nach ARINC 424 (weltweiter Standard für Navigations-Datenbanken) sind seit einigen Jahren auch auf Speicherkarten erhältlich, den Jeppesen NavData-

Cards, die auf bestimmte GPS-Empfänger-Typen einiger GPS-Hersteller abgestimmt sind und alle 28 Tage aktualisiert werden.

Die Speicherkarten werden in die GPS-Empfänger eingeschoben und aktiviert. Nun kann sich der Anwender die Daten, die er für die Planung oder Durchführung seines Fluges benötigt, auf sein GPS-Display holen. NavData-Cards sind für bestimmte GPS-Empfänger von Garmin, Trimble, AR-NAV und Magellan für verschiedene Gebiete der Welt erhältlich. Beispiele:

- **America Service**
  USA, Canada, Alaska, Hawaii, Mittel-Amerika, Süd-Amerika und die Karibik.

- **International Service**
  Hier sind alle Gebiete der Welt enthalten, die nicht im America Service gespeichert sind.

- **Worldwide Service**
  Der weltweite Service besteht aus dem America- und dem International Service.

Inhalte der NavData-Services

Die NavData-Services können folgende Luftfahrtinformationen (alphabetische Reihenfolge) enthalten:

- An- und Abflugverfahren (SID/STAR, Waypoint Sequenz)
- Beschränkter Luftraum
- Flughäfen
- IFR-Anflüge inkl. GPS-gestützte Anflugverfahren
- ILS Einrichtungen
- Kontrollierter Luftraum
- NDB Navigationsanlagen
- Sprechfunkfrequenzen Enroute
- Sprechfunkfrequenzen Flughäfen
- Start-/Landebahnen

- VHF Navigationsanlagen
- Warteschleifen
- Waypoints/Intersections

Die tatsächliche Datentypen-Auswahl und Zusammenstellung der Daten-Inhalte werden von den jeweiligen GPS-Empfänger-Herstellern in Absprache mit Jeppesen festgelegt und können je nach Herstellersystem unterschiedlich sein.

Datenaktualisierung

NavData-Cards werden alle 28 Tage aktualisiert (ICAO AIRAC-Cycle). Auf den Cards ist die 28-Tage-Periode (Gültigkeitsdauer) aufgedruckt. Zusätzlich zeigen die GPS-Systeme ein Überschreiten des Datenkarten-Gültigkeitsdatums auf ihrem Display bei Aktivierung der Karten an (Database expired). Im Interesse der Flugsicherheit empfiehlt Jeppesen, ein Update-Abonnement abzuschließen, um regelmäßig die aktuellen Daten zur Verfügung zu haben.

Displays

Die bei GPS-Empfängern häufig verwendeten LCD-Anzeigen sind nur bei direkter Aufsicht gut ablesbar. Ein solches Gerät muß daher unbedingt im direkten Blickfeld des Piloten liegen. Wird das Gerät zu weit nach rechts oder zu tief unterhalb der Blickrichtung des Piloten eingebaut, sind die Anzeigen meist wegen der schrägen Sicht nicht lesbar.

Bei LCD-Anzeigen kann Fremdlicht durch Spiegelungen die Ablesbarkeit unmöglich machen. Teure, professionelle Geräte verwenden eine LED-Matrix, eine Gasentladungsanzeige oder TFT-Anzeigen (Thin Film Technology). TFT-Anzeigen sind sehr kontrastreich und auch von der Seite sehr gut lesbar, Lichteinfall stört kaum.

Die Preise für solche Geräte sind gegenüber simplen LCD-Display-Empfängern relativ hoch.

Eine Display-Hintergrundbeleuchtung ist jeder anderen Beleuchtungsart vorzuziehen, da es dabei nur minimale Reflexionen gibt.

Bedienelemente

Am einfachsten lassen sich Geräte mit Drucktasten bedienen, da man sofort sieht, was man eingegeben hat. Bei der Tastatur ist zu beachten, daß die Tasten nicht zu klein geraten sind. Außerdem sollten sie griffig sein, um ein zu schnelles Abrutschen der Finger zu verhindern.

Der Druckpunkt muß spürbar sein, damit nicht schon ein bloßes Berühren der Tasten zu einer Dateneingabe führt. Neben dem Display sollte übrigens auch die Tastatur beleuchtbar sein.

Drehknöpfe sind vorteilhaft, da sie besonders bei Turbulenz den Fingern bei der Bedienung mehr Halt geben. Ergonomischer aber sind mit der jeweiligen Funktion beschriftete Tasten, die oft auch mit Doppelfunktionen belegt sind.

Bei der Entscheidung für ein bestimmtes Gerät darf aber nicht die Art der Bedienelemente im Vordergrund stehen. Persönliche Vorlieben sollte man möglichst immer der optimalen technischen Funktion unterordnen.

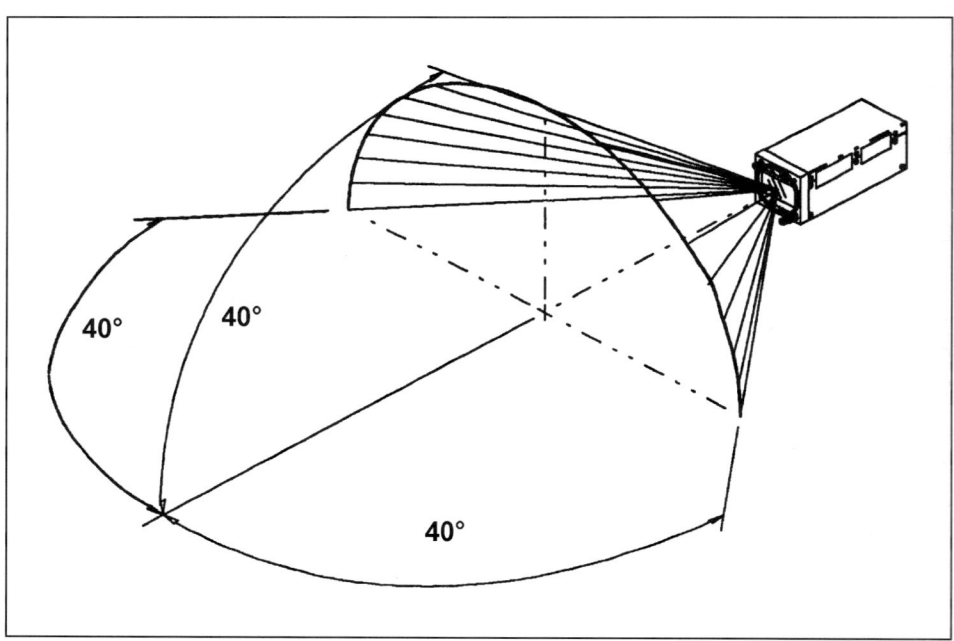

Abb. 3.9: Blickwinkel-Grenzen bei einem eingebauten IIMorrow Apollo 360 GPS-Empfänger. Die Lesbarkeit des LCD-Displays ist nur gewährleistet, wenn sich der Kopf des Piloten innerhalb der Winkel-Markierungen von 40° befindet (Quelle: IIMorrow).

Physikalische Größen

Die physikalischen Größen eines Empfängers (Abmessungen, Gewicht, Betriebsbedingungen: Betriebs- und Lagertemperaturen, relative Feuchte) geben ebenfalls Aufschluß darüber, für welchen Einsatzzweck er konzipiert ist. Ein 2-kg-Empfänger eignet sich kaum für den aktiven Bergwanderer. Dem Yachtbesitzer dagegen dürfte dieses Gewicht gleichgültig sein. Ein Flugzeugbesitzer sollte nicht mehr als 2-3 kg für das reine GPS-Einbaugerät akzeptieren.

Beim Leistungsverbrauch verhält es sich ähnlich. Auch hier ist der landgebundene Freizeitnavigator eher an einer niedrigen Leistungsaufnahme mit langlebigen Batterien interessiert als z.B. ein Yachtbesitzer. Im ein- oder zweimotorigen Reiseflugzeug spielt die Leistungsaufnahme eine wichtige Rolle, da Flugzeug-Bordnetze nicht beliebig mit Geräte-Erweiterungen überfordert werden sollten.

Bei einem einmotorigen Reiseflugzeug ist es wichtig, wie die vorhandene Avionic elektrisch zu bewerten ist, und ob sich ein GPS-Empfänger problemlos in die Avionic-Umgebung integrieren läßt. Gerade Avionic-Geräte älterer Bauart neigen zu wechselseitigen Unverträglichkeiten mit modernen Avionic-Erweiterungen und sollten gründlich geprüft werden.

Im Luftfahrtbereich sollte man aber auch die GPS-Empfänger kritisch unter die Lupe nehmen und besonders auf die elektrische Abschirmung achten, damit die Störstrahlung des GPS-Gerätes nicht die Funktionen der vorhandenen Avionic beeinträchtigt. Dies ist vor allem bei Handheld-GPS-Empfängern wichtig, weil hier in der Regel der luftfahrttechnische Betrieb nicht beteiligt ist.

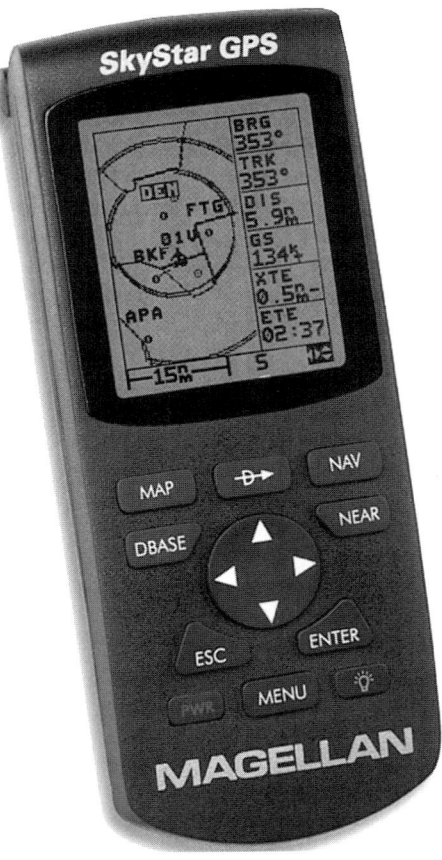

Abb. 3.10: Magellan Skystar GPS, ein typischer Vertreter der Luftfahrt-GPS-Handhelds mit hochauflösendem Grafikdisplay, einem Gewicht von ca. 400 g und den Abmessungen 159 mm H, 64 mm B, 38 mm T. 12 Satelliten werden verfolgt (Allview 12 Technologie). Neben den üblichen NAV-Daten und der per PC aktualisierbaren Jeppesen Database verfügt dieser GPS-Empfänger über ein Beladungsprogramm (Load and Balance), individuelle modifizierbare Checklists, bester Gleitweg zum nächsten Flughafen usw. Optional ist bei diesem Gerät lediglich die PC-Schnittstelle, alle anderen Ausrüstungen und Erweiterungen gehören zum Lieferumfang (Quelle: Magellan).

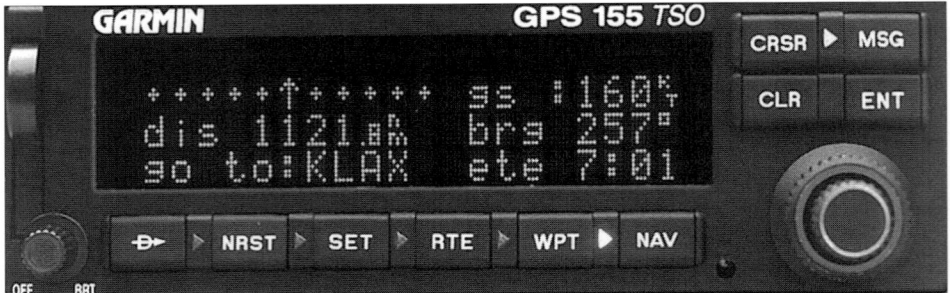

Abb. 3.11: Der für IFR-Flüge LBA-zugelassene Garmin GPS 155 TSO hat das für GPS-Einbaugeräte typische Anzeige/Bedienteil-Layout. Durch verschiedene serienmäßige Schnittstellen kann u.a. zusätzlich ein externes Display angeschlossen werden. In den USA ist der GPS 155 TSO als A1 (Enroute, Terminal, Approach) zugelassen (Quelle: Bendix/King).

Bauvorschriften

Wird eine GPS-Anlage fest in ein Flugzeug eingebaut, muß es nach der amerikanischen Luftfahrt-Bauvorschrift DO-160 C gebaut sein und der TSO C 129 (Technical Standard Order) entsprechen. Diese Vorschriften-Kennzeichnung muß auch auf dem Typenschild stehen. Die Bauvorschrift gewährleistet, daß die Anlage bei den luftfahrttypischen Beanspruchungen sicher arbeitet.

Behördliche Zulassung

Wichtig ist, zumindest zur Zeit noch, daß die GPS-Anlage postalisch zugelassen (BZT) ist, oder daß diese Zulassung beantragt wurde. Obwohl bisher nur wenige Anlagen vom Luftfahrt-Bundesamt zugelassen wurden, ist eine solche BZT-Zulassung Voraussetzung für eine spätere LBA-Zulassung. Mit Änderungen dieser umständlichen sowie kosten- und zeitintensiven Verfahrensweisen, die es weltweit nur in Deutschland gibt, dürfte bald zu rechnen sein. Es bleibt zu hoffen, daß die kommenden europäischen JAA-Vorschriften unbürokratischer sein werden.

Einbau

Da der Einbau spezielles Fachwissen erfordert, darf er nur von einem LBA-anerkannten luftfahrttechnischen Betrieb vorgenommen werden. Dies gilt besonders auch für den Einbauort der Antenne. Bei einer Plazierung im Cockpit oder an falscher Stelle der Außenhaut wird erheblich der Signalempfang beeinträchtigt. Sollen an den GPS-Empfänger (entsprechende Geräteausstattung vorausgesetzt) weitere Navigationssensoren angeschlossen werden, sind die Anforderungen an den luftfahrttechnischen Betrieb besonders hoch.

Kostenbeispiele

Gesamtkosten

Die Kosten für GPS-Empfänger reichen von rund 500 DM für einfache Handheld-Geräte bis zu 25.000 DM für IFR-zugelassene Empfänger mit externen Moving Map Displays. Z.B. kostet ein für IFR-Flüge zugelassener Trimble TNL 2000 Approach GPS-Empfänger mit externem Eventide Argus 5000 Moving Map Display rund 20.000 DM (zuzüglich Einbaukosten).

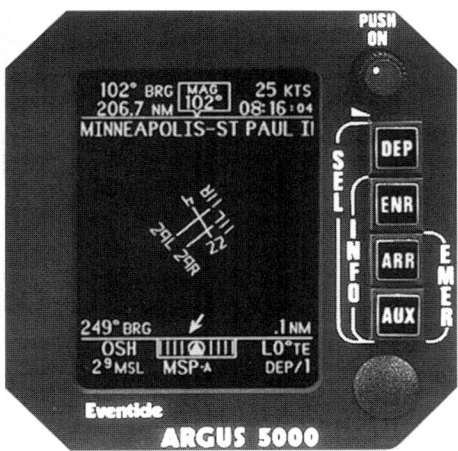

Abb. 3.12: Das Eventide Argus 5000 Moving Map Display ist das am meisten verbreitete Kartendarstellungsgerät für VFR- und IFR-Betrieb (Quelle: Eventide).

Empfänger

Der Trimble TNL 2000 Approach ist eine Weiterentwicklung des 2000 mit Zulassung für IFR-Streckennavigation und Nicht-Präzisionsanflüge nach FAA TSO C-129A. Er verfügt über eine Fluoreszent-Matrix-Anzeige, eine vom Benutzer austauschbare Jeppesen Navdata-Card mit SIDs, STARs und GPS-Approaches. Im Lieferumfang ist der Empfänger, die Panel-Halterung, die Antenne und die Bedienungsanleitung enthalten.

Moving Map Display

Das Moving Map Display Eventide Argus 5000 ist das am meisten verbreitete Kartendarstellungsgerät für den IFR-Betrieb. Selbstverständlich kann es auch für VFR-Flüge eingesetzt werden. Das Gerät kann an ein vorhandenes Slaved-Gyro-System oder HSI angeschlossen werden. Auch die Kopplung mit einem ADF ist möglich. Die Anzeige dreht sich bei Kurswechsel mit. Die enthaltene Datenbank zeigt alle Flug-

plätze ab 650 m Bahnlänge. Als Option ist eine Flugplanungs-Software lieferbar, die das Navigationsmanagement durch umfangreiche Features deutlich optimiert (s.a. „Beispiel für eine Flugdurchführung mit dem Eventide Argus 5000").

(Informationen über Kostenwerte, Einbau, Geräte: Aero Electronic, Nürnberg, Stand: Oktober 1997)

Professionelle GPS-Empfänger für VFR- und IFR-Flüge

Den technischen Mehraufwand und die entsprechenden Features bei GPS-Empfängern für professionelle Einsatzzwecke kann man grob mit den folgenden Punkten beschreiben:

- Mehrkanal-Empfänger (All-In-View) mit großem Dynamikbereich
- Kurze Akquisitions- und Aktualisierungszeiten
- Optimierte Signalaufbereitung und -digitalisierung
- Schnelle Mikroprozessoren, u.U. Spezial-Software für komplexe Datenberechnungen
- Alphanumerische und grafische Datenausgabe auf größeren Bildschirmen
- Mehrere Schnittstellen zum Anschluß von Peripherie (Moving Map, Plotter, Navigationselektronik usw.) oder weiteren Navigationssensoren (INS, VOR, DME, LORAN)
- Vorbereiteter Anschluß oder Platz für einen separaten Korrektursignal-Empfänger (DGPS) einschließlich der empfängerinternen Vorbereitung für DGPS
- Entweder rechner-interne Database (aktualisierbar vom Anwender oder Werk per PC oder durch EPROM-Tausch) oder Laufwerk-Schacht für

Database-Cartridges, die im Luftfahrtbereich alle 28 Tage aktualisiert werden und umfassende Informationen über internationale Flugplätze, Funkfeuer usw. enthalten
- Mehr als 250 vom Anwender definierbare Waypoints

So produziert z.B. der kanadische Hersteller Novatel GPS-Sensoren, die wie eine Steckkarte in einem PC integriert werden. Nach außen besteht dann nur noch die Verbindung zur GPS-Antenne und zu einem Peripheriegerät. Solche GPS-Sensoren haben einen 8- bis 12-Kanal-Aufbau und eine komplexe Signalverarbeitungs- und Prozessor-Architektur.

Mit der zu solchen Sensoren gelieferten Software lassen sich natürlich wesentlich mehr Berechnungen und Bildschirmdarstellungen als mit portablen oder Handheld-Geräten durchführen, die nur über ein 2- bis 4-zeiliges LCD-Display und eine integrierte Minimalsoftware verfügen.

Abb. 3.13: Bendix/King Flight Management System GNS-XLS Global Wulfsberg (nicht in den Portraits vorgestellt). An dieses FMS für Hochleistungs-Twins sind GPS-, VLF-Omega-, INS- und VOR/DME-Navigationssensoren anschließbar (Quelle: Bendix/King).

GPS-Antennen

Die Ausführung der Antenne und ihre Plazierung sind sehr wichtig. Sie ist, wie es heute so schön heißt, der „Knackpunkt" bei jedem GPS-Empfänger. Es nützt der aufwendigste Empfänger wenig, wenn die Antenne das schwächste Glied in der technischen Gesamtkonzeption ist.

Die Antenne sollte technisch so konzipiert sein, daß Störstrahlungen weitgehend eliminiert werden. Theoretisch ist dieses Problem zwar in den Griff zu bekommen. In der Praxis aber, beim Einsatz an unterschiedlichen Orten, spielen die Störungen, die neben den nutzbaren Signalen empfangen werden, eine Schlüsselrolle.

Fliegt man z.B. in engen Tälern, sind zuverlässige Positionsbestimmungen durch Abschattungen und Reflexionen mehr oder weniger Glückssache. Die systemimmanente schlechte GPS-Höhenbestimmung muß ohnehin immer berücksichtigt werden, wenn keine Korrekturverfahren geräteseitig zur Verfügung stehen. Zur Erinnerung: GPS-Genauigkeit mit SA: +/-100 Meter horizontal, +/- 300 Meter vertikal.

Die GPS-Flugzeug-Antenne würde im Idealfall im Schnittpunkt der Drehachsen (Längsachse, Querachse, Hochachse) liegen, weil an diesem Ort Beschleunigungen (Dynamik), die durch Drehen, Rollen oder Nicken des Flugzeuges entstehen, weitestgehend minimiert wären. Allerdings käme es an diesem Ort kaum zu einem Signalempfang, da der Drehachsen-Schnittpunkt und damit die Antenne im Inneren des Flugzeuges liegen würde.

Empfehlenswert ist ein Einbau in der Verlängerung der Flugzeug-Hochachse, wobei die Antenne möglichst bündig mit der Alumini-

umhaut des Daches abschließen sollte, damit die Aerodynamik gewahrt bleibt. Der LBA-zugelassene luftfahrttechnische Betrieb, der über eine ausreichende Erfahrung bei Antenneninstallationen verfügen sollte und auch mit der Flugzeug-Geometrie etwas anfangen kann, ist hierfür der richtige Partner.

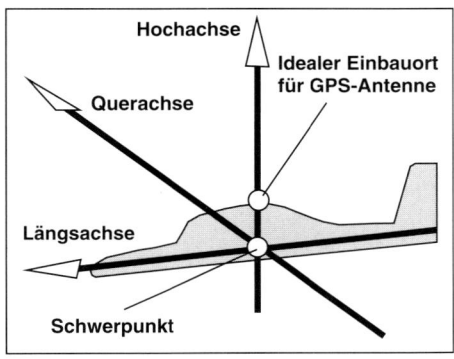

Abb. 3.14: Idealer Einbauort für die Flugzeug-GPS-Antenne. Die geringsten Beschleunigungen treten in der Nähe des Schwerpunkts auf.

Ein großes Problem aber ist bei der GPS-Flugzeugantenne zumindest zur Zeit noch nicht gelöst: Die Signal-Abschattungen bei Kurvenflügen. Hier kann, je nach Schräglage (Bank) des Flugzeuges, die Antenne so weit abgeschattet werden, daß entweder die GPS-Anzeige völlig ausfällt („No Satellites") oder daß die angezeigten Werte zum „Springen" neigen (s.a. Abb. 3.15 auf der folgenden Seite). Unter „Springen" versteht man sehr stark schwankende Werte, z.B. bei der Geschwindigkeit.

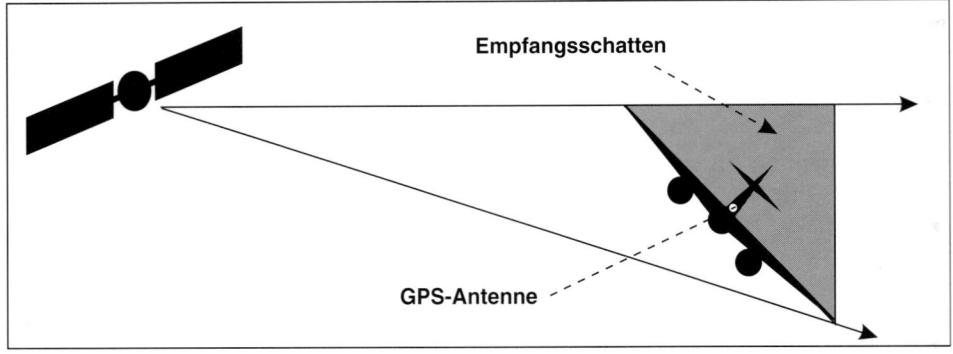

Empfangsschatten

GPS-Antenne

Abb. 3.15: Abschattung der GPS-Antenne während des Kurvenflugs.

Beispiel einer Antennen-Installation

In den Installationsanweisungen der GPS-Empfänger-Handbücher sollten detaillierte Informationen auch über die Antennen-Installation zu finden sein. IIMorrow beispielsweise widmet der Installation der GPS-Antenne Typ A33 für die GPS-Empfänger Apollo SL 50 und SL 60 einige Seiten. Darin sind für den technischen Laien verständliche Bedingungen genannt, die wir aus Sicherheitsgründen hier aufzählen.

• Die Antenne darf nicht näher als ca. 60 cm in der Nachbarschaft einer Antenne eines VHF-Sprechfunkgerätes (COM) plaziert werden.

• Die Entfernung zu anderen Antennen, über die eine Leistung von weniger als 25 Watt abgestrahlt wird, darf 15 cm nicht unterschreiten. Wird eine höhere Leistung als 25 Watt abgestrahlt, sind mindestens 60 cm Distanz zu wählen.

• Besondere Aufmerksamkeit bei der Installation ist Fremd-Antennen zu widmen, die Interferenzstörungen (harmonische Schwingungen) auf der L1-Frequenz (1575,42 MHz) verursachen. Um herauszufinden, ob das zu dieser Antenne gehörige Gerät solche Störungen verursacht, muß man im jeweilige Bedie-

nungs- und Installationshandbuch nachschlagen oder einen Antennen-Fachmann zu Rate ziehen.

• Bevor die GPS-Antenne eingebaut wird, sollte zunächst ein Test durchgeführt werden. Dazu muß die Antenne am zukünftigen Installationsort provisorisch plaziert und mit dem zugehörigen Koaxial-Kabel mit dem Empfänger verbunden werden. Dann ist der Empfangstest (siehe Abschnitt GPS-Antennen/Empfängertest) zu starten. Sollten die Empfangsergebnisse nicht befriedigen, müssen weitere Installationsorte getestet werden.

• Soll eine bereits vorhandene GPS-Antenne verwendet werden, sind die vorstehend beschriebenen Entfernungen zu Fremd-Antennen zu prüfen. Anschließend wird der GPS-Antennen/Empfängertest durchgeführt. Sind die Empfangergebnisse befriedigend, kann die vorhandene Antenne verwendet werden.

• Hat man einen störungsfreien Einbauort gefunden, wird die Antenne fest installiert. Das Koaxial-Kabel wird nun entweder hinter oder auf der Kabinenverkleidung bis zum Empfänger in speziellen Halterungen verlegt.

66

- Die Länge des Koaxial-Kabels muß möglichst kurz gehalten werden. Etwa 50-100 cm Überlänge ist jedoch für Wartungsarbeiten zu berücksichtigen. Dieser „Kabel-Überschuß" ist in Schleifen zu verlegen und darf nicht eng zusammengerollt werden.
- Ein ca. 4,50 m langes Koaxial-Kabel samt Anschlußsteckern sollte die Empfangsleistung nicht mehr als um 4 dB dämpfen.
- Im Gerätetest nach dem festen Antennen-Einbau ist nochmals zu prüfen, ob Interferenzstörungen auftreten. Sollte dies der Fall sein, muß die Isolierung zu Fremdantennen verbessert oder ein entsprechender Filter (z.B. bei der COM-Antennenverbindung) zwischengeschaltet werden. Bringen diese Maßnahmen keine Besserung, ist ein neuer GPS-Antennen-Standort zu suchen.
- Sollte sich beim GPS-Antennen/Empfängertest bei den dort angegebenen Frequenzen herausstellen, daß das COM stört, kann dafür ursächlich auch der Emergency Locator Transmitter (ELT, Notsender) verantwortlich sein. Um dies zu prüfen, ist während des GPS-Tests das ELT-Koaxial-Kabel vom ELT-Antennen-Eingang abzuziehen. Bei Störungen durch das ELT ist der ELT-Hersteller nach einer Problemlösung zu fragen.

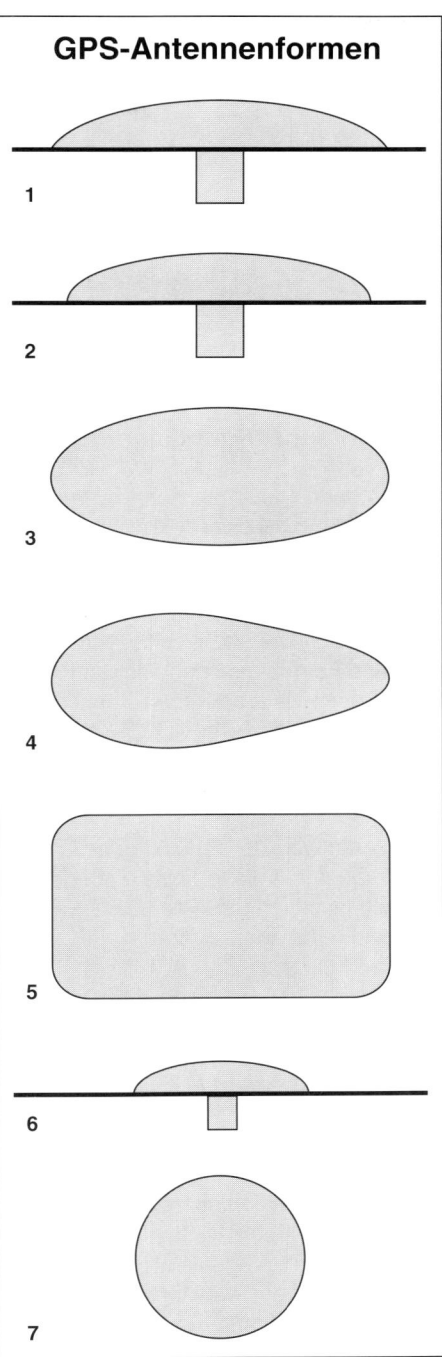

GPS-Antennenformen

Abb. 3.16: GPS-Antennenformen (Beispiele: Schnittansicht mit Flugzeughaut 1, 2, 6; Aufsicht 3, 4, 5, 7) sind bei den GPS-Empfänger- bzw. GPS-Antennen-Herstellern unterschiedlich. Alle Formen sind jedoch aerodynamisch ausgelegt. Bei einzelnen Antennen (u.a. IIMorrow A33) ist ein Antennenverstärker eingebaut. Bei der A33-Antenne wird dadurch z.B. eine Verstärkung der Eingangssignale von 26 dB erreicht.

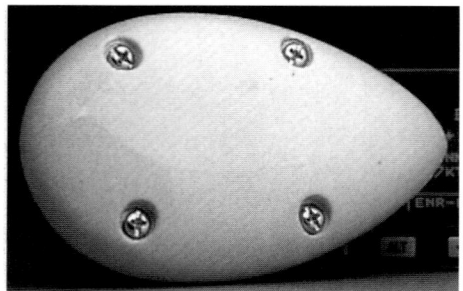

Abb. 3.17: GPS-Antenne Bendix/King KN 92 zur Montage auf der Flugzeug-Dachhaut.

GPS-Antennen/Empfängertest

Der folgende GPS-Antennen/Empfängertest sollte nicht nur bei einer Neuinstallation, sondern regelmäßig auch bei bereits installierten Anlagen durchgeführt werden. Nur so ist man sicher, daß der GPS-Empfang elektrisch störungsfrei und damit zuverlässig ist. Störende Fremd-Antennen oder andere Avionic können zu erheblichen Funktionseinbußen und völlig falschen GPS-Navigationswerten mit möglicherweise fatalen Folgen führen.

Abgesehen von der Funktion der Antenne kann man durch diese Tests auch generell die Funktionstüchtigkeit des GPS-Empfängers und der Avionic prüfen.

1. Nur den GPS-Empfänger einschalten (alle anderen Avionic-Geräte müssen ausgeschaltet sein) und die Satelliten-Akquisition abwarten.

2. LAT/LON-Positionscheck durchführen. Die angegebene Position muß mit der Flugzeugposition übereinstimmen.

3. Empfang und Signalstärke prüfen. Dies ist bei den meisten GPS-Empfängern im Systemmodus möglich.

4. Nacheinander die anderen Avionic-Geräte einschalten und nach dem Einschalten jedes einzelnen Gerätes die Empfangsleistung prüfen.

5. Prüfung auf VHF-Sprechfunkgeräte-Interferenz:
a) 5-8 Satelliten müssen akquiriert sein.
b) COM auf 121,150 MHz stellen und 20 Sekunden lang Sendetaste drücken.
c) Prüfen, ob die GPS-Position noch ausgegeben wird.
d) Test lt. Punkte b) und c) ist für folgende Frequenzen zu wiederholen:
121,175 MHz 131,225 MHz
121,175 MHz 131,250 MHz
121,200 MHz 131,275 MHz
121,225 MHz 131,300 MHz
121,250 MHz 131,325 MHz
131,200 MHz 131,350 MHz
e) Test lt. Punkte a) bis d) für jedes COM wiederholen.
f) Bei Störungen: GPS-Antenne besser isolieren, Einbauentfernung vergrössern, ggf. Filter bei COM(s) einbauen.
g) Hinweis: Ältere COMs neigen besonders stark zu Interferenzstörungen.

Allgemeine GPS-Fehlerquellen

Die wichtigsten Fehlerquellen bei der GPS-Navigation in alphabetischer Stichwort-Reihenfolge:

- Anflüge: Unterschiedliche Identifier der Anflug-Fixpunkte in der Anflugkarte und dem GPS- bzw. FMS-Datenspeicher
- Antenne: Falsche Installation der Antenne am Flugzeug mit möglichen Abschattungen, Interferenzen und Mehrweg-Ausbreitung
- Antenne: Verwendung einer externen Handheld-Antenne innerhalb des Cockpits an Plätzen
- Antenne: Verwendung von einfachen Handheld-Empfängern ohne separate Antenne
- Databases: Verwendung veralteter Database-Versionen
- Displays: Ablesefehler bei LCD-Displays
- Empfänger-Checks: Fehlende oder unregelmäßige GPS-Empfänger-Checks
- Entfernungsangaben: Nicht übereinstimmende Entfernungsangaben im Cockpitdisplay mit den ausgedruckten DME-Angaben
- Handheld-Ergonomie: Tragbare Geräte werden im Cockpit falsch gehalten oder falsch angebracht
- Höhenwerte: Vertrauen auf eine exakte GPS-Höhenangabe
- Koordinaten: Mangelhafte Übereinstimmung der Kartenbezugssysteme für die Koordinateneingabe
- Positionsvergleiche: Keine regelmäßigen GPS-Positionsvergleiche an fest definierten Standorten
- Störstrahlung: Einstrahlung von INMARSAT-SATCOM-Verkehr, militärische Einstrahlung, Richtfunkstrecken bzw. vorsätzliches Stören

LBA-zugelassene VFR- und IFR-GPS-Empfänger

Vom Luftfahrt-Bundesamt (LBA) zugelassene Geräte (Stand: 22.08.97)
• Aerodata 10.916/03 > AeroNav (VFR)
• Allied Signal 10.916/04 > KLN 89B (IFR)
• Allied Signal 10.916/01 > KLN 90A (IFR)
• Allied Signal 10.916/07 > KLN 90B (IFR)
• DASA/NFS 10.916/06 > GLNU (nur Datenaufzeichnung)
• Garmin 10.916/08 > GPS 155 (IFR)
• Trimble 10.916/09 > 2000 Approach (IFR)
• Trimble 10.916/09 > 2101 Approach (IFR)
• Trimble 10.916/09 > 2101 I/O Appr. (IFR)
Zulassungsfähige DGPS-Empfänger gibt es zur Zeit noch nicht. Ein neuer Standard soll voraussichtlich Anfang 1998 fertiggestellt sein. Die in den USA auf dem SCAT-I Standard (RTCA DO-217) basierenden Empfänger für private Anwendungen sind bislang in Deutschland nicht zugelassen. Nach Informationen des Luftfahrt-Bundesamtes fehlen auch entsprechende Anträge.
Stand: Oktober 1997

Allgemeine GPS-Checklist für Kauf und Betrieb

Anhand der folgenden Checklist kann sich der potentielle Käufer eines GPS-Empfängers für die Luftfahrt einen qualitativen Überblick über sein eigenes Anforderungsprofil verschaffen. Die genauen (quantitativen) Daten können den Empfängerportraits entnommen werden.

A. Empfängerbauform

- GPS-Handheld-Receiver (Empfänger, Rechner, Anzeige/Bedienteil und Antenne in einem Gehäuse)
- GPS-Einbau-Receiver (Empfänger, Rechner und Anzeige/Bedienteil in einem Gehäuse, externe Antenne)
- GPS-Sensor (liefert nur NAV-Daten: Rechner, Anzeige/Bedienteil separat)
- GPS-Moving Map (mit integriertem oder externem GPS-Sensor)

B. Kanäle und Satellitenakquisition

- Anzahl Kanäle
- Mehrkanal Parallel
- Multiplex
- Einkanal sequentiell
- Akquisitionsdauer und Genauigkeiten

C. Physikalische Daten: Gehäuseform, Resistenz gegenüber Beschleunigungen, Temperatur, Feuchtigkeit, Stoßbelastung, Feinsand, Stromversorgung

- Abmessungen
- Gewicht
- Tragbar: Halterungen für Steuerhorn und Panel, abnehmbare Antennenkappe
- Einbaubar: Einbaukits
- Gehäuseabdichtung
- Beschleunigungsbereich (G)
- Geschwindigkeitsbereich (km/h)
- Betriebsbereiche Temperatur, Feuchtigkeit (° Celsius, %-Feuchte)
- Batterien (Betriebsdauer/Batteriesatz)
- Bordanschluß mit fester Installation
- Bordanschluß über Zigarettenanzünder

D. Display und Bedienung

- Monochrom oder farbig
- Anzahl Zeilen und Zeichen pro Zeile
- Alphanumerische/grafische Anzeige
- Schneller Wechsel Menue-/Datendisplay
- Cursor- bzw. menuegesteuert
- Anzahl Tastendrücke für Funktionen
- Schnelle und logische Bedienbarkeit

E. Display-Ablesbarkeit (Zeichengröße, Kontrast)

- Direkte Sonneneinstrahlung
- Zwielicht
- Dunkelheit (Display-Beleuchtung)
- Verschiedene Entfernungen + Blickwinkel

F. Datenbank

- Integrierte Database oder Datacard
- Anzahl Waypoints
- Anzahl Legs (Routen)
- Updates vom Hersteller oder vom Piloten

G. DGPS-Empfangsteil/-Empfänger

- Eingebaut, nachrüstbar
- Extern anschließbar

H. Firmware Updates und Upgrades

- Update Software/Firmware
- DGPS-Upgrade mit Software/Firmware

I. Schnittstellen

- Eingänge (Analoge und digitale Datenformate), z.B. von NAV-Sensoren
- Ausgänge (Analoge und digitale Datenformate), z.B. an PC, Moving Map

---

J. Preise

- Gerät
- Einbaukosten
- Zubehör

K. Reparaturservice

- Garantiedauer und -umfang
- Händler in Deutschland
- Hersteller-Niederlassung in Deutschland
- Hersteller im Ausland

L. Lieferumfang, Zubehör

- Handbuch in deutscher Sprache
- Umfang Zubehör bei Lieferung
- Umfang Zubehör optional
- Zulassung BZT, LBA (VFR, IFR)

Kapitel 4

Portraits der GPS-Empfänger und Moving Map Displays

Erläuterungen zu den Empfänger- und Moving-Map-Display-Portraits

Auf den folgenden Seiten werden die wichtigsten GPS-Empfänger und Moving Map Display mit internen oder externen GPS-Empfangsteilen für die Allgemeine Luftfahrt (vorwiegend VFR-Geräte) vorgestellt. Die technischen Daten der Geräte stammen aus technischen Datenblättern, Prospekten und anderen Publikationen sowie Internet-Webpages der Gerätehersteller. Die technischen Daten von jedem GPS-Gerät sind in einer tabellarischen Übersicht zusammengefaßt und als Beispiel auf der nächsten Seite zu sehen. Nun zu den Erläuterungen der Tabellendaten.

Bauart

Hier wird das jeweilige Gerät in einem Kurztext vorgestellt. **GPS-REC** steht dabei für GPS-Receiver (GPS-Komplettgerät, bestehend aus GPS-Empfangsteil, Rechnereinheit und LCD-Display in einem Gehäuse). Die Stromversorgung dieser Einbaugeräte läuft nur über das Bordnetz.

GPS-REC-HANDHELD sind portable GPS-Empfänger in Komplettausstattung mit eingebauter Antenne und i.d.R. optionaler externer Antenne. Die Stromversorgung übernehmen Batterien (häufig 1,5 V Mignon-Batterien) oder das Bordnetz.

GPS-CDU beschreibt ein GPS-Anzeige/Bedienteil mit externem Empfänger/Rechner zum Festeinbau. Dabei ist der GPS-Sensor im externen Gerät untergebracht.

MOVING MAP DISPLAY bedeutet, daß das beschriebene Gerät hauptsächlich als Anzeige/Bedienteil mit großformatiger Kartendarstellungsmöglichkeit arbeitet, bei dem entweder ein GPS-Empfangsteil eingebaut ist oder extern angeschlossen werden kann. Häufig haben diese Displays mehrere Anschlüsse für externe NAV- oder Flugdatensensoren.

Abmessungen, Gewicht, Betriebsgrenzen

Die Abmessungen, das Gewicht und die Betriebsgrenzen beziehen sich nur auf das unter **Bauart** benannte Gerät. Die Daten von Peripheriegeräten werden nicht aufgeführt.

Empfänger

Nach den Kanal-, Frequenz- und Codeangaben ist das Satellitenverfolgungsverfahren (SAT-Tracking) angegeben (z.B. **Parallel** für parallele Signalverarbeitung). Setzt der Hersteller dafür ein selbst entwickeltes Verfahren ein, steht dessen Name und für die Kennzeichnung als registriertes Warenzeichen z.B. (TM) dahinter.

SAT-Akq. sec bedeutet Satelliten-Akquisitionszeit und gibt die Zeit in Sekunden an, die der Empfänger beim Kaltstart bis zur Akquisition der sichtbaren Satelliten benötigt. **Akt. sec** gibt die Aktualisierungszeit in Sekunden an, in welcher der GPS-Empfänger die NAV-Daten aktualisiert.

2D-Position zeigt die Genauigkeit der im GPS-Empfänger berechneten Flugzeugposition in Meter für 95% der Zeit, in der mit GPS navigiert wird, an.

Dynamik kt / G ist die vom GPS-Empfänger ohne Fehler tolerierte Geschwindigkeits- (kt, Knoten) und Beschleunigungsbelastung (G, Gravity).

Unter **DGPS Empfänger** ist vermerkt, ob ein DGPS-Empfangsteil eingebaut oder extern anschließbar ist.

Display

Neben der Technologie des Displays (z.B. LCD, Liquid Crystal Display) sind entweder die Abmessungen in mm oder in Pixel oder die Anzahl der Zeilen mit der Anzahl der alphanumerischen Zeichen je Zeile angegeben.

Datenbank

Unter Datenbank sind alle zur Verfügung stehenden Speicher des GPS-Gerätes aufgeführt. Dazu zählen Datenbanken, z.B. von Jeppesen mit Detailangaben über Flughäfen, NAV-Anlagen etc., die regelmäßig aktualisiert werden, und Speicher für benutzerdefinierte Flugpläne und Waypoints usw.

Anschlüsse, Ein- und Ausgänge (I/O)

Neben der Stromspannung (in Volt Gleichstrom) und der Stromaufnahme (in Ampere oder Watt) sind hier Antennenanschlüsse sowie I/O-Anschlüsse (Input/Output) für Peripheriegeräte (Bildschirme, Sensoren usw.) aufgeführt.

Weitere Merkmale in Stichworten

Zum Abschluß der tabellarischen Datenübersichten folgen kurze Texte, Daten und Merkmale, die nicht in den einzelnen Rubriken erfaßt werden konnten, sowie Informationen, welche die Geräte näher beschreiben.

Beispieltabelle: Garmin GNC 250 GPS/COMM

Bauart

GPS-REC-Einbaugerät mit integriertem 5-W-Sprechfunkgerät (760 Kanäle).

Abmessungen, Gewicht, Betriebsgrenzen

Maße B x H x T mm	159 x 51 x 147
Gewicht g	1.110
Max. Betriebstemperatur ° C	+70
Max. Betriebshöhe ft	k.A.

Empfänger

Kanäle / Frequenz, Code	8 / L1, C/A-Code
SAT-Tracking	Parallel, MultiTrac8 (TM)
SAT-Akq. sec / Akt. sec	180 / 1
2D-Position (mit SA) m	+/-100
Dynamik kt / G	999 / 3
DGPS Empfänger	Extern

Display

Technologie	Vakuum-Fluoreszenz
B x H mm oder Pixel	k.A.
Zeilen / Zeichen je Zeile	4 / 20

Datenbank

Intern oder Datacard	Jeppesen Datacard
Updates durch	k.A.
Updates mit	k.A.
User-Routen mit / Waypoints	20 / 31
User-Waypoints	1.000

Anschlüsse, Ein- und Ausgänge (I/O)

Stromspannung	10-15 V DC
Stromaufnahme	k.A.
Antenne	Extern
I/O	ARINC 429, NMEA 0183, PC

Weitere Merkmale in Stichworten

Wählbare Datenbank: Amerika komplett, International oder Weltweit. Weitere Sensor-Anschlüsse für Höhe, CDI/HSI, RMI. User Data Card. RAIM-Feature, Flugdatenrechner, VNAV-Planung.

Aerodata
AeroNav

Bauart

GPS-CDU-Einbaugerät mit separatem Rechner und integriertem INS-Teil, LBA-zugelassen für VFR-Flüge.

Abmessungen, Gewicht, Betriebsgrenzen

Maße B x H x T mm .... 185 x 76 x 146
Gewicht g 1.400
Max. Betriebstemperatur ° C .... k.A.
Max. Betriebshöhe ft .... k.A.

Empfänger

Kanäle / Frequenz, Code .... 12 / L1, C/A-Code
SAT-Tracking .... Parallel, normal
SAT-Akq. sec / Akt. sec .... 45 / 1
2D-Position (mit SA) m .... +/-100
Dynamik kt / G .... 1.000 / 3
DGPS Empfänger .... Extern

Display

Technologie .... k.A.
B x H mm oder Pixel .... k.A.
Zeilen / Zeichen je Zeile .... 3 / 16

Datenbank

Intern oder Datacard .... k.A.
Updates durch .... k.A.
Updates mit .... k.A.
User-Routen mit / Waypoints .... k.A.
User-Waypoints .... k.A.

Anschlüsse, Ein- und Ausgänge (I/O)

Stromspannung .... 28 V DC
Stromaufnahme .... 14 W
Antenne .... Extern
I/O .... RS232, ARINC 429

Weitere Merkmale in Stichworten

Entwickelt für Navigationsaufgaben im Rahmen professioneller Einsätze (Luftrettung, Luftüberwachung, Off-Shore). Das INS dient zur Erhöhung der Systemverfügbarkeit und der Integrität. Nach RTCA DO-208, RTCA 160-C und TSO C129 ist das Gerät bereits für Supplemental Means of Navigation zertifiziert und erfüllt ebenfalls die Anforderungen bei Primary Means of Navigation. Optional ist ein Moving Map Display anschließbar.

Becker
Air Scout II

Bauart

GPS-CDU-Einbaugerät, separates Hauptgerät, VFR-Navigation mit eingescannten Karten.

Abmessungen, Gewicht, Betriebsgrenzen

Maße B x H x T mm ....150 x 152 x 138
Gewicht g 1.400
Max. Betriebstemperatur ° C ....+40
Max. Betriebshöhe ft 10.000

Empfänger

Kanäle / Frequenz, Code ... 6-8 / L1, C/A-Code
SAT-Tracking .... Parallel, normal
SAT-Akq. sec / Akt. sec .... 60 / 0,25
2D-Position (mit SA) m .... +/-100
Dynamik kt / G .... k.A.
DGPS Empfänger .... Extern

Display

Technologie .... Farb-LCD
B x H mm oder Pixel.................320 x 240 Pixel
Zeilen / Zeichen je Zeile .... k.A.

Datenbank

Intern oder Datacard ....Jeppesen intern
Updates durch .... Anwender
Updates mit .... PC
User-Routen mit / Waypoints .... k.A.
User-Waypoints 60.000

Anschlüsse, Ein- und Ausgänge (I/O)

Stromspannung................................27,5 V DC
Stromaufnahme .... 1 A
Antenne .... Extern
I/O..LPT1

Weitere Merkmale in Stichworten

Vielfältige und aufwendige Kombinationsmöglichkeiten zwischen Hauptgerät, Bedienteil und TFT-Bildschirmen sowie Anzeige/Bedienteil. Durch 1 GB Festplatte bis zu 60.000 Waypoints speicherbar. Anzeige/Bedienteil CDU 521 (s. Abb.), separates Einbau-Hauptgerät MU 519 (2,4 kg Gewicht, nicht definierter GPS-Sensor, 386er-Rechner, bis zu 1 GB Festplatte. MU 519 auch mit Bedienteil CU 519 und TFT-Bildschirmen (o. näh. Angaben) kombinierbar.

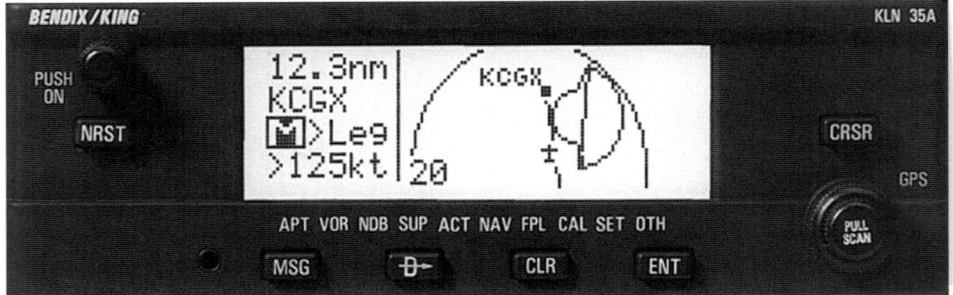

Bendix/King
KLN 35 A

Bauart

GPS-REC-Einbaugerät mit übersichtlichem Panel-Layout und mittlerer Leistungsfähigkeit.

Abmessungen, Gewicht, Betriebsgrenzen

Maße B x H x T mm .... 159 x 51 x 289
Gewicht g 940
Max. Betriebstemperatur ° C .... +55
Max. Betriebshöhe ft 35.000

Empfänger

Kanäle / Frequenz, Code ...... 8 / L1, C/A-Code
SAT-Tracking .... Parallel, normal
SAT-Akq. sec / Akt. sec .... 60 / 1
2D-Position (mit SA) m .... +/-100
Dynamik kt / G .... k.A.
DGPS Empfänger .... k.A.

Display

Technologie .... Mono-LCD
B x H mm oder Pixel .... k.A.
Zeilen / Zeichen je Zeile .... 4 / 20

Datenbank

Intern oder Datacard .... Jeppesen intern
Updates durch .... Anwender
Updates mit .... PC
User-Routen mit / Waypoints .... 10 / k.A.
User-Waypoints 250

Anschlüsse, Ein- und Ausgänge (I/O)

Stromspannung .... 11-33 V DC
Stromaufnahme .... k.A.
Antenne .... Extern
I/O .... RS232, CDI

Weitere Merkmale in Stichworten

Standard-GPS-Leistungsfähigkeit mit optimiertem Display (Moving Map Charakteristik, Hochkontrastdarstellung). Database mit Jeppesen-Standard-Daten, Flugdatenberechnungen.

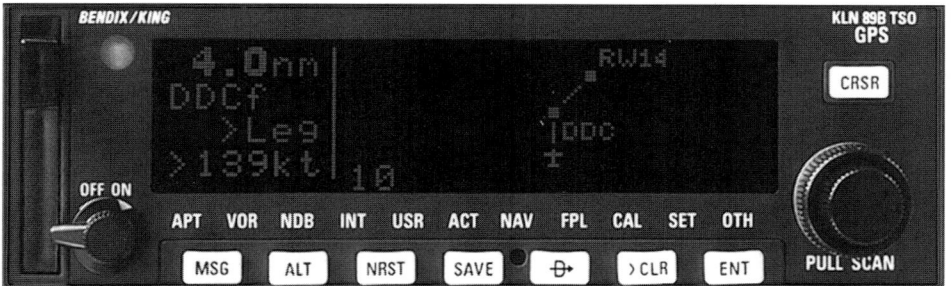

Bendix/King
KLN 89/89B

Bauart

GPS-REC-Einbaugerät (2 Modelle). 89B ist für IFR-Flüge in Deutschland LBA-zugelassen. B-RNAV-Zulassung beantragt.

Abmessungen, Gewicht, Betriebsgrenzen

Maße B x H x T mm ....160 x 51 x 272
Gewicht g 1.160
Max. Betriebstemperatur ° C ....+55
Max. Betriebshöhe ft 35.000

Empfänger

Kanäle / Frequenz, Code ...... 8 / L1, C/A-Code
SAT-Tracking .... Parallel, XPress (TM)
SAT-Akq. sec / Akt. sec .... 60 / 1
2D-Position (mit SA) m .... +/-100
Dynamik kt / G .... 600 / k.A.
DGPS Empfänger .... k.A.

Display

Technologie ....Mono-Gasentladung
B x H mm oder Pixel .... k.A.
Zeilen / Zeichen je Zeile .... 4 / 23

Datenbank

Intern oder Datacard ....Jeppesen intern
Updates durch .... Anwender
Updates mit ....PC
User-Routen mit / Waypoints ....25 / 20
User-Waypoints 335

Anschlüsse, Ein- und Ausgänge (I/O)

Stromspannung ....11-33 V DC
Stromaufnahme .... 2,5 A
Antenne .... Extern
I/O .... RS232, CDI, HSI, RMI, ext. Displays

Weitere Merkmale in Stichworten

Modell 89 ist ausgelegt für VFR-Flüge, 89B hat zusätzliche IFR-Features für Enroute- und Nichtpräzisionsanflüge. Modell 89 ist aufrüstbar auf 89B. Beide Modelle sind leistungsstarke GPS-REC für den privaten und semiprofessionellen Einsatzbereich. Weitere Besonderheiten: Flugdatenrechner, Trip-Planung, "Nearest"-Seiten (nächstgelegene Flugplätze, VOR, NDBs etc.).

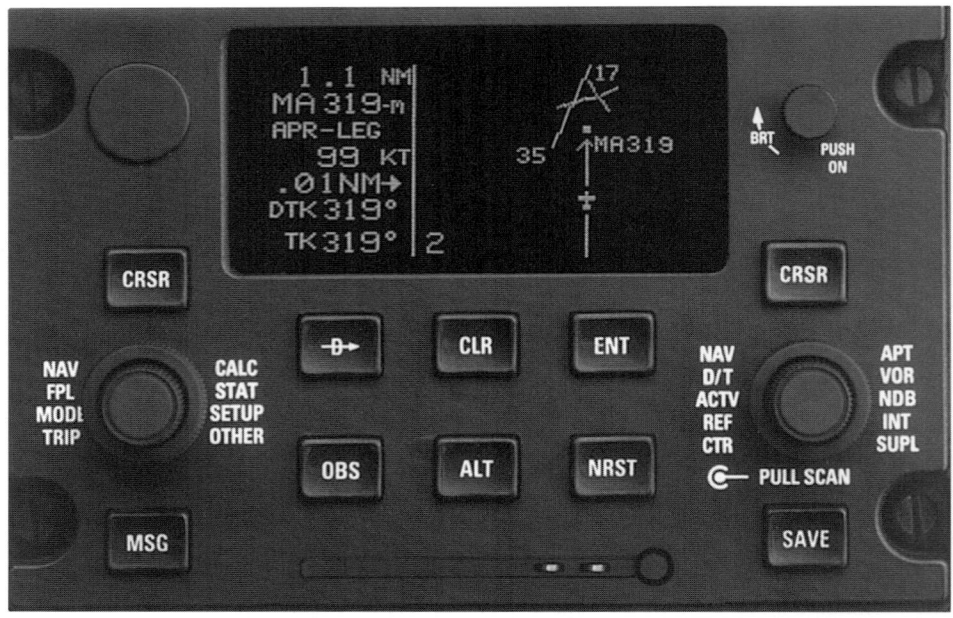

Bendix/King
KLN 900

Bauart

GPS-REC-Einbaugerät (Weiterentwicklung des Modells 90B) mit CRT-Bildschirm, Database-Frontlader und Schnellverschluß (DZUS).

Abmessungen, Gewicht, Betriebsgrenzen

Maße B x H x T mm .... 146 x 95 x 240
Gewicht g 2.000
Max. Betriebstemperatur ° C .... +70
Max. Betriebshöhe ft 50.000

Empfänger

Kanäle / Frequenz, Code ...... 8 / L1, C/A-Code
SAT-Tracking .... Parallel, XPress (TM)
SAT-Akq. sec / Akt. sec .... 60 / 1
2D-Position (mit SA) m .... +/-100
Dynamik kt / G .... 600 / k.A.
DGPS Empfänger .... k.A.

Display

Technologie .... Mono-CRT, hochauflösend
B x H mm oder Pixel .... 84 mm Diagonale
Zeilen / Zeichen je Zeile .... 7 / k.A.

Datenbank

Intern oder Datacard .... Jeppesen Datacard
Updates durch .... Anwender
Updates mit .... PC
User-Routen mit / Waypoints .... 25 / 30
User-Waypoints .... k.A.

Anschlüsse, Ein- und Ausgänge (I/O)

Stromspannung .... 11-33 V DC
Stromaufnahme .... 3,3 A
Antenne .... Extern
I/O .... Höhensensor, CDI, HSI, RMI, Treibstoff

Weitere Merkmale in Stichworten

Die Leistungsmerkmale dieses Modells sind u.a. auf die Anforderungen der oberen Leistungsklasse der Zweimotorigen (z.B. Turboprops) abgestimmt. Dabei ist die Installations- und Servicezeit durch das Schnellmontagesystem DZUS minimiert. Der Bildschirm ist teilbar, NAV- und Informationsseiten sind variabel darstellbar. Über das ARINC 429 Interface können EFIS, Radardaten- und Airdata-Systeme angeschlossen werden.

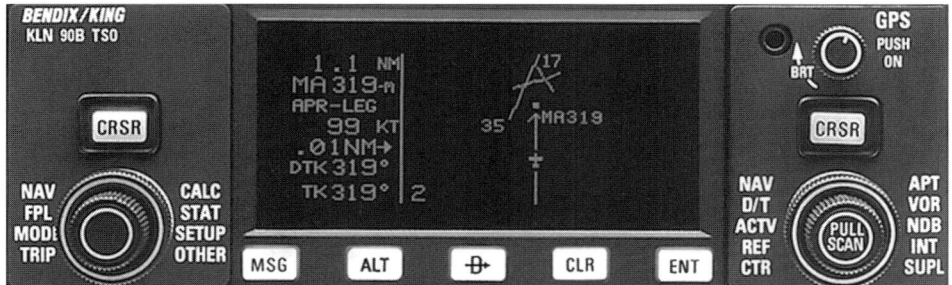

Bendix/King
KLN 90B

Bauart

GPS-REC-Einbaugerät. LBA-zugelassen für
IFR-Flüge in Deutschland. B-RNAV-Zulassung
beantragt.

Abmessungen, Gewicht, Betriebsgrenzen

Maße B x H x T mm .... 160 x 51 x 334
Gewicht g 2.660
Max. Betriebstemperatur ° C .... +70
Max. Betriebshöhe ft 50.000

Empfänger

Kanäle / Frequenz, Code ...... 8 / L1, C/A-Code
SAT-Tracking .... Parallel, XPress (TM)
SAT-Akq. sec / Akt. sec .... 60 / 1
2D-Position (mit SA) m .... +/-100
Dynamik kt / G .... 600 / k.A.
DGPS Empfänger .... k.A.

Display

Technologie .... Mono-CRT, hochauflösend
B x H mm oder Pixel .... 84 mm Diagonale
Zeilen / Zeichen je Zeile .... 7 / k.A.

Datenbank

Intern oder Datacard .... Jeppesen Datacard
Updates durch .... Anwender
Updates mit .... PC
User-Routen mit / Waypoints .... 25 / 30
User-Waypoints .... k.A.

Anschlüsse, Ein- und Ausgänge (I/O)

Stromspannung .... 11-33 V DC
Stromaufnahme .... 2,5 A
Antenne .... Extern
I/O .... Höhensensor, CDI, HSI, RMI, Treibstoff

Weitere Merkmale in Stichworten

Der 90B ist die direkte Weiterentwicklung des
89B mit einem größeren Bildschirm auf CRT-
Basis (Kathodenstrahl), ausgelegt für Moving-
Map-Darstellungen oder 7 Zeilen Informationen.
Die GPS-Technologie ist die gleiche wie bei
den Modellen 89 und 89B. Der Bildschirm ist
teilbar, NAV- und Informationsseiten sind variabel darstellbar. Über ein ARINC 429 Interface
können EFIS, Radardaten- und Airdata-Systeme angeschlossen werden.

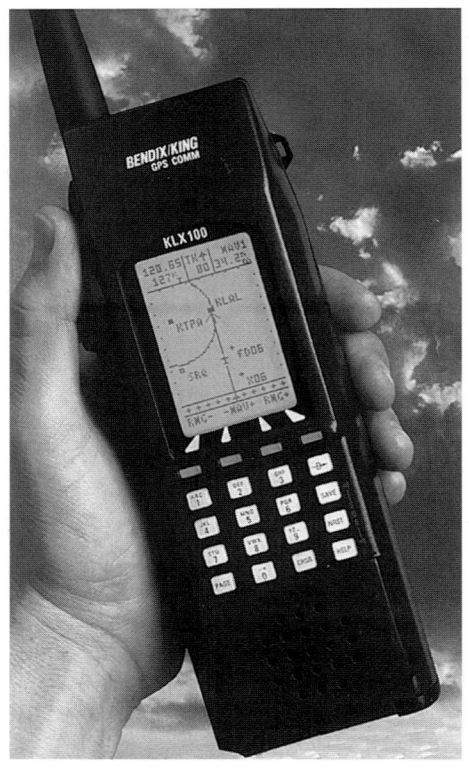

Bendix/King
KLX 100

Bauart

GPS-REC-HANDHELD für VFR-Flüge mit integriertem 1,5-W-Sprechfunkgerät (760 Kanäle).

Abmessungen, Gewicht, Betriebsgrenzen

Maße B x H x T mm......................71 x 198 x 48
Gewicht g 620
Max. Betriebstemperatur ° C.........................k.A.
Max. Betriebshöhe ft .... k.A.

Empfänger

Kanäle / Frequenz, Code ...... 8 / L1, C/A-Code
SAT-Tracking .... Parallel, normal
SAT-Akq. sec / Akt. sec .... 60 / 1
2D-Position (mit SA) m.........................+/-100
Dynamik kt / G ....400 / k.A.
DGPS Empfänger.. k.A.

Display

Technologie ....Mono-LCD
B x H mm oder Pixel.............. k.A., Punktmatrix
Zeilen / Zeichen je Zeile .... 13 / 16

Datenbank

Intern oder Datacard .... Jeppesen intern
Updates durch ....Anwender
Updates mit .... PC
User-Routen mit / Waypoints .... 30 / 30
User-Waypoints 500

Anschlüsse, Ein- und Ausgänge (I/O)

Stromspannung .... 8 x AA Batt., 11-33 V DC
Stromaufnahme .... k.A.
Antenne .... Intern + Extern
I/O RS232

Weitere Merkmale in Stichworten

Weitere Features: Moving-Map-ähnliche Grafik-darstellungen auf beleuchtbarem Display, SOS-"ELT"-Funktion mit Positionsdaten-Aussendung, Zoom für 12 Maßstäbe, HSI-ähnliche Kurs-Anzeige, 760 COM-Kanäle. Optional sind Befestigungskits für Steuerhorn-Montage erhältlich.

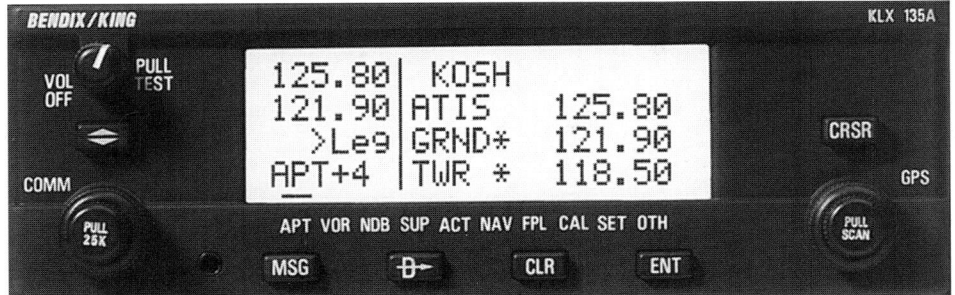

Bendix/King
KLX 135A

Bauart

GPS-REC-Einbaugerät mit GPS-Standarddaten wie KLN 35 A, 5-Watt-Sprechfunkgerät (760 Kanäle) integriert.

Abmessungen, Gewicht, Betriebsgrenzen

Maße B x H x T mm	159 x 51 x 289
Gewicht g	2.000
Max. Betriebstemperatur ° C	+55
Max. Betriebshöhe ft	35.000

Empfänger

Kanäle / Frequenz, Code	8 / L1, C/A-Code
SAT-Tracking	Parallel, normal
SAT-Akq. sec / Akt. sec	60 / 1
2D-Position (mit SA) m	+/-100
Dynamik kt / G	600 / k.A.
DGPS Empfänger	k.A.

Display

Technologie	Mono-LCD
B x H mm oder Pixel	k.A.
Zeilen / Zeichen je Zeile	4 / 20

Datenbank

Intern oder Datacard	Jeppesen intern
Updates durch	Anwender
Updates mit	PC
User-Routen mit / Waypoints	10 / k.A.
User-Waypoints	250

Anschlüsse, Ein- und Ausgänge (I/O)

Stromspannung	14 V DC
Stromaufnahme	k.A.
Antenne	Extern
I/O	RS232, CDI

Weitere Merkmale in Stichworten

Standard-GPS-Leistungen mit optimiertem Display (Moving Map Charakteristik, Hochkontrast). Database mit Jeppesen-Standard-Daten, Flugdatenberechnungen. Die Updates der Jeppesen-Database sind über die RS232 Schnittstelle mit einem PC/Floppy-Laufwerk möglich.

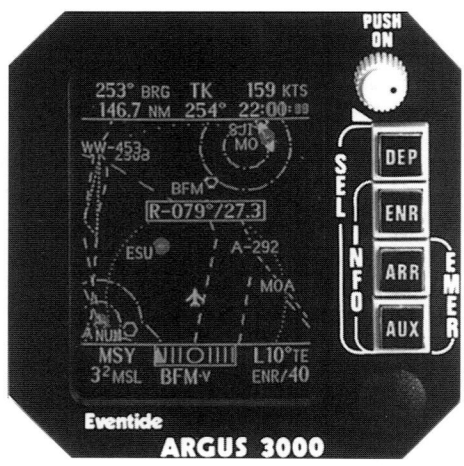

Eventide
Argus 3000

Bauart

MOVING MAP DISPLAY für VFR/IFR-Flüge mit integrierter Software, Database und Anschluß für verschiedene GPS-REC.

Abmessungen, Gewicht, Betriebsgrenzen

Maße B x H x T mm.....................81 x 81 x 260
Gewicht g 1.600
Max. Betriebstemperatur ° C.........................+55
Max. Betriebshöhe ft 55.000

Empfänger

Kanäle / Frequenz, Code ....GPS-REC
SAT-Tracking ....GPS-REC
SAT-Akq. sec / Akt. sec ....GPS-REC
2D-Position (mit SA) m....................GPS-REC
Dynamik kt / G ....GPS-REC
DGPS Empfänger.............................GPS-REC

Display

Technologie ....Mono-CRT, hochauflösend
B x H mm oder Pixel...................... 42 x 56 mm
Zeilen / Zeichen je Zeile .... k.A.

Datenbank

Intern oder Datacard .... Intern
Updates durch .... Eventide
Updates mit .... EPROM-Tausch
User-Routen mit / Waypoints .... 20 / k.A.
User-Waypoints 600

Anschlüsse, Ein- und Ausgänge (I/O)

Stromspannung............................ 11-33 V DC
Stromaufnahme .... 15 W
Antenne .... Extern
I/O.. GPS, LORAN-C

Weitere Merkmale in Stichworten

VFR-Moving-Map für vielfältige GPS-Navigationslösungen. Durch kompakte Ausführung platzsparende Installation. Umfangreiche Datenbank, optionale FlightPlan-Plus-Software. Der Argus 3000 bringt auch als Moving-Map-Einsteigermodell die NAV-Daten eines GPS-REC in guter Darstellung mit einer Skalierung von 2 NM im Flug und 0,1 NM am Boden.

Eventide
Argus 5000

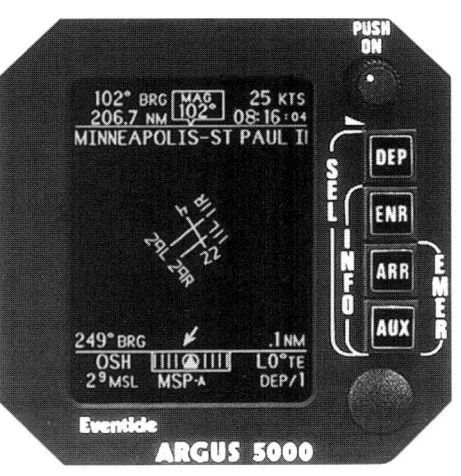

Bauart

MOVING MAP DISPLAY für VFR/IFR-Flüge mit
integrierter Software, Database und Anschluß
für verschiedene GPS-REC.

Abmessungen, Gewicht, Betriebsgrenzen

Maße B x H x T mm ....81 x 81 x 260
Gewicht g 1.600
Max. Betriebstemperatur ° C ....+55
Max. Betriebshöhe ft............................ 55.000

Empfänger

Kanäle / Frequenz, Code .... GPS-REC
SAT-Tracking .... GPS-REC
SAT-Akq. sec / Akt. sec .... GPS-REC
2D-Position (mit SA) m .... GPS-REC
Dynamik kt / G .... GPS-REC
DGPS Empfänger .... GPS-REC

Display

Technologie .... Mono-CRT, hochauflösend
B x H mm oder Pixel..................... 42 x 56 mm
Zeilen / Zeichen je Zeile .... k.A.

Datenbank

Intern oder Datacard .... Intern
Updates durch .... Anwender
Updates mit............................ EPROM-Tausch
User-Routen mit / Waypoints .... 20 / k.A.
User-Waypoints 600

Anschlüsse, Ein- und Ausgänge (I/O)

Stromspannung............................ 11-33 V DC
Stromaufnahme.. 15 W
Antenne .... Extern
I/O.................. GPS, LORAN-C, NMS; INS, FMS

Weitere Merkmale in Stichworten

VFR/IFR-Moving-Map für vielfältige GPS-Navigationslösungen Kompakte Ausführung wie
Argus 3000. Umfangreiche Datenbank, optionale FlightPlan-Plus-Software. ADF und RMI sind
darstellbar. Argus 5000 CE mit Farbbildschirm
und zusätzlichem Luftdruck-Sensor-Anschluß,
CDI-Ausgang und Flight-Recorder mit 10 Stunden Flugdaten (Position und Flughöhen).

Eventide
Argus 7000

Bauart

MOVING MAP DISPLAY für VFR/IFR-Flüge mit integrierter Software, Database und Anschluß für verschiedene GPS-REC.

Abmessungen, Gewicht, Betriebsgrenzen

Maße B x H x T mm	81 x 122 x 273
Gewicht g	2.000
Max. Betriebstemperatur ° C	+55
Max. Betriebshöhe ft	55.000

Empfänger

Kanäle / Frequenz, Code	GPS-REC
SAT-Tracking	GPS-REC
SAT-Akq. sec / Akt. sec	GPS-REC
2D-Position (mit SA) m	GPS-REC
Dynamik kt / G	GPS-REC
DGPS Empfänger	GPS-REC

Display

Technologie	Mono-CRT, hochauflösend
B x H mm oder Pixel	42 x 100 mm
Zeilen / Zeichen je Zeile	k.A.

Datenbank

Intern oder Datacard	Intern
Updates durch	Anwender
Updates mit	EPROM-Tausch
User-Routen mit / Waypoints	20 / k.A.
User-Waypoints	600

Anschlüsse, Ein- und Ausgänge (I/O)

Stromspannung	11-33 V DC
Stromaufnahme	15 W
Antenne	Extern
I/O	GPS, LORAN-C, NMS; INS, FMS

Weitere Merkmale in Stichworten

VFR/IFR-Moving-Map für vielfältige GPS-Navigationslösungen. Größere Ausführung als Argus 3000/5000 durch 100-mm-Display. Umfangreiche Datenbank, optionale FlightPlan-Plus-Software. ADF und RMI darstellbar. Argus 5000 CE mit Farbbildschirm und zusätzlichem Luftdruck-Sensor-Anschluß, CDI-Ausgang und Flight-Recorder mit 10 Stunden Flugdaten (Position und Flughöhen).

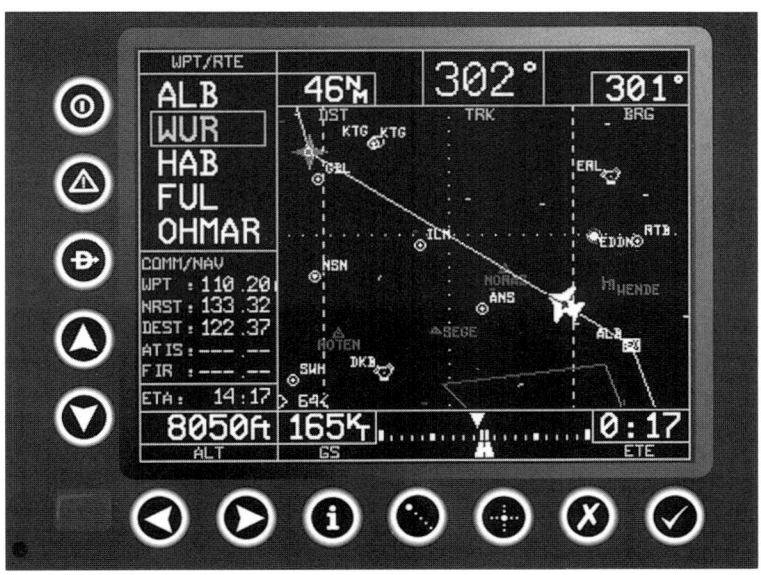

Filser
DX 600 AVP

Bauart

MOVING MAP DISPLAY für VFR-Flüge mit integriertem GPS-Sensor und aufwendiger TFT-Display-Technologie.

Abmessungen, Gewicht, Betriebsgrenzen

Maße B x H x T mm .... 146 x 110 x 160
Gewicht g 1.300
Max. Betriebstemperatur ° C .... +70
Max. Betriebshöhe ft 60.000

Empfänger

Kanäle / Frequenz, Code ...... 8 / L1, C/A-Code
SAT-Tracking .... Parallel, normal
SAT-Akq. sec / Akt. sec .... 90 / k.A.
2D-Position (mit SA) m .... +/-100
Dynamik kt / G .... 1.000 / 4
DGPS Empfänger .... Extern

Display

Technologie .... Farb-TFT
B x H mm oder Pixel .... 320 x 240 Pixel
Zeilen / Zeichen je Zeile .... k.A.

Datenbank

Intern oder Datacard .... k.A.
Updates durch .... k.A.
Updates mit .... k.A.
User-Routen mit / Waypoints .... k.A.
User-Waypoints .... k.A.

Anschlüsse, Ein- und Ausgänge (I/O)

Stromspannung .... 12-30 V DC
Stromaufnahme .... 14,5 W
Antenne.. Extern
I/O .... RTCM SC 104 LOVIAS

Weitere Merkmale in Stichworten

Das 105 x 78 mm große TFT-Display (130 mm Bildschirmdiagonale) in halber VGA-Auflösung bringt die NAV-Daten in brillanter grafischer Aufbereitung mit einer großen Detailschärfe. Der Zoom der Kartendarstellungen reicht von 1 bis 128 NM. Wählbar sind folgende Darstellungs-Modi: VFR/IFR-NAV-Pages, Emergency, Approach, Flugplätze, Flugplanung. Das Display ist in jedem Modus vertikal in etwa 20 mm alphanumerische Daten und 80 mm Kartendarstellung aufgeteilt.

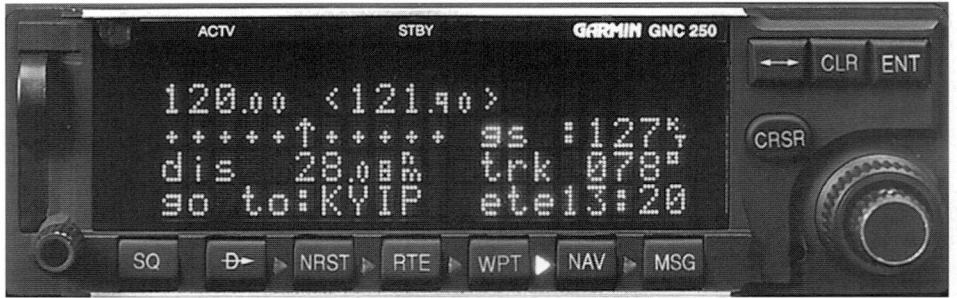

Garmin
GNC 250 GPS/COMM

Bauart

GPS-REC-Einbaugerät mit integriertem 5-W-Sprechfunkgerät (760 Kanäle).

Abmessungen, Gewicht, Betriebsgrenzen

Maße B x H x T mm .... 159 x 51 x 147
Gewicht g 1.110
Max. Betriebstemperatur ° C .... +70
Max. Betriebshöhe ft .... k.A.

Empfänger

Kanäle / Frequenz, Code ...... 8 / L1, C/A-Code
SAT-Tracking .... Parallel, MultiTrac8 (TM)
SAT-Akq. sec / Akt. sec .... 180 / 1
2D-Position (mit SA) m .... +/-100
Dynamik kt / G .... 999 / 3
DGPS Empfänger .... Extern

Display

Technologie .... Vakuum-Fluoreszenz
B x H mm oder Pixel .... k.A.
Zeilen / Zeichen je Zeile .... 4 / 20

Datenbank

Intern oder Datacard .... Jeppesen Datacard
Updates durch .... Anwender
Updates mit .... Datacard
User-Routen mit / Waypoints .... 20 / 31
User-Waypoints 1.000

Anschlüsse, Ein- und Ausgänge (I/O)

Stromspannung .... 10-15 V DC
Stromaufnahme .... k.A.
Antenne .... Extern
I/O .... ARINC 429, NMEA 0183, PC

Weitere Merkmale in Stichworten

Wählbare Datenbank: Amerika komplett, International oder Weltweit. Weitere Sensor-Anschlüsse für Höhe, CDI/HSI, RMI. User Data Card. RAIM-Feature, Flugdatenrechner, VNAV-Planung.

Garmin
GNC 250 XL

Bauart

GPS-REC-Einbaugerät mit integriertem 5-W-Sprechfunkgerät (760 Kanäle).

Abmessungen, Gewicht, Betriebsgrenzen

Maße B x H x T mm ....159 x 51 x 147
Gewicht g 1.160
Max. Betriebstemperatur ° C ....+70
Max. Betriebshöhe ft ....k.A.

Empfänger

Kanäle / Frequenz, Code .... 12 / L1, C/A-Code
SAT-Tracking ....Parallel, PhaseTrac12 (TM)
SAT-Akq. sec / Akt. sec .... 45 / 1
2D-Position (mit SA) m .... +/-100
Dynamik kt / G .... 999 / 6
DGPS Empfänger ....Extern

Display

Technologie ....Double Super Twist
B x H mm oder Pixel...................240 x 80 Pixel
Zeilen / Zeichen je Zeile .... k.A.

Datenbank

Intern oder Datacard......... Jeppesen Datacard
Updates durch.................................. Anwender
Updates mit ....Datacard
User-Routen mit / Waypoints...............20 / 31
User-Waypoints.......................................1.000

Anschlüsse, Ein- und Ausgänge (I/O)

Stromspannung ....10-15 V DC
Stromaufnahme...k.A.
Antenne.. Extern
I/O ....ARINC 429, NMEA 0183, PC

Weitere Merkmale in Stichworten

Einbaugerät mit sehr guten GPS-Leistungen (12-SAT-Tracking). Wählbare Datenbank: Amerika komplett, International oder Weltweit. Moving Map Skalierungen von 0,5 bis 300 NM. Weitere Sensor-Anschlüsse für Höhe, Treibstoff, Treibstoff/Airdata-Computer. User Data Card. RAIM-Feature, Flugdatenrechner, VNAV-Planung.

Garmin
GNC 300 GPS/COMM

Bauart

GPS-REC-Einbaugerät mit integriertem 5-W-Sprechfunkgerät (760 Kanäle).

Abmessungen, Gewicht, Betriebsgrenzen

Maße B x H x T mm	159 x 51 x 147
Gewicht g	1.110
Max. Betriebstemperatur ° C	+70
Max. Betriebshöhe ft	k.A.

Empfänger

Kanäle / Frequenz, Code	8 / L1, C/A-Code
SAT-Tracking	Parallel, MultiTrac8 (TM)
SAT-Akq. sec / Akt. sec	180 / 1
2D-Position (mit SA) m	+/-100
Dynamik kt / G	999 / 3
DGPS Empfänger	Extern

Display

Technologie	Vakuum-Fluoreszenz
B x H mm oder Pixel	k.A.
Zeilen / Zeichen je Zeile	4 / 20

Datenbank

Intern oder Datacard	Jeppesen Datacard
Updates durch	Anwender
Updates mit	Datacard
User-Routen mit / Waypoints	20 / 31
User-Waypoints	1.000

Anschlüsse, Ein- und Ausgänge (I/O)

Stromspannung	10-15 V DC
Stromaufnahme	k.A.
Antenne	Extern
I/O	ARINC 429, NMEA 0183, PC

Weitere Merkmale in Stichworten

Wählbare Datenbank: Amerika komplett, International oder Weltweit. Weitere Sensor-Anschlüsse für Höhe, Treibstoff, Treibstoff/Airdata-Computer. User Data Card. RAIM-Feature, Flugdatenrechner, VNAV-Planung.

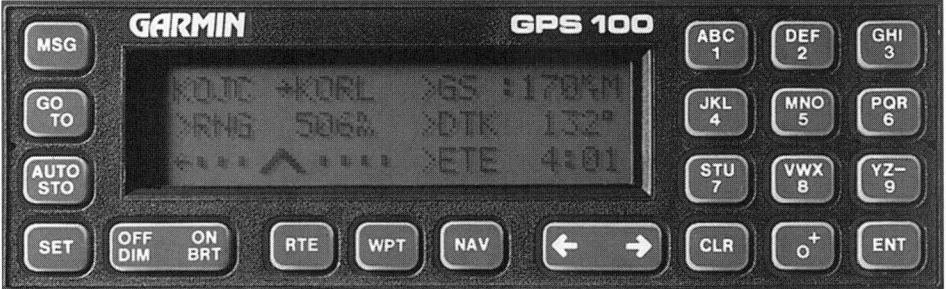

Garmin
GPS 100 AVD

Bauart

GPS-REC-Einbaugerät in Standard-Ausführung für VFR-Flüge und geringe Ansprüche an Ausstattung.

Abmessungen, Gewicht, Betriebsgrenzen

Maße B x H x T mm .... 159 x 51 x 100
Gewicht g 710
Max. Betriebstemperatur ° C .... +70
Max. Betriebshöhe ft .... k.A.

Empfänger

Kanäle / Frequenz, Code ...... 8 / L1, C/A-Code
SAT-Tracking .... Parallel, MultiTrac8 (TM)
SAT-Akq. sec / Akt. sec .... 120 / 1
2D-Position (mit SA) m .... +/-100
Dynamik kt / G .... 695 / 3
DGPS Empfänger .... Extern

Display

Technologie .... Mono-LCD
B x H mm oder Pixel .... k.A.
Zeilen / Zeichen je Zeile .... 3 / 20

Datenbank

Intern oder Datacard .... Jeppesen intern
Updates durch .... k.A.
Updates mit .... k.A.
User-Routen mit / Waypoints .... 9 / 9
User-Waypoints 100

Anschlüsse, Ein- und Ausgänge (I/O)

Stromspannung .... 10-33 V DC
Stromaufnahme .... k.A.
Antenne .... Extern
I/O .... RS232, Autopilot, ext. Displays

Weitere Merkmale in Stichworten

Einbaugerät mit reduziertem Feature-Umfang und alphanumerischer Tastatur. Wählbare Datenbank: Nord-Amerika, International oder Weltweit.

Garmin
GPS 150

Bauart

GPS-REC-Einbaugerät für VFR-Flüge. Basismodell des IFR-zugelassenen 150 XL.

Abmessungen, Gewicht, Betriebsgrenzen

Maße B x H x T mm .... 159 x 51 x 100
Gewicht g 950
Max. Betriebstemperatur ° C .... +70
Max. Betriebshöhe ft .... k.A.

Empfänger

Kanäle / Frequenz, Code ...... 8 / L1, C/A-Code
SAT-Tracking .... Parallel, MultiTrac8 (TM)
SAT-Akq. sec / Akt. sec .... 120 / 1
2D-Position (mit SA) m .... +/-100
Dynamik kt / G .... 695 / 3
DGPS Empfänger .... Extern

Display

Technologie .... Vakuum-Fluoreszenz
B x H mm oder Pixel .... Punktmatrix
Zeilen / Zeichen je Zeile .... 3 / 20

Datenbank

Intern oder Datacard .... Jeppesen intern
Updates durch .... k.A.
Updates mit .... k.A.
User-Routen mit / Waypoints .... 20 / 31
User-Waypoints 1.000

Anschlüsse, Ein- und Ausgänge (I/O)

Stromspannung .... 10-33 V DC
Stromaufnahme .... k.A.
Antenne .... Extern
I/O .... RS232, Autopilot, ext. Displays

Weitere Merkmale in Stichworten

Standard-Einbaugerät. Gegenüber dem GPS 100 AVD ist die Display-Anzeige besser, die Datenbank und die Flugplanung/Waypoint-Speicher sind umfangreicher. Wählbare Datenbank: Amerika komplett, International oder Weltweit.

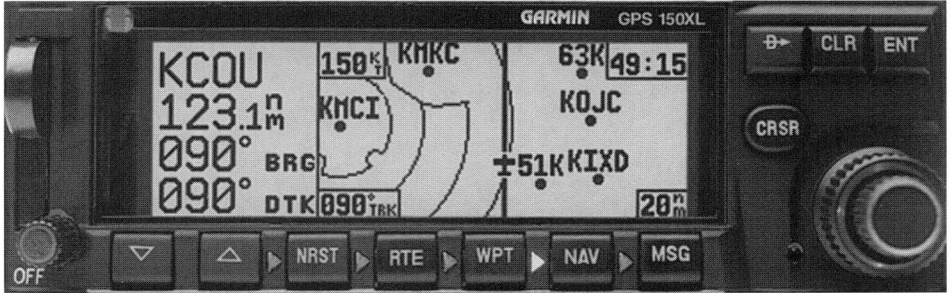

Garmin
GPS 150 XL

Bauart

GPS-REC-Einbaugerät mit Moving-Map-Eigenschaften.

Abmessungen, Gewicht, Betriebsgrenzen

Maße B x H x T mm .... 159 x 51 x 147
Gewicht g 770
Max. Betriebstemperatur ° C .... +70
Max. Betriebshöhe ft .... k.A.

Empfänger

Kanäle / Frequenz, Code .... 12 / L1, C/A-Code
SAT-Tracking .... Parallel, PhaseTrac12 (TM)
SAT-Akq. sec / Akt. sec .... 45 / 1
2D-Position (mit SA) m .... +/-100
Dynamik kt / G .... 999 / 6
DGPS Empfänger .... Extern

Display

Technologie .... Double Super Twist
B x H mm oder Pixel .... 240 x 80 Pixel
Zeilen / Zeichen je Zeile .... k.A.

Datenbank

Intern oder Datacard .... Jeppesen Datacard
Updates durch .... Anwender
Updates mit .... Datacard
User-Routen mit / Waypoints .... 20 / 31
User-Waypoints 1.000

Anschlüsse, Ein- und Ausgänge (I/O)

Stromspannung .... 10-33 V DC
Stromaufnahme .... k.A.
Antenne .... Extern
I/O .... ARINC 429, NMEA 0183, PC

Weitere Merkmale in Stichworten

Einbaugerät mit sehr guten GPS-Leistungen (12-SAT-Tracking). Wählbare Datenbank: Amerika komplett, International oder Weltweit. Weitere Sensor-Anschlüsse für Höhe, Treibstoff, Treibstoff/Airdata-Computer. User Data Card. RAIM-Feature, Flugdatenrechner, VNAV-Planung.

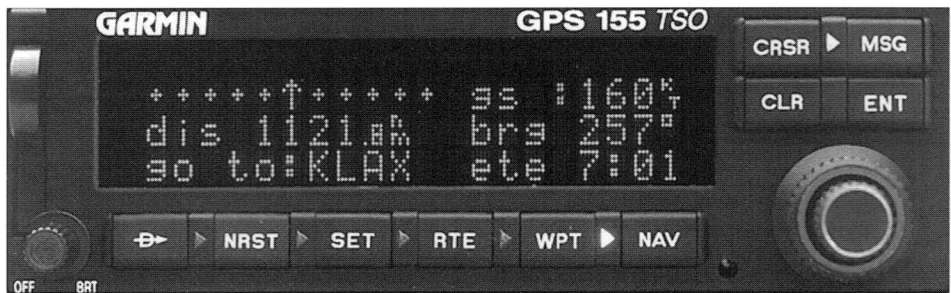

Garmin
GPS 155 TSO

Bauart

GPS-REC-Einbaugerät, LBA-zugelassen für
IFR-Flüge. B-RNAV-Zulassung beantragt.

Abmessungen, Gewicht, Betriebsgrenzen

Maße B x H x T mm .... 159 x 51 x 140
Gewicht g 1.170
Max. Betriebstemperatur ° C .... +70
Max. Betriebshöhe ft .... k.A.

Empfänger

Kanäle / Frequenz, Code ...... 8 / L1, C/A-Code
SAT-Tracking .... Parallel, MultiTrac8 (TM)
SAT-Akq. sec / Akt. sec .... 180 / 1
2D-Position (mit SA) m .... +/-100
Dynamik kt / G .... 999 / 3
DGPS Empfänger .... Extern

Display

Technologie .... Fluoreszenz
B x H mm oder Pixel .... Punktmatrix
Zeilen / Zeichen je Zeile .... 3 / 20

Datenbank

Intern oder Datacard .... Jeppesen Datacard
Updates durch .... Anwender
Updates mit .... Datacard
User-Routen mit / Waypoints .... 20 / 31
User-Waypoints 1.000

Anschlüsse, Ein- und Ausgänge (I/O)

Stromspannung .... 10-33 V DC
Stromaufnahme .... k.A.
Antenne .... Extern
I/O .... ARINC 429, RS232, NMEA 0183, PC

Weitere Merkmale in Stichworten

Wählbare Datenbank: Amerika komplett oder
International. Weitere Sensor-Anschlüsse für
Höhe, CDI/HSI, RMI. User Data Card. RAIM-
Feature, Flugdatenrechner, VNAV-Planung.

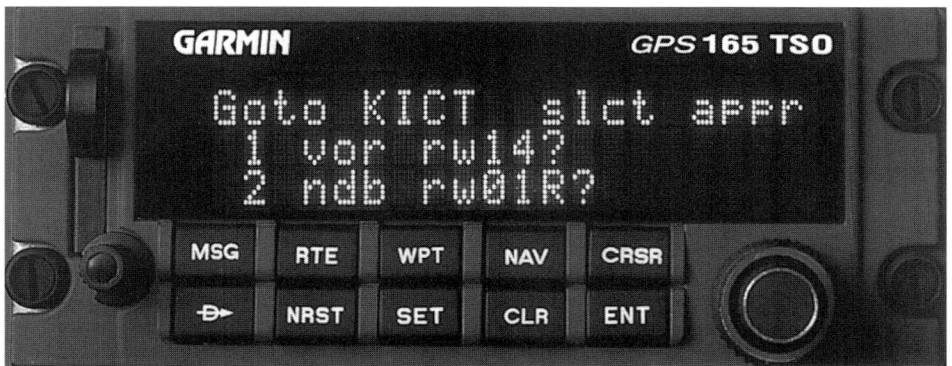

Garmin
GPS 165 TSO

Bauart

GPS-REC-Einbaugerät. IFR- und B-RNAV-Zulassung beantragt.

Abmessungen, Gewicht, Betriebsgrenzen

Maße B x H x T mm ....146 x 51 x 144
Gewicht g 970
Max. Betriebstemperatur ° C ....+70
Max. Betriebshöhe ft .... k.A.

Empfänger

Kanäle / Frequenz, Code ...... 8 / L1, C/A-Code
SAT-Tracking ....Parallel, MultiTrac8 (TM)
SAT-Akq. sec / Akt. sec .... 180 / 1
2D-Position (mit SA) m .... +/-100
Dynamik kt / G .... 999 / 3
DGPS Empfänger .... Extern

Display

Technologie ....Fluoreszenz
B x H mm oder Pixel...................... Punktmatrix
Zeilen / Zeichen je Zeile .... 3 / 20

Datenbank

Intern oder Datacard......... Jeppesen Datacard
Updates durch................................. Anwender
Updates mit .... Datacard
User-Routen mit / Waypoints...............20 / 31
User-Waypoints.....................................1.000

Anschlüsse, Ein- und Ausgänge (I/O)

Stromspannung ....10-33 V DC
Stromaufnahme...k.A.
Antenne.. Extern
I/O ....ARINC 429, RS232, NMEA 0183, PC

Weitere Merkmale in Stichworten

Wählbare Datenbank: Nord-Amerika, International oder Weltweit. RAIM-Feature, Flugdatenrechner, VNAV-Planung. Weitere Sensor-Anschlüsse für Höhe, CDI/HSI, RMI. User Data Card.

Garmin
GPS 89

Garmin
GPS 90

Bauart

GPS-REC-HANDHELD. Das meistverkaufte Handheld weltweit.

Abmessungen, Gewicht, Betriebsgrenzen

Maße B x H x T mm ....51 x 156 x 31
Gewicht g 255
Max. Betriebstemperatur ° C ....+70
Max. Betriebshöhe ft................................. k.A.

Empfänger

Kanäle / Frequenz, Code ...... 8 / L1, C/A-Code
SAT-Tracking ....Parallel, MultiTrac8 (TM)
SAT-Akq. sec / Akt. sec .... 120 / 1
2D-Position (mit SA) m .... +/-100
Dynamik kt / G.. k.A.
DGPS Empfänger .... k.A.

Display

Technologie ....Mono-LCD
B x H mm oder Pixel.............................38 x 56
Zeilen / Zeichen je Zeile .... k.A.

Datenbank

Intern oder Datacard ....Jeppesen intern
Updates durch .... Anwender
Updates mit... PC
User-Routen mit / Waypoints .... 20 / 30
User-Waypoints 250

Anschlüsse, Ein- und Ausgänge (I/O)

Stromspannung.......... 4 x AA Batt., 8-40 V DC
Stromaufnahme.. k.A.
Antenne......................................Intern + Extern
I/O...PC Software Kit

Weitere Merkmale in Stichworten

Handheld mit Standard-GPS-Leistungen und guten Display-Eigenschaften. Datenbank: Amerika komplett, Atlantik, International, Pazifik international. Batterielebensdauer 15 h. Komplett mit Cockpit-Montagematerial.

Garmin
GPS 95 XL

Bauart

GPS-REC-HANDHELD mit umfangreichen grafischen Darstellungsmöglichkeiten.

Abmessungen, Gewicht, Betriebsgrenzen

Maße B x H x T mm......................81 x 125 x 38
Gewicht g 500
Max. Betriebstemperatur ° C........................+70
Max. Betriebshöhe ft .... k.A.

Empfänger

Kanäle / Frequenz, Code ...... 8 / L1, C/A-Code
SAT-Tracking ....Parallel, MultiTrac8 (TM)
SAT-Akq. sec / Akt. sec .... 120 / 1
2D-Position (mit SA) m..........................+/-100
Dynamik kt / G .... 999 / 3
DGPS Empfänger.. k.A.

Display

Technologie ....Mono-LCD
B x H mm oder Pixel...................... Punktmatrix
Zeilen / Zeichen je Zeile .... k.A.

Datenbank

Intern oder Datacard .... Jeppesen intern
Updates durch .... Anwender
Updates mit .... PC
User-Routen mit / Waypoints .... 20 / 30
User-Waypoints 500

Anschlüsse, Ein- und Ausgänge (I/O)

Stromspannung .... 4 x AA Batt., 5-40 V DC
Stromaufnahme .... k.A.
Antenne .... Intern + Extern
I/O .... NMEA 0180-0183, PC

Weitere Merkmale in Stichworten

Handheld mit Standard-GPS-Leistungen und guten Display-Eigenschaften. Wählbare Datenbank: Amerika komplett oder International. Batterielebensdauer 4 h. Komplett mit Cockpit-Montagematerial.

96

Garmin
GPSCOM 190

Bauart

GPS-REC-HANDHELD mit integriertem
Sprechfunkgerät (760 Kanäle).

Abmessungen, Gewicht, Betriebsgrenzen

Maße B x H x T mm ....58 x 180 x 36
Gewicht g 630
Max. Betriebstemperatur ° C ....+70
Max. Betriebshöhe ft .... k.A.

Empfänger

Kanäle / Frequenz, Code .... 12 / L1, C/A-Code
SAT-Tracking .... Parallel, PhaseTrac12 (TM)
SAT-Akq. sec / Akt. sec .... 45 / 1
2D-Position (mit SA) m .... +/-100
Dynamik kt / G .... k.A.
DGPS Empfänger .... k.A.

Display

Technologie ....Mono-LCD
B x H mm oder Pixel.............................38 x 56
Zeilen / Zeichen je Zeile .... k.A.

Datenbank

Intern oder Datacard ....Jeppesen intern
Updates durch .... Anwender
Updates mit.. PC
User-Routen mit / Waypoints .... 20 / 30
User-Waypoints 250

Anschlüsse, Ein- und Ausgänge (I/O)

Stromspannung.............. NC-Akku, 9-33 V DC
Stromaufnahme.. k.A.
Antenne ....Intern + Extern
I/O..PC Software Kit

Weitere Merkmale in Stichworten

Handheld mit komfortabler Ausstattung (COM)
und sehr guten GPS-Leistungen (Tracking von
12 Satelliten). Datenbank: Amerika komplett,
Atlantik, International, Pazifik international.
Batterielebensdauer 6-8 h. Komplett mit Cockpit-Montagematerial.

Garmin
GPSMAP 195

Bauart

GPS-REC-HANDHELD mit paralleler Auswertung von bis zu 12 Satelliten in professioneller Qualität.

Abmessungen, Gewicht, Betriebsgrenzen

Maße B x H x T mm.......................74 x 193 x 53
Gewicht g 635
Max. Betriebstemperatur ° C.........................+70
Max. Betriebshöhe ft ....k.A.

Empfänger

Kanäle / Frequenz, Code .... 12 / L1, C/A-Code
SAT-Tracking .... Parallel, PhaseTrac12 (TM)
SAT-Akq. sec / Akt. sec .... 45 / 1
2D-Position (mit SA) m..........................+/-100
Dynamik kt / G... 999 / 6
DGPS Empfänger...................................Extern

Display

Technologie ....Mono-LCD
B x H mm oder Pixel............................ 57 x 86
Zeilen / Zeichen je Zeile ....k.A.

Datenbank

Intern oder Datacard .... Jeppesen intern
Updates durch ....Anwender
Updates mit... PC
User-Routen mit / Waypoints .... 20 / 30
User-Waypoints 250

Anschlüsse, Ein- und Ausgänge (I/O)

Stromspannung.......... 6 x AA Batt., 6-40 V DC
Stromaufnahme ....k.A.
Antenne .... Intern + Extern
I/O ....NMEA 0180-0183, PC, RTCM 104

Weitere Merkmale in Stichworten

Aufwendig ausgestatteter Handheld mit sehr guten GPS-Leistungen (12-SAT-Tracking) und guten Moving Map Eigenschaften durch 4 Graustufen und hochauflösendem Bildschirm (160 x 240 Pixel) mit 10,4 cm Diagonale. Weltweite Jeppesen-Datenbank mit zusätzlichen 20-NM-Karten. Batterielebensdauer 10 h. Komplett mit Cockpit-Montagematerial.

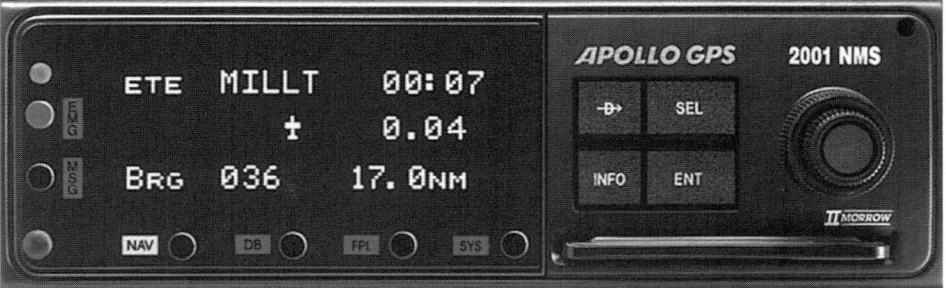

IIMorrow
Apollo 2001 GPS

Bauart

GPS-REC-Einbaugerät, in den USA für IFR-
Anflüge zugelassen.

Abmessungen, Gewicht, Betriebsgrenzen

Maße B x H x T mm ....159 x 51 x 265
Gewicht g 1.720
Max. Betriebstemperatur ° C ....+70
Max. Betriebshöhe ft ....k.A

Empfänger

Kanäle / Frequenz, Code ...... 8 / L1, C/A-Code
SAT-Tracking ....Parallel, All-In-View
SAT-Akq. sec / Akt. sec .... 60 / 1
2D-Position (mit SA) m .... +/-100
Dynamik kt / G .... 1.000 / 4
DGPS Empfänger ....Extern

Display

Technologie .... LED
B x H mm oder Pixel ....k.a.
Zeilen / Zeichen je Zeile .... 3 / 16

Datenbank

Intern oder Datacard........... Flybrary Database
Updates durch................................... Anwender
Updates mit .... Database-Card
User-Routen mit / Waypoints.............. 10 / 21
User-Waypoints..500

Anschlüsse, Ein- und Ausgänge (I/O)

Stromspannung ....10-40 V DC
Stromaufnahme....................................... 12 W
Antenne... Extern
I/O .... ARINC 429, RS232, CDI, HSI

Weitere Merkmale in Stichworten

In den USA als IFR-Einbaugerät zugelassener
leistungsfähiger Empfänger mit guten GPS-Leistungen und leichter Bedienbarkeit. Anschließ-
bare externe Moving Map Displays. Externe
Sensoren für Flugdatenberechnungen (Treibstoff, Wind, Höhe usw.) sind am integrierten
NAVNET-Bus anschließbar.

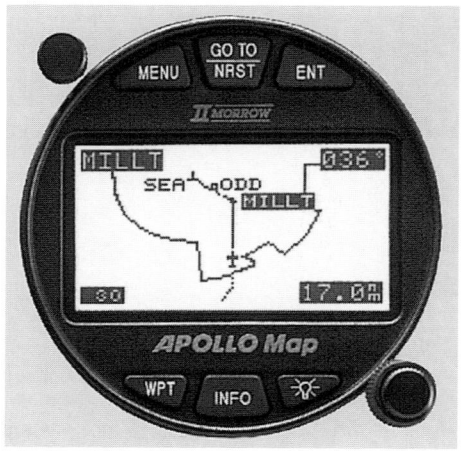

IIMorrow
Apollo 360 MAP

Bauart

GPS-REC-Einbaugerät mit rundem Anzeige- und Bedienfeld.

Abmessungen, Gewicht, Betriebsgrenzen

Maße B x H x T mm	85 x 85 x 204
Gewicht g	1.360
Max. Betriebstemperatur ° C	+55
Max. Betriebshöhe ft	55.000

Empfänger

Kanäle / Frequenz, Code	6 / L1, C/A-Code
SAT-Tracking	Parallel
SAT-Akq. sec / Akt. sec	40 / 1
2D-Position (mit SA) m	+/-100
Dynamik kt / G	600 / 4
DGPS Empfänger	k.A.

Display

Technologie	Mono-LCD
B x H mm oder Pixel	128 x 64 Pixel
Zeilen / Zeichen je Zeile	k.A.

Datenbank

Intern oder Datacard	Intern
Updates durch	Anwender
Updates mit	PC
User-Routen mit / Waypoints	20 / 30
User-Waypoints	2.000

Anschlüsse, Ein- und Ausgänge (I/O)

Stromspannung	10-40 V DC
Stromaufnahme	3 W
Antenne	Extern
I/O	NMEA 0183, RS232, PC, CDI

Weitere Merkmale in Stichworten

Besondere Merkmale gegenüber anderen Empfängern sind die in einem runden Bedienfeld (79 mm Durchmesser) untergebrachte Anzeige und Bedientasten. Platzsparende, kleine Einbaumaße. Datenbank-Updates liefert IIMorrow als Disketten, Updates per portablem PC über RS232 direkt im Flugzeug.

IIMorrow
SL60 Comm/GPS

Bauart

GPS-REC-Einbaugerät in kompakter, schmaler Bauweise mit integriertem 8-W-Sprechfunkgerät (760 Kanäle).

Abmessungen, Gewicht, Betriebsgrenzen

Maße B x H x T mm	159 x 33 x 291
Gewicht g	1.270
Max. Betriebstemperatur ° C	+55
Max. Betriebshöhe ft	35.000

Empfänger

Kanäle / Frequenz, Code	8 / L1, C/A-Code
SAT-Tracking	Parallel
SAT-Akq. sec / Akt. sec	55 / 1
2D-Position (mit SA) m	+/-100
Dynamik kt / G	1.000 / 4
DGPS Empfänger	k.A.

Display

Technologie	LED
B x H mm oder Pixel	k.A.
Zeilen / Zeichen je Zeile	1 / 32

Datenbank

Intern oder Datacard	Intern
Updates durch	Anwender
Updates mit	PC
User-Routen mit / Waypoints	10 / 20
User-Waypoints	200

Anschlüsse, Ein- und Ausgänge (I/O)

Stromspannung	10-40 V DC
Stromaufnahme	8,4 W
Antenne	Extern
I/O	2 x RS232, CDI

Weitere Merkmale in Stichworten

Ausstattung und Leistung wie das Modell SL50 (in den Portraits nicht vorgestellt), das ohne integriertes Sprechfunkgerät geliefert wird. Einfache Bedienung und Bauweise nach TSO C129 ermöglichen problemlose Enroute- und Flughafen-Nahbereichs-Flüge. COM-Flip-Flop-Schaltung für Monitoring von 2 Frequenzen.

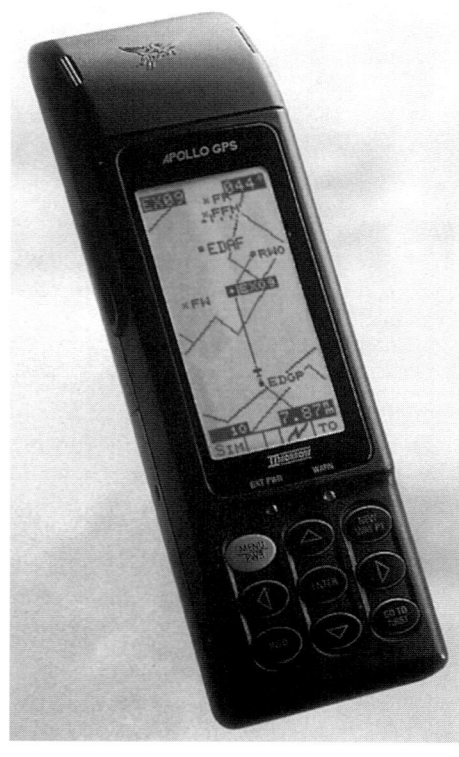

IIMorrow
Apollo Precedus

Bauart

GPS-REC-HANDHELD mit geringem Gewicht, hochauflösendem Display und umfangreichen Features.

Abmessungen, Gewicht, Betriebsgrenzen

Maße B x H x T mm	56 x 190 x 38
Gewicht g	481
Max. Betriebstemperatur ° C	+60
Max. Betriebshöhe ft	40.000

Empfänger

Kanäle / Frequenz, Code	8 / L1, C/A-Code
SAT-Tracking	Parallel
SAT-Akq. sec / Akt. sec	30 / 1
2D-Position (mit SA) m	+/-100
Dynamik kt / G	600 / k.A.
DGPS Empfänger	Extern

Display

Technologie	Mono-LCD
B x H mm oder Pixel	80 x 160
Zeilen / Zeichen je Zeile	k.A.

Datenbank

Intern oder Datacard	Intern
Updates durch	Anwender
Updates mit	PC
User-Routen mit / Waypoints	k.A. / k.A.
User-Waypoints	1.000

Anschlüsse, Ein- und Ausgänge (I/O)

Stromspannung	6,2 V DC, 10-32 V DC
Stromaufnahme	k.A.
Antenne	Intern + Extern
I/O	NMEA 0183, RS232, PC, RTCM SC 104

Weitere Merkmale in Stichworten

Leistungsstarker Handheld mit DGPS-Eingang. 74 x 40 mm Display mit unterschiedlich einstellbaren Zeichengrößen. NAV-Seiten Anwenderdefinierbar. Automatischer Approach-Monitor. 6 wählbare Einsatzbereiche (Luftfahrt, Simulation, Landverkehr, Marine, Wandern, Überwachung). EB6 Flugdatenrechner. Batterielebensdauer 4 h (wiederaufladbar), externe Stromversorgung.

Klatt
Navimat

Bauart

MOVING MAP DISPLAY (PSION Organizer 3c)
mit externem GPS-REC oder GPS-SENS.

Abmessungen, Gewicht, Betriebsgrenzen

Maße B x H x T mm (zugeklappt) 165 x 22 x 85
Gewicht g 275
Max. Betriebstemperatur ° C ....k.A.
Max. Betriebshöhe ft................................. k.A.

Empfänger

Kanäle / Frequenz, Code .... GPS-REC
SAT-Tracking................................... GPS-REC
SAT-Akq. sec / Akt. sec .... GPS-REC
2D-Position (mit SA) m .... GPS-REC
Dynamik kt / G.................................GPS-REC
DGPS Empfänger .... GPS-REC

Display

Technologie .... Mono-LCD
B x H mm oder Pixel................. 480 x 160 Pixel
Zeilen / Zeichen je Zeile .... 17 / 80

Datenbank

Intern oder Datacard...............Jeppesen intern
Updates durch.................................. Anwender
Updates mit ....Flash Speicher Disc
User-Routen mit / Waypoints........... k.A. / k.A.
User-Waypoints...k.A.

Anschlüsse, Ein- und Ausgänge (I/O)

Stromspannung ....2 x AA Batterien
Stromaufnahme...k.A.
Antenne.. Extern
I/O RS232

Weitere Merkmale in Stichworten

Das Flugplanungs- und Navigationsprogramm
Navimat ist in einem PSION-Organizer installiert. Grundlage der Navigationsberechnungen
ist eine spezielle Jeppesen-Datenbank auf
wechselbaren Flash-Solid-State-Disc. NAV-
Daten über die RS232 Schnittstelle z.B. im
NMEA 0183 Format von beliebigem GPS-REC
oder GPS-Sensor. Flugtypische Zusatz-Soft-
ware im Programm-Umfang enthalten. Batterielebensdauer 80 h.

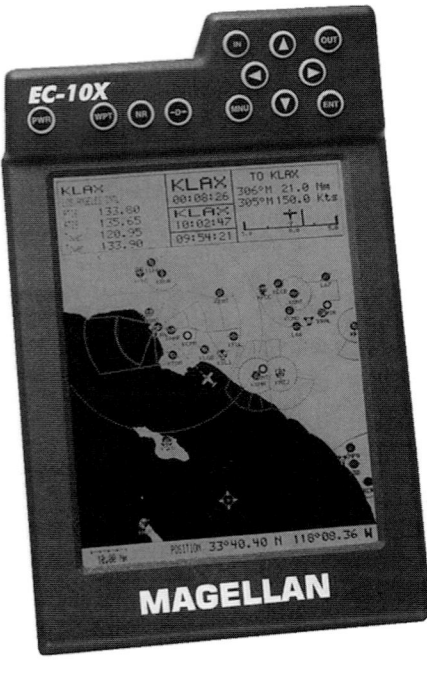

Magellan
EC-10 X

Bauart

MOVING MAP DISPLAY mit großem LCD-Bildschirm und kartografischen Eigenschaften.

Abmessungen, Gewicht, Betriebsgrenzen

Maße B x H x T mm	152 x 239 x 38
Gewicht g	964
Max. Betriebstemperatur ° C	+55
Max. Betriebshöhe ft	k.A.

Empfänger

Kanäle / Frequenz, Code	12 / L1, C/A-Code
SAT-Tracking	Parallel, Allview (TM)
SAT-Akq. sec / Akt. sec	55 / 1
2D-Position (mit SA) m	+/-100
Dynamik kt / G	825 / 2
DGPS Empfänger	k.A.

Display

Technologie	Mono-LCD
B x H mm oder Pixel	480 x 680 Pixel
Zeilen / Zeichen je Zeile	k.A.

Datenbank

Intern oder Datacard	Jeppesen intern
Updates durch	Anwender
Updates mit	Datacassetten
User-Routen mit / Waypoints	k.A. / k.A.
User-Waypoints	100

Anschlüsse, Ein- und Ausgänge (I/O)

Stromspannung	10-35 V DC
Stromaufnahme	2,5 - 4 W
Antenne	Intern + Extern
I/O	Airdata, NMEA

Weitere Merkmale in Stichworten

Besonderheit: Hochauflösendes, Luftfahrt-kartografisches Display im Großformat 114 x 152 mm. Wechselbare Datenbank-Cassetten (Regional- und Kontinental) in Spezialformat. Auch für Seefahrt verwendbar. Umfangreiches Zubehör, Steuerhorn-Montage optional. Anschluß an Zigaretten-Anzünder.

Magellan
Skystar GPS

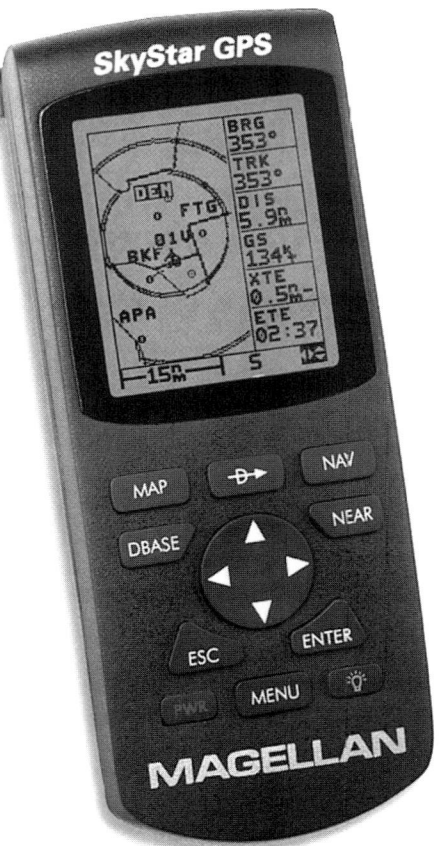

Bauart

GPS-REC-HANDHELD mit hochauflösendem Kartendisplay, geringem Gewicht und umfangreicher Ausstattung.

Abmessungen, Gewicht, Betriebsgrenzen

Maße B x H x T mm .... 64 x 159 x 38
Gewicht g 397
Max. Betriebstemperatur ° C .... +50
Max. Betriebshöhe ft .... k.a.

Empfänger

Kanäle / Frequenz, Code .... 12 / L1, C/A-Code
SAT-Tracking .... Parallel, Allview (TM)
SAT-Akq. sec / Akt. sec .... 55 / 1
2D-Position (mit SA) m .... +/-100
Dynamik kt / G .... 825 / 2
DGPS Empfänger .... k.A.

Display

Technologie .... Mono-LCD
B x H mm oder Pixel .... 46 x 57
Zeilen / Zeichen je Zeile .... k.A.

Datenbank

Intern oder Datacard .... Jeppesen intern
Updates durch .... Anwender
Updates mit .... PC
User-Routen mit / Waypoints .... 20 / 20
User-Waypoints 500

Anschlüsse, Ein- und Ausgänge (I/O)

Stromspannung .... 4 x AA Batt., 9-35 V DC
Stromaufnahme .... k.A.
Antenne .... Intern + Extern
I/O .... Airdata, NMEA

Weitere Merkmale in Stichworten

Leistungsstarker, ergonomischer Handheld mit internationaler Datenbank, umfangreicher Flugplanung und Flugzeug-Management-Funktionen. 3 Anwender-definierbare NAV- und Positionsbildschirme. Umfangreiches Zubehör, Steuerhorn-Montage inklusive. Anschluß an Zigaretten-Anzünder. Batterielebensdauer 10 h.

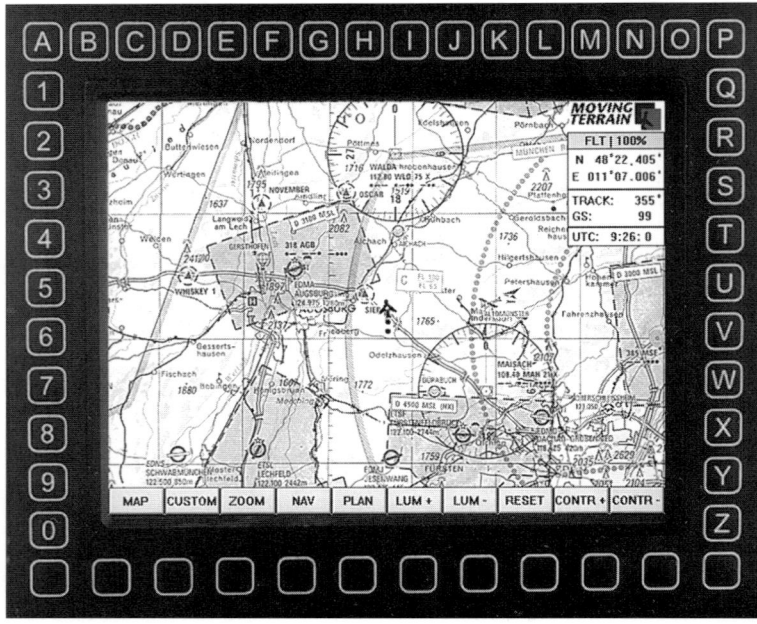

Moving Terrain
MT Cockpit

Bauart

MOVING MAP DISPLAY mit TFT-VGA-Bildschirm als Einbaugerät.

Abmessungen, Gewicht, Betriebsgrenzen

Maße B x H x T mm	158 x 185 x 80
Gewicht g	1.900
Max. Betriebstemperatur ° C	k.A.
Max. Betriebshöhe ft	k.A.

Empfänger

Kanäle / Frequenz, Code	GPS-REC
SAT-Tracking	GPS-REC
SAT-Akq. sec / Akt. sec	GPS-REC
2D-Position (mit SA) m	GPS-REC
Dynamik kt / G	GPS-REC
DGPS Empfänger	GPS-REC

Display

Technologie	Farb-TFT
B x H mm oder Pixel	165 mm Diagonale
Zeilen / Zeichen je Zeile	k.A.

Datenbank

Intern oder Datacard	Intern
Updates durch	Hersteller
Updates mit	Datenmodul
User-Routen mit / Waypoints	Unbegrenzt
User-Waypoints	Unbegrenzt

Anschlüsse, Ein- und Ausgänge (I/O)

Stromspannung	12-28 V DC
Stromaufnahme	20-30 W
Antenne	GPS-REC
I/O	2 x RS232, VGA, LPT1

Weitere Merkmale in Stichworten

Herausragende Bildschirmdarstellung, 486er Rechner mit 1,3 GB Festplatte. Sensorgesteuerter Bildschirm. Anschließbar sind die gängigsten GPS-REC mit NMEA 0132 Ausgang. Wahlweise auch mit MT-12-Kanal GPS-Empfangsteil lieferbar. Über LPT1 sind CDROM, Drucker etc. anschließbar.

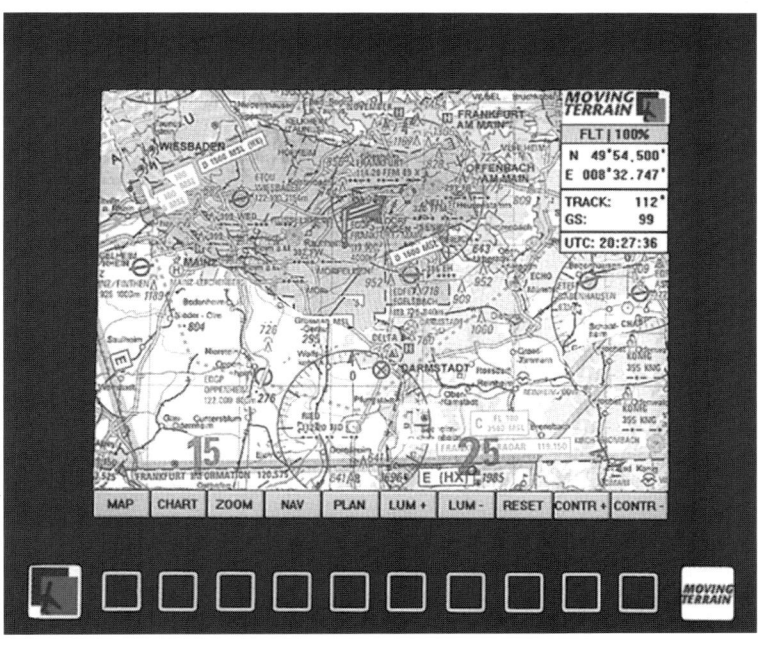

Moving Terrain
MT Multi-Mobil

Bauart

MOVING MAP DISPLAY mit TFT-VGA-Bildschirm als portables Kompaktgerät.

Abmessungen, Gewicht, Betriebsgrenzen

Maße B x H x T mm	200 x 160 x 60
Gewicht g	1.800
Max. Betriebstemperatur ° C	k.A.
Max. Betriebshöhe ft	k.A.

Empfänger

Kanäle / Frequenz, Code	GPS-REC
SAT-Tracking	GPS-REC
SAT-Akq. sec / Akt. sec	GPS-REC
2D-Position (mit SA) m	GPS-REC
Dynamik kt / G	GPS-REC
DGPS Empfänger	GPS-REC

Display

Technologie	Farb-TFT
B x H mm oder Pixel	165 mm cm Diagonale
Zeilen / Zeichen je Zeile	k.A.

Datenbank

Intern oder Datacard	Intern
Updates durch	Hersteller
Updates mit	Datenmodul
User-Routen mit / Waypoints	Unbegrenzt
User-Waypoints	Unbegrenzt

Anschlüsse, Ein- und Ausgänge (I/O)

Stromspannung	9-36 V DC
Stromaufnahme	25 W
Antenne	GPS-REC
I/O	2 x RS232, VGA, LPT1

Weitere Merkmale in Stichworten

Herausragende Bildschirmdarstellung, 486er Rechner mit 1,3 GB Festplatte. Sensorgesteuerter Bildschirm. Anschließbar sind die gängigsten GPS-REC mit NMEA 0132 Ausgang. Wahlweise auch mit MT-12-Kanal GPS-Empfangsteil lieferbar. Über LPT1 sind CDROM, Drucker etc. anschließbar. Gerät läßt sich auch als Laptop-PC (Standard-Software und Standard-Anschlüsse) verwenden.

Northstar
GPS 60 VFR

Bauart

GPS-REC-Einbaugerät in einfachem, übersichtlichem Anzeige/Bedienteil-Layout.

Abmessungen, Gewicht, Betriebsgrenzen

Maße B x H x T mm................... 159 x 60 x 292
Gewicht g...2.040
Max. Betriebstemperatur ° C........................ +75
Max. Betriebshöhe ft ....k.A.

Empfänger

Kanäle / Frequenz, Code .... 12 / L1, C/A-Code
SAT-Tracking...Parall
SAT-Akq. sec / Akt. sec............................60 /1
2D-Position (mit SA) m..........................+/-100
Dynamik kt / G..972 / 3
DGPS Empfänger.......................................k.A.

Display

Technologie...LED
B x H mm oder Pixel ....k.A.
Zeilen / Zeichen je Zeile...........................1 / 32

Datenbank

Intern oder Datacard ....Jeppesen, FliteCard
Updates durch ....Hersteller
Updates mit..FliteCard
User-Routen mit / Waypoints ....20 / k.A.
User-Waypoints 250

Anschlüsse, Ein- und Ausgänge (I/O)

Stromspannung........................... 10-36 V DC
Stromaufnahme ....14 W
Antenne ....Extern
I/O RS422, RS485

Weitere Merkmale in Stichworten

Robust ausgelegtes Gerät mit klarem Bedienungsaufbau und einzeiligem LED-Display. Anschlußmöglichkeiten für CDI, Autopilot, Moving Maps; Standard RS232/RS422 entsprechende Schnittstellen. Geeignet für normale VFR-Navigation ohne Ansprüche auf grafische Positions- und Kursangaben.

Northstar
M3 IFR GPS

Bauart

GPS-REC-Einbaugerät mit US-IFR-Enroute,-
Terminal, Non-Precision-Approach-Zulassung.

Abmessungen, Gewicht, Betriebsgrenzen

Maße B x H x T mm	159 x 60 x 292
Gewicht g	1.900
Max. Betriebstemperatur ° C	+75
Max. Betriebshöhe ft	k.A.

Empfänger

Kanäle / Frequenz, Code	12 / L1, C/A-Code
SAT-Tracking	Parallel
SAT-Akq. sec / Akt. sec	60 / 1
2D-Position (mit SA) m	+/-100
Dynamik kt / G	800 / 2,5
DGPS Empfänger	k.A.

Display

Technologie	LED
B x H mm oder Pixel	k.A.
Zeilen / Zeichen je Zeile	1 / 32

Datenbank

Intern oder Datacard	Jeppesen, FliteCard
Updates durch	Hersteller
Updates mit	FliteCard
User-Routen mit / Waypoints	20 / k.A.
User-Waypoints	250

Anschlüsse, Ein- und Ausgänge (I/O)

Stromspannung	10-35
Stromaufnahme	1,5 A
Antenne	Extern
I/O	RS422, RS485

Weitere Merkmale in Stichworten

Robust ausgelegtes Gerät mit klarem Bedienungsaufbau und einzeiligem LED-Display. Anschlußmöglichkeiten für CDI, Autopilot, Moving Maps; Standard RS232/RS422 entsprechende Schnittstellen. Geeignet für normale VFR/IFR-Navigation ohne Ansprüche auf grafische Positions- und Kursangaben. Automatische Approaches ohne manuelle Korrekturunterbrechung.

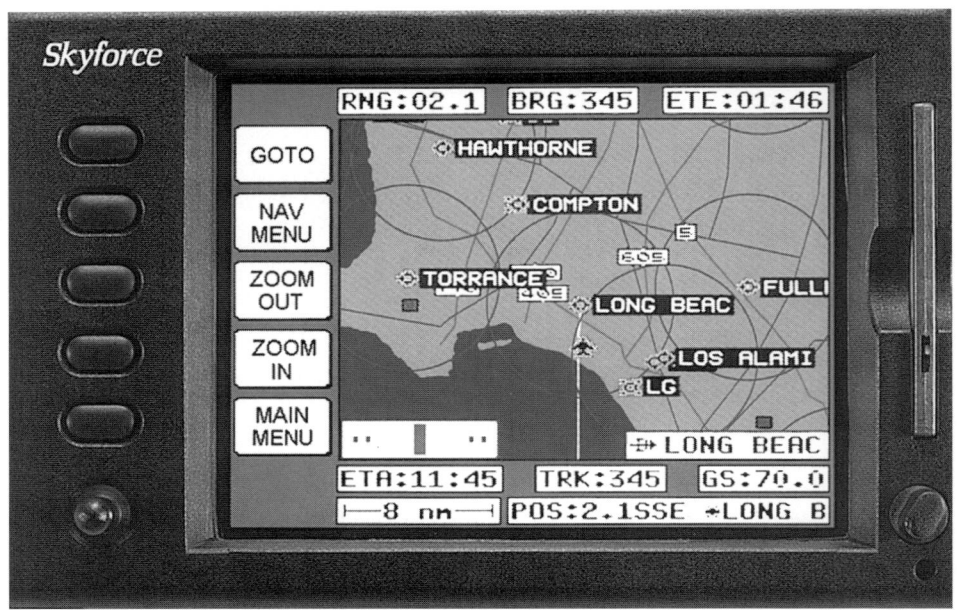

Skyforce
Skymap II

Bauart

MOVING MAP DISPLAY als Einbaugerät mit
Farbbildschirm mit GPS-REC (Colour Skymap).

Abmessungen, Gewicht, Betriebsgrenzen

Maße B x H x T mm .... 158 x 101 x 175
Gewicht g 1.500
Max. Betriebstemperatur ° C .... +65
Max. Betriebshöhe ft .... k.A.

Empfänger

Kanäle / Frequenz, Code ...... 8 / L1, C/A-Code
SAT-Tracking .... Parallel
SAT-Akq. sec / Akt. sec .... 43 / 1,5
2D-Position (mit SA) m .... +/-100
Dynamik kt / G .... E
DGPS Empfänger .... Extern

Display

Technologie .... Farb-TFT
B x H mm oder Pixel .... 127 mm Diagonale
Zeilen / Zeichen je Zeile .... k.A.

Datenbank

Intern oder Datacard .... Jeppesen intern
Updates durch .... Hersteller
Updates mit .... Card
User-Routen mit / Waypoints .... 99 / 99
User-Waypoints 500

Anschlüsse, Ein- und Ausgänge (I/O)

Stromspannung .... 10-33 V DC
Stromaufnahme .... 10 W
Antenne .... Extern
I/O .... RS232, RTCM 104, NMEA 0183

Weitere Merkmale in Stichworten

Vorgestellt ist hier der Colour Skymap, den es
auch als S/W-Version mit LCD-Display, aber
sonst identischen Leistungswerten gibt (Skymap II). Herausragend ist der brilliante TFT-
Bildschirm, der variabel teilbar ist (z.B. NAV-
Mode mit Data-Bars und HSI). Die Bildschirm-
Anzeige kann bis zu 180 Grad als Hochformat-
Display gedreht werden. Anschließbar ist auch
ein Autopilot. Im Database-Update sind Skyforce-Software-Updates enthalten.

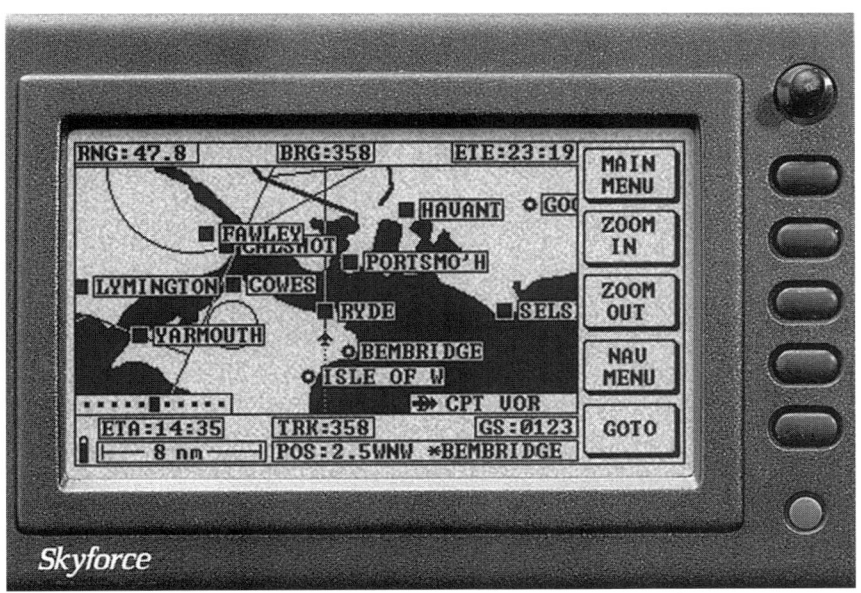

Skyforce
Tracker II

Bauart

MOVING MAP DISPLAY als Handheld/Einbau-
gerät mit S/W-Bildschirm ohne GPS-REC.

Abmessungen, Gewicht, Betriebsgrenzen

Maße B x H x T mm	158 x 115 x 35
Gewicht g	650
Max. Betriebstemperatur ° C	+70
Max. Betriebshöhe ft	k.A.

Empfänger

Kanäle / Frequenz, Code	GPS-REC
SAT-Tracking	GPS-REC
SAT-Akq. sec / Akt. sec	GPS-REC
2D-Position (mit SA) m	GPS-REC
Dynamik kt / G	GPS-REC
DGPS Empfänger	GPS-REC

Display

Technologie	Mono-LCD
B x H mm oder Pixel	127 mm Diagonale
Zeilen / Zeichen je Zeile	k.A.

Datenbank

Intern oder Datacard	Jeppesen intern
Updates durch	Hersteller
Updates mit	Card
User-Routen mit / Waypoints	99 / 99
User-Waypoints	500

Anschlüsse, Ein- und Ausgänge (I/O)

Stromspannung	6 x AA Batt., 10-33 V DC
Stromaufnahme	3 W
Antenne	GPS-REC
I/O	RS232, RS422, NMEA 0183

Weitere Merkmale in Stichworten

An den Tracker II sind verschiedene GPS-REC
anschließbar. DGPS ist nur in Verbindung mit
einem GPS/DGPS-REC möglich, da kein
RTCM 104 Eingang vorhanden ist. Die Bild-
schirm-Anzeige kann bis zu 180 Grad als Hoch-
format-Display gedreht werden. Im Database-
Update sind Skyforce-Software-Updates enthalten. Batterielebensdauer 10 h.

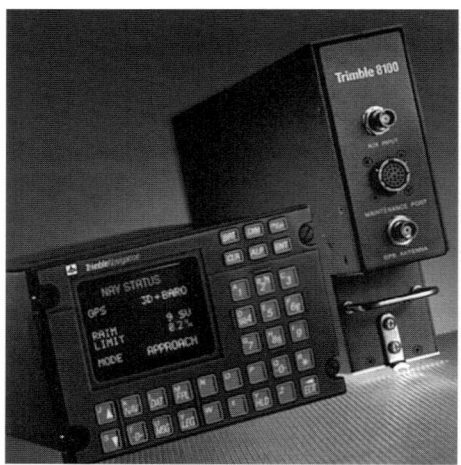

Trimble 8100

Bauart

GPS-CDU-Einbaugerät (Compact CDU) mit separater Rechnereinheit für die Business-Aviation.

Abmessungen, Gewicht, Betriebsgrenzen

Maße B x H x T mm....................203 x 95 x 146
Gewicht g 2.070
Max. Betriebstemperatur ° C........................+55
Max. Betriebshöhe ft .... k.A.

Empfänger

Kanäle / Frequenz, Code ...... 9 / L1, C/A-Code
SAT-Tracking ....Parallel, All-In-View
SAT-Akq. sec / Akt. sec .... 60 / 0,12
2D-Position (mit SA) m...........................+/-100
Dynamik kt / G .... k.A.
DGPS Empfänger...................................Extern

Display

Technologie .... k.A.
B x H mm oder Pixel............................... k.A.
Zeilen / Zeichen je Zeile .... k.A.

Datenbank

Intern oder Datacard .... Jeppesen intern
Updates durch ....Anwender
Updates mit .... ARINC 615
User-Routen mit / Waypoints .... k.A.
User-Waypoints .... k.A.

Anschlüsse, Ein- und Ausgänge (I/O)

Stromspannung...................................28 V DC
Stromaufnahme .... k.A.
Antenne ....Extern
I/O ....ARINC 429, ARINC 561/568

Weitere Merkmale in Stichworten

Professionelles GPS-NAV-Gerät mit verschiedenen CDU-Versionen für Business-Turboprops, -Jets und Airliner. Ausgänge für die Steuerung der Ruder sind ebenfalls vorhanden. Der 8100 ist auch als GPS-Empfänger für Primary-Means-Of-Navigation in den USA zugelassen.

Trimble
1000DC

Bauart

GPS-REC-Einbaugerät der mittleren Leistungsklasse für VFR-Flüge.

Abmessungen, Gewicht, Betriebsgrenzen

Maße B x H x T mm .... 159 x 51 x 274
Gewicht g 1.100
Max. Betriebstemperatur ° C .... +55
Max. Betriebshöhe ft 50.000

Empfänger

Kanäle / Frequenz, Code ...... 6 / L1, C/A-Code
SAT-Tracking .... Parallel, All-In-View
SAT-Akq. sec / Akt. sec .... 90 / k.A.
2D-Position (mit SA) m .... +/-100
Dynamik kt / G .... 800 / 4
DGPS Empfänger .... Extern

Display

Technologie .... Mono-LCD
B x H mm oder Pixel .... k.A.
Zeilen / Zeichen je Zeile .... 2 / 20

Datenbank

Intern oder Datacard .... Jeppesen Datacard
Updates durch .... Anwender
Updates mit .... Datacard
User-Routen mit / Waypoints .... 20 / 20
User-Waypoints 250

Anschlüsse, Ein- und Ausgänge (I/O)

Stromspannung .... 10-36 V DC
Stromaufnahme .... 5-28 W
Antenne .... Extern
I/O .... RS422, CDI

Weitere Merkmale in Stichworten

GPS-REC mit einfacher Ausstattung und für
diesen Standard üblichem LCD-Display. Extern
können Moving Maps und Airdata-Sensoren
angeschlossen werden. Geeignet für normale
VFR-Navigation ohne Ansprüche auf grafische
Positions- und Kursangaben.

Trimble
2000 Approach

Bauart

GPS-REC-Einbaugerät. LBA-zugelassen für IFR-Flüge. B-RNAV-Zulassung beantragt.

Abmessungen, Gewicht, Betriebsgrenzen

Maße B x H x T mm	159 x 51 x 274
Gewicht g	1.240
Max. Betriebstemperatur ° C	+55
Max. Betriebshöhe ft	50.000

Empfänger

Kanäle / Frequenz, Code	9 / L1, C/A-Code
SAT-Tracking	Parallel, All-In-View
SAT-Akq. sec / Akt. sec	90 / 0,12
2D-Position (mit SA) m	+/-100
Dynamik kt / G	800 / 4
DGPS Empfänger	Extern

Display

Technologie	LED
B x H mm oder Pixel	Punktmatrix
Zeilen / Zeichen je Zeile	2 / 20

Datenbank

Intern oder Datacard	Jeppesen Datacard
Updates durch	Anwender
Updates mit	Datacard
User-Routen mit / Waypoints	40 / 40
User-Waypoints	400

Anschlüsse, Ein- und Ausgänge (I/O)

Stromspannung	10-32 V DC
Stromaufnahme	12 W
Antenne	Extern
I/O	RS422, CDI

Weitere Merkmale in Stichworten

GPS-REC mit guter Ausstattung und gegenüber LCD deutlich besser ablesbarem LED-Display. Automatische RAIM-Prozedur mit RAIM-Vorhersage für den Approach-Zeitpunkt. Mit einem angeschlossenen Airdata-Rechner können dessen Daten auf dem LED-Bildschirm ausgegeben werden.

Trimble
2000 Approach Plus

Bauart

GPS-REC-Einbaugerät. IFR- und B-RNAV-Zulassung beantragt.

Abmessungen, Gewicht, Betriebsgrenzen

Maße B x H x T mm ....159 x 51 x 274
Gewicht g 920
Max. Betriebstemperatur ° C ....+55
Max. Betriebshöhe ft............................ 50.000

Empfänger

Kanäle / Frequenz, Code .... 12 / L1, C/A-Code
SAT-Tracking ....Parallel, All-In-View
SAT-Akq. sec / Akt. sec .... 90 / 0,12
2D-Position (mit SA) m ....+/-100
Dynamik kt / G.......................... 800 / 4
DGPS Empfänger ....Extern

Display

Technologie .... LED
B x H mm oder Pixel...................... Punktmatrix
Zeilen / Zeichen je Zeile .... 2 / 20

Datenbank

Intern oder Datacard......... Jeppesen Datacard
Updates durch.................................. Anwender
Updates mit .... Datacard
User-Routen mit / Waypoints...............40 / 40
User-Waypoints...400

Anschlüsse, Ein- und Ausgänge (I/O)

Stromspannung ....10-32 V DC
Stromaufnahme... 12 W
Antenne... Extern
I/O .... RS422, CDI

Weitere Merkmale in Stichworten

GPS-REC mit guter Ausstattung und gegenüber LCD deutlich besser ablesbarem LED-Display. Automatische RAIM-Prozedur mit RAIM-Vorhersage für den Approach-Zeitpunkt. Vorbereitet für europäisches B-RNAV-Verfahren. Mit einem angeschlossenen Airdata-Rechner können dessen Daten auf dem LED-Bildschirm ausgegeben werden. Über den Datacard-Einschub sind auch Software-Updates für künftige GPS-Erweiterungen möglich.

Trimble
2000A

Bauart

GPS-REC-Einbaugerät der mittleren Leistungsklasse für VFR-Flüge.

Abmessungen, Gewicht, Betriebsgrenzen

Maße B x H x T mm .... 159 x 51 x 274
Gewicht g 1.240
Max. Betriebstemperatur ° C .... +55
Max. Betriebshöhe ft 50.000

Empfänger

Kanäle / Frequenz, Code ...... 6 / L1, C/A-Code
SAT-Tracking .... Parallel, All-In-View
SAT-Akq. sec / Akt. sec .... 90 / 1
2D-Position (mit SA) m .... +/-100
Dynamik kt / G .... 800 / 4
DGPS Empfänger .... Extern

Display

Technologie .... LED
B x H mm oder Pixel .... Punktmatrix
Zeilen / Zeichen je Zeile .... 2 / 20

Datenbank

Intern oder Datacard .... Jeppesen Datacard
Updates durch .... Anwender
Updates mit .... Datacard
User-Routen mit / Waypoints .... 20 / 20
User-Waypoints 250

Anschlüsse, Ein- und Ausgänge (I/O)

Stromspannung .... 10-32 V DC
Stromaufnahme .... k.A.
Antenne .... Extern
I/O .... RS422, CDI

Weitere Merkmale in Stichworten

GPS-REC für VFR-Flüge mit einfacherer Ausstattung als die IFR-zugelassenen 2000 Approach und 2000 Approach Plus. Extern können
Moving Maps und Airdata-Sensoren angeschlossen werden. Geeignet für normale VFR-Navigation ohne Ansprüche auf grafische Positions-
und Kursangaben.

Trimble
2101 I/O Approach Plus

Bauart

GPS-REC-Einbaugerät. LBA-zugelassen für
IFR-Flüge. B-RNAV-Zulassung beantragt.

Abmessungen, Gewicht, Betriebsgrenzen

Maße B x H x T mm	146 x 76 x 197
Gewicht g	1.480
Max. Betriebstemperatur ° C	+70
Max. Betriebshöhe ft	50.000

Empfänger

Kanäle / Frequenz, Code	12 / L1, C/A-Code
SAT-Tracking	Parallel, All-In-View
SAT-Akq. sec / Akt. sec	90 / 0,12
2D-Position (mit SA) m	+/-100
Dynamik kt / G	800 / 4
DGPS Empfänger	Extern

Display

Technologie	LED
B x H mm oder Pixel	Punktmatrix
Zeilen / Zeichen je Zeile	2 / 20

Datenbank

Intern oder Datacard	Jeppesen Datacard
Updates durch	Anwender
Updates mit	Datacard
User-Routen mit / Waypoints	40 / 40
User-Waypoints	400

Anschlüsse, Ein- und Ausgänge (I/O)

Stromspannung	10-32 V DC
Stromaufnahme	32 W
Antenne	Extern
I/O	ARINC 407, 429, 545, 565, RS232

Weitere Merkmale in Stichworten

GPS-REC mit guter Ausstattung und gegenüber LCD deutlich besser ablesbarem LED-
Display. Automatische RAIM-Prozedur mit
RAIM-Vorhersage für den Approach-Zeitpunkt.
Vorbereitet für europäisches B-RNAV-Verfahren. Viele Daten-Ein- und Ausgänge für Peripheriegeräte und Sensoren. Besondere Abschirmung gegenüber COM-Störanfälligkeit.

NavPak-Flugplanungssystem von Trimble für die GPS-Empfänger TNL 1000, 2000A u.a. aus der Trimble-GPS-Empfängerserie. NavPak ermöglicht es dem Anwender, die Card Database Navigator für die TNL-Serie mit individuellen Daten (Waypoints, Flugpläne etc.) zu programmieren. Die Daten werden am PC auf eine RAM Data Card überspielt, die anschließend zum Daten-Upload in den TNL-GPS-Receiver eingeschoben wird (Quelle: Trimble).

Flugdurchführung, Display-Darstellungen und Software-Leistungsmerkmale

Auf den nächsten Seiten sind anhand der jeweiligen Bildschirmseiten beispielhaft Flugdurchführungen, Displayseiten und Software-Leistungsmerkmale dargestellt:

- Flug mit dem Eventide Argus 5000
- Displayseiten Skyforce Skymap II
- Displayseiten IIMorrow Apollo Precedus
- Auszüge aus den Software-Leistungsmerkmalen des IIMorrow Apollo Precedus mit Texten und Screenshots sowie die gesamten Leistungsmerkmale des Apollo Precedus in Stichworten

Alle Darstellungen sind Auszüge aus den Leistungsdaten dieser GPS-Empfänger. Sie sollen einen Überblick in die Leistungsfähigkeit und den Display-Aufbau der heutigen GPS-Empfänger-Generation vermitteln.

Hinweise zu den Leistungsdaten-Auszügen des IIMorrow Apollo Precedus:

- Seite 134: *Karteneinstellungen* und *Misc Setup* (Setup für verschiedene Einstellungen)
- Seite 135: *Jepp Wpts* (Jeppesen Waypoints) und *Jepp Airspace* (Jeppesen Lufträume)
- Seite 136: *Benutzer-Wegpunkte* und *Straßen-Daten*
- Seite 137: *Städte-Wegpunkte*
- Seite 138: *3-D-Luftraumansicht*
- Seite 139: *Benutzerdefinierte Wegpunkte (Radial und Entfernung)*
- Seite 140: *Erweiterte Routeninformationen*
- Seite 141: *General Info* (Allg. Informationen), *Datenbanken* und *System Info*

- Seite 142: *Erweiterte Zoom- und Schwenkfunktionen* und *Direkt zu einem Wegpunkt im Kartenschwenk-Modus*
- Seite 143: *Erstellen eines Wegpunktes im Kartenschwenk-Modus, Info, Anflug/Abflug-Frequenzen* und *Sonnenaufgang/Sonnenuntergang-Rechner*
- Seite 144: *E6B* (Integrierter Rechner zur Flugdaten-Berechnung wie z.B. TAS, Treibstoffverbauch, Dichtehöhe etc.) und *Dichtehöhe*
- Seite 145: *Wahre Geschwindigkeit*
- Seite 146: *Windrichtung/-geschwindigkeit und Gegenwind* und *Treibstoffverbrauch*
- Seite 147: *Checkliste* (vorprogrammiert) und *Erstellen einer neuen Checkliste* (benutzerdefiniert)
- Seite 148: *Bearbeiten einer existierenden Checkliste*

Beispiel für eine Flugdurchführung mit dem Eventide Argus 5000

Auf den folgenden Anzeigen des Moving Map Displays Eventide Argus 5000 ist der Flugablauf von Minneapolis-St. Paul (MSP) nach Wittman Regional Airport in Oshkosh (OSH) dargestellt. Der Argus ist in diesem Beispiel mit der Eventide FlightPlan-Plus-Software ausgestattet, mit der die Kurs- und Positionsdaten eines angeschlossenen GPS-Sensors ausgewertet und angezeigt werden. Die Daten der Flugplätze und der NAV-Anlagen stammen aus der integrierten, updatefähigen Eventide-USA-Datenbank. Internationale Datenbanken sind verfügbar.

Bei der Auswahl des GPS-Sensors kann auf preiswerte Modelle ohne aufwendige Ausstattung zurückgegriffen werden, da Datenbank und Software bereits integriert sind. Der Argus 5000 ist mit vielen der auf dem Markt erhältlichen GPS-Geräte von Trimble, Garmin, IIMorrow usw. kompatibel.

Die Vorteile einer in GPS-Sensor und Display/Rechner getrennten NAV-Einheit sind im wesentlichen die bessere Bildschirmdarstellung, die Anschlußmöglichkeit weiterer NAV-Sensoren sowie die grafischen Darstellungsmöglichkeiten konventioneller NAV-Sensoren wie ADF, RMI etc.

Der Bildschirm des Argus 5000 hat effektiv eine Breite von 4,37 cm und eine Höhe von 5,79 cm. Die Display-Darstellungen auf den folgenden Seiten sind leicht vergrößert.

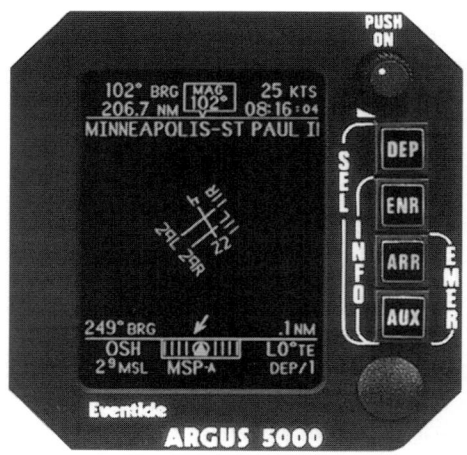

DISPLAY 01
Vor dem Start zeigt der Bildschirm den Peil-Modus von Minneapolis-St.Paul (MSP) mit der Lage der Start-/Landebahnen.

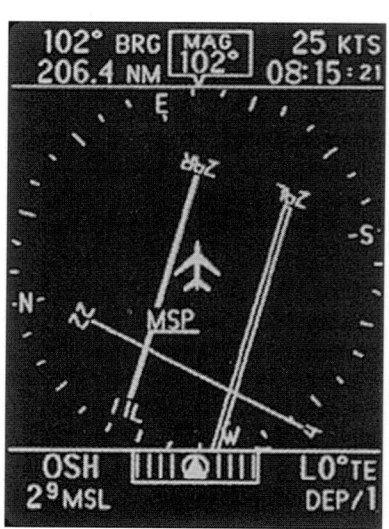

DISPLAY 02
Beim Start wird der DEParture-Modus (Abflug) gewählt. Angezeigt wird die eigene Position auf dem Flughafen. Eine Kompaß-rose mit dem mißweisenden Kurs (MAG) wird bei angeschlossenem Kompaß-Sensor

(Fernkompaß) eingeblendet.
Im oberen Anzeigebereich sind außerdem
die Peilung, die Entfernung zum gewählten
Waypoint und die Geschwindigkeit über
Grund zu sehen. Der untere Bereich zeigt
die Waypoint-Kennung, einen analogen oder
digitalen CDI, die Hindernisfreigrenze, den
aktiven Display-Modus und die Kursabwei-
chung (wahlweise ein digitales ADF) an.

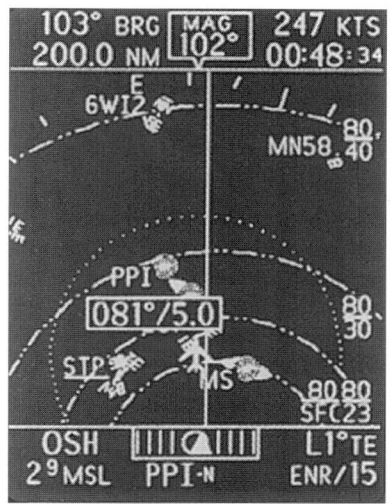

04

DISPLAY 04
Nach dem Start wird der ENroute-Modus
eingestellt. Angezeigt wird der Kurs und in
diesem Fall der Luftraum Klasse B mit Ober-
und Untergrenzen.

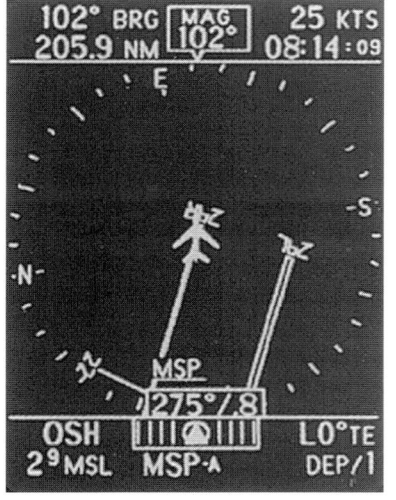

03

DISPLAY 03
Angezeigt wird die Position kurz vor der
Start-/Landebahn 11/29R. In diesem DEP-
Modus-Display wurde MSP mit der Anzeige
der Peilung und der Entfernung des Flug-
zeuges zum Flughafen gewählt (SEL). Durch
Drücken der SEL-Tasten kann man immer
die Peilung (oder das Radial) und die Ent-
fernung zu einem Waypoint oder einer NAV-
Station (z.B. zu einer VOR) anzeigen lassen.

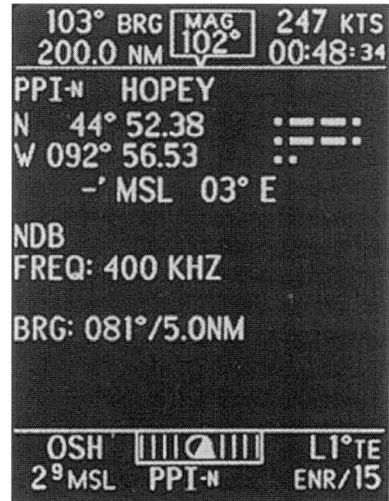

05

DISPLAY 05
Über jede NAV-Einrichtung können Details
abgerufen werden. Hier werden die Daten
z.B. von Hopey NDB (PPI) angezeigt.

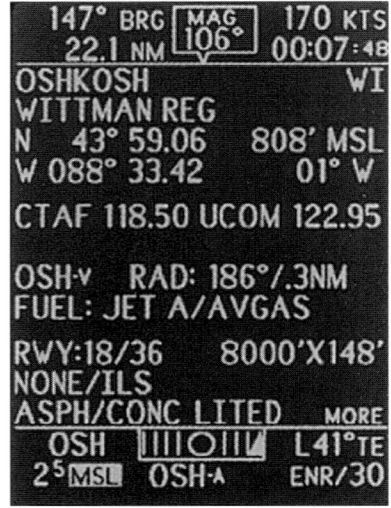

DISPLAY 06
Auf dieser ENroute-Anzeige während des Fluges ist ein militärisches Sperrgebiet (MOA, Military Operations Area) zu sehen. Alle besonderen Fluggebiete bis auf Sperrgebiete können aus der Kartendarstellung ausgeblendet werden.

DISPLAYS 07 und 08
Beim Anflug auf Oshkosh werden aus der Datenbank des Argus Informationen über den Flughafen Wittman Regional Airport eingelesen. Das INFO-Display zeigt die Lage des Platzes, die Platzhöhe, die COM-Frequenzen, die Treibstoffversorgung, die Abmessungen der Start-/Landebahnen und einen Hinweis auf Bahnbeleuchtung. Beim ARRival-Modus (Anflug) bewegt sich das Flugzeug, die Karte bleibt unbeweglich. Im Display 8 sind die Daten der Start-/Landebahnen im Detail angegeben.

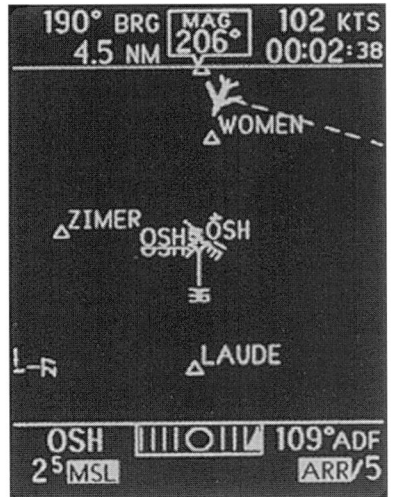

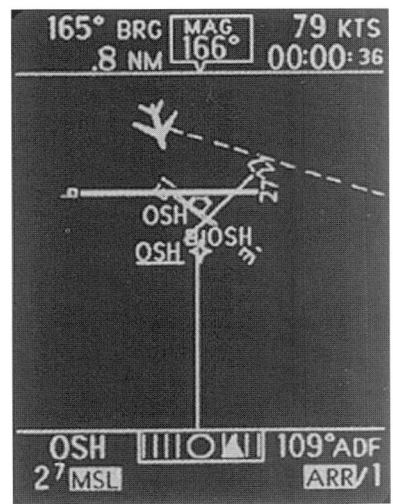

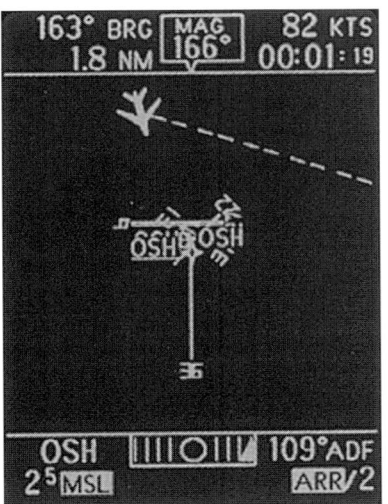

DISPLAYS 9, 10, 11
Im automatischen ARR-Modus wird der Flugplatz mit seiner Umgebung gezoomt (je nach Entfernung des Flugzeuges zum Platz). Die gestrichelte Linie ist die Peilung zum NDB. Kommen die Navigationsdaten von einem GPS-Sensor, wird rechner-intern der entsprechende GPS-Anflug ausgewählt und auf dem Display ausgegeben.

DISPLAY 12
Auf dieser Anzeige ist der EMERgency-Modus zu sehen. Angezeigt werden hier die Peilung und die Entfernung zum nächsten Flugplatz, COM-Frequenzen, Radial und Entfernung zur nächsten VOR. Nach der Eingabe von gewünschten Landebahn-Daten (Länge, Breite, Belag) werden entsprechende zivile und militärische Plätze automatisch aus der Datenbank ausgesucht.

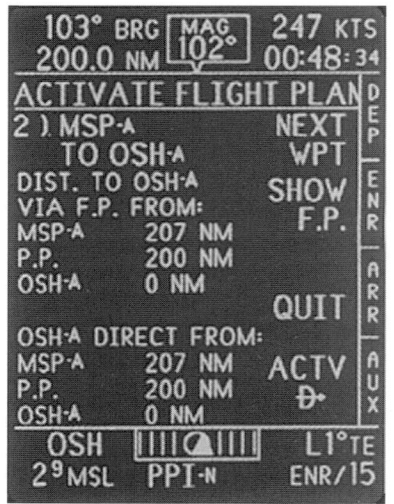

13

DISPLAY 13

Bei Ausstattung des Argus mit der Flight-PlanPlus-Option können die Flugplandaten auf dem Display angezeigt werden. Der SHOW-DIST-Modus zeigt die gesamte Flug-distanz, die Entfernung zum Ziel von der momentanen Flugzeugposition aus und die Entfernung vom gewählten Waypoint zum Ziel an.

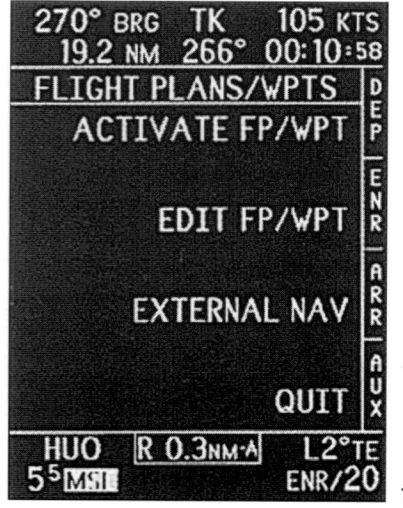

14

15

16

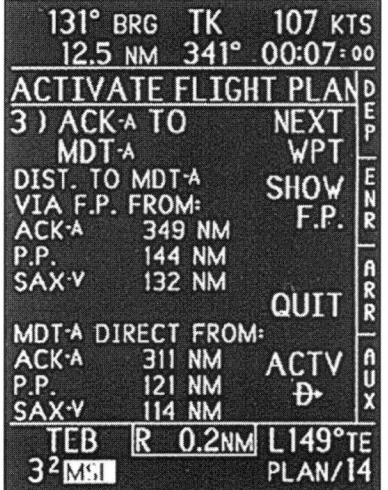

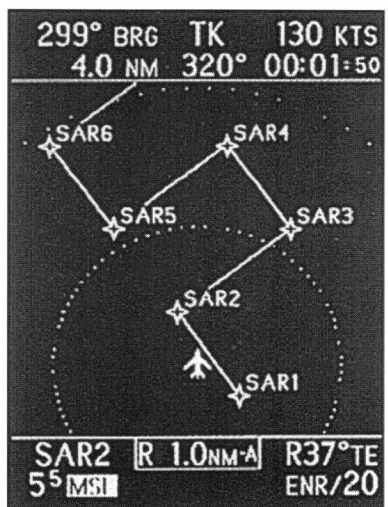

17

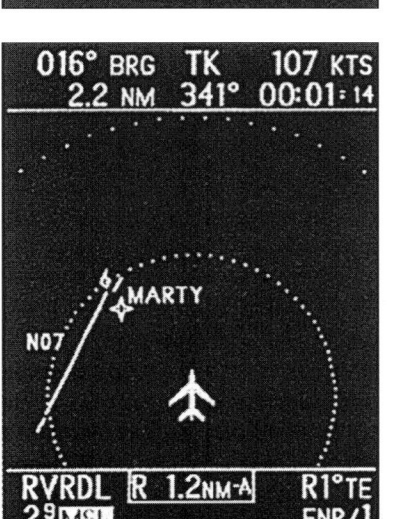

18

19

DISPLAYS 14, 15, 16, 17, 18 und 19
Diese Anzeigen und NAV-Management-
Optionen des Argus 5000 Moving Map Displays sind bei Verwendung der FlightPlan-
Plus-Software und einem angeschlossenen
GPS-Sensor verfügbar.
Abbildung 14 zeigt das Abruf-Display, 15
den Editier-Bildschirm und 16 den Ände-
rungsbildschirm, alle für den Modus Flug-
plan/Waypoints. In Abbildung 17 ist ein voll-
ständiger Flugplan aktiviert. Eigene Waypoints werden wie in Abbildung 18 dargestellt. Abbildung 19 schließlich zeigt ein Ra-
ster-Abflugmuster mit individuell gesetzten
Waypoints (z.B. bei Sucheinsätzen oder
Überwachungsflügen).

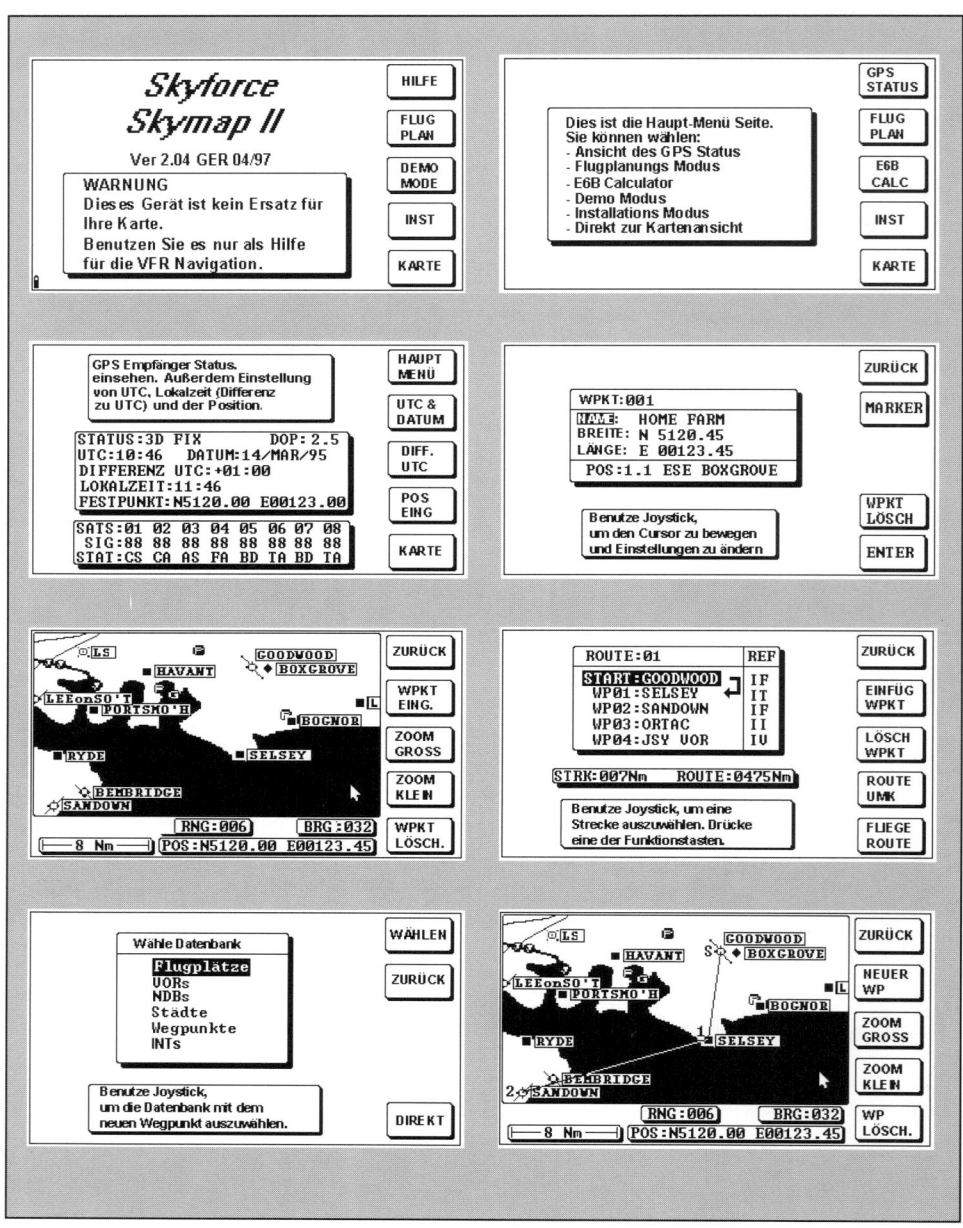

Skyforce Skymap II

Ver 2.04 GER 04/97

HILFE

FLUG PLAN

DEMO MODE

INST

KARTE

WARNUNG
Dieses Gerät ist kein Ersatz für Ihre Karte.
Benutzen Sie es nur als Hilfe für die VFR Navigation.

GPS STATUS

FLUG PLAN

E6B CALC

INST

KARTE

Dies ist die Haupt-Menü Seite.
Sie können wählen:
- Ansicht des GPS Status
- Flugplanungs Modus
- E6B Calculator
- Demo Modus
- Installations Modus
- Direkt zur Kartenansicht

HAUPT MENÜ

UTC & DATUM

DIFF. UTC

POS EING

KARTE

GPS Empfänger Status.
einsehen. Außerdem Einstellung von UTC, Lokalzeit (Differenz zu UTC) und der Position.

STATUS:3D FIX   DOP:2.5
UTC:10:46   DATUM:14/MAR/95
DIFFERENZ UTC:+01:00
LOKALZEIT:11:46
FESTPUNKT:N5120.00 E00123.00
SATS:01 02 03 04 05 06 07 08
SIG:88 88 88 88 88 88 88 88
STAT:CS CA AS FA BD TA BD TA

ZURÜCK

MARKER

WPKT LÖSCH

ENTER

WPKT:001
NAME: HOME FARM
BREITE: N 5120.45
LÄNGE: E 00123.45
POS:1.1 ESE BOXGROVE

Benutze Joystick,
um den Cursor zu bewegen
und Einstellungen zu ändern

ZURÜCK

WPKT EING.

ZOOM GROSS

ZOOM KLEIN

WPKT LÖSCH.

RNG:006   BRG:032
8 Nm   POS:N5120.00 E00123.45

ZURÜCK

EINFÜG WPKT

LÖSCH WPKT

ROUTE UMK

FLIEGE ROUTE

ROUTE:01   REF
START:GOODWOOD   IF
WP01:SELSEY   IT
WP02:SANDOWN   IF
WP03:ORTAC   II
WP04:JSY VOR   IV
STRK:007Nm   ROUTE:0475Nm

Benutze Joystick, um eine
Strecke auszuwählen. Drücke
eine der Funktionstasten.

WÄHLEN

ZURÜCK

DIREKT

Wähle Datenbank
Flugplätze
VORs
NDBs
Städte
Wegpunkte
INTs

Benutze Joystick,
um die Datenbank mit dem
neuen Wegpunkt auszuwählen.

ZURÜCK

NEUER WP

ZOOM GROSS

ZOOM KLEIN

WP LÖSCH.

RNG:006   BRG:032
8 Nm   POS:N5120.00 E00123.45

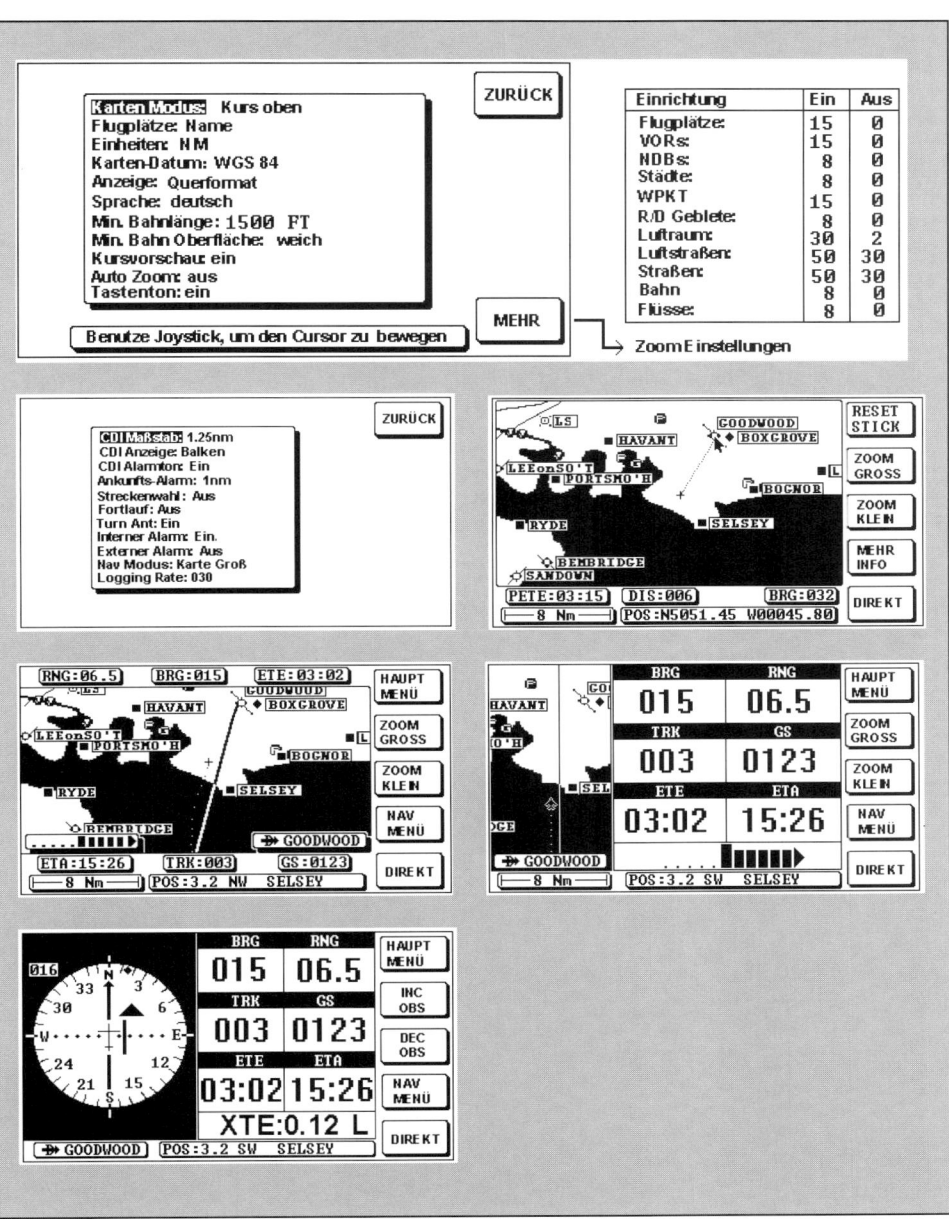

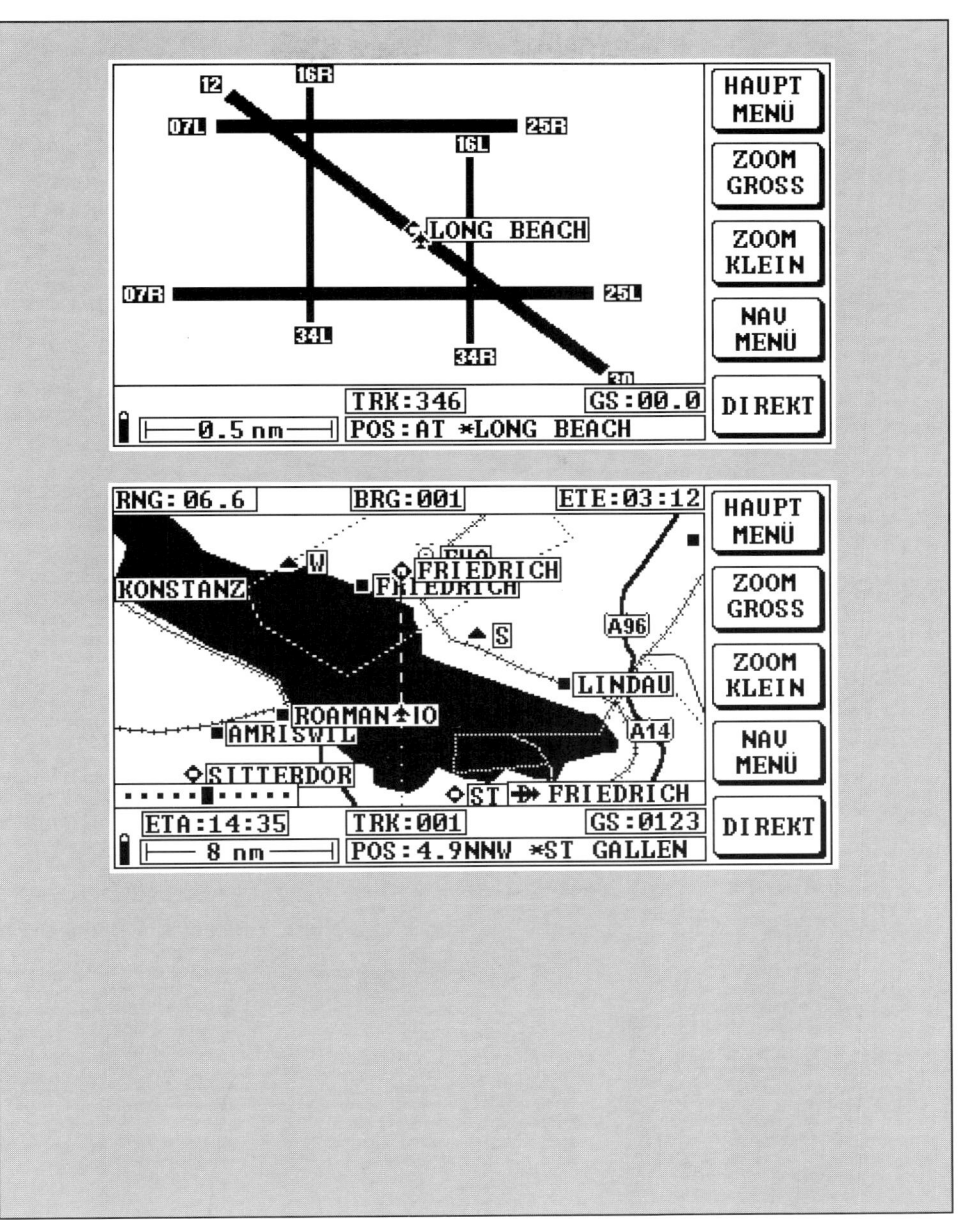

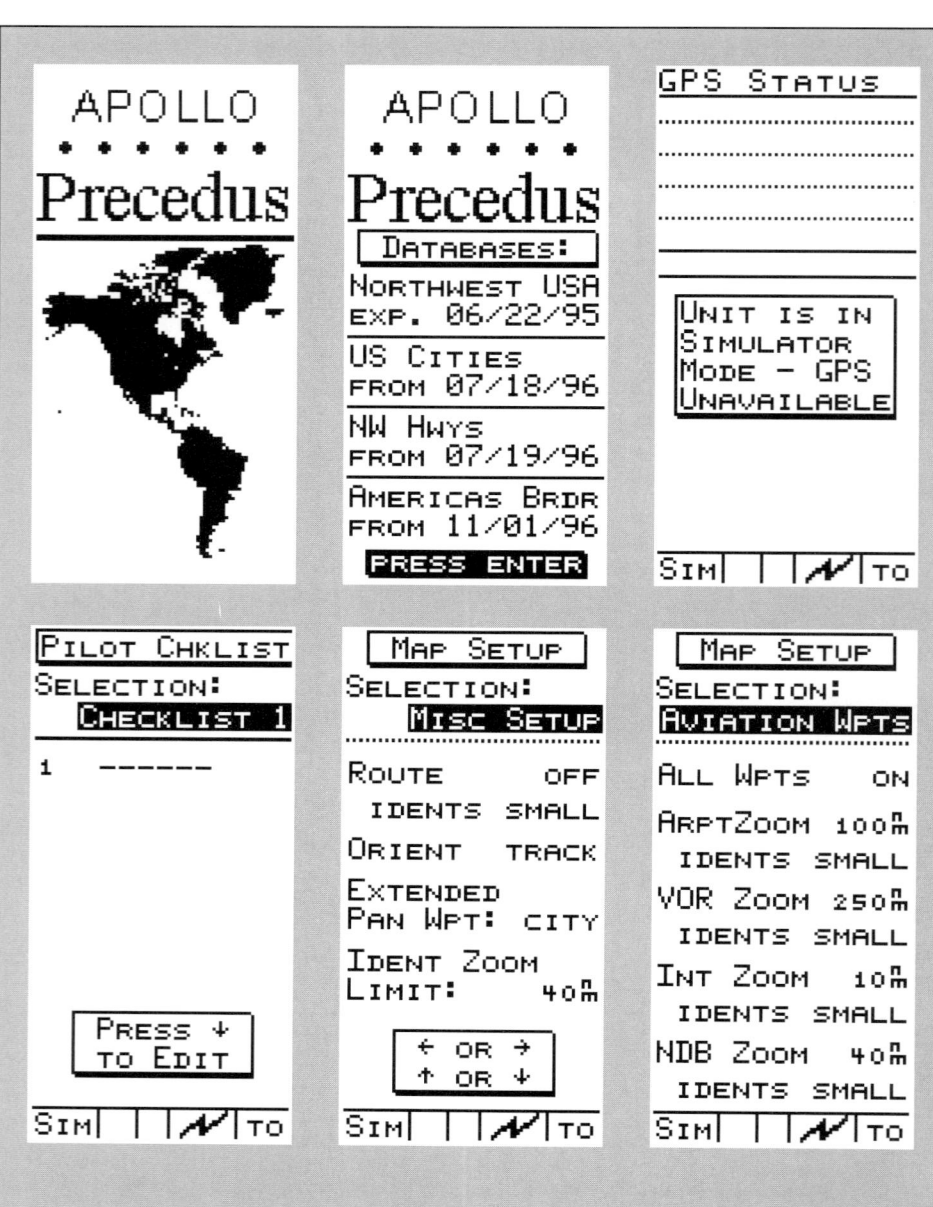

APOLLO
• • • • • •
Precedus

APOLLO
• • • • • •
Precedus

DATABASES:

NORTHWEST USA
EXP. 06/22/95

US CITIES
FROM 07/18/96

NW HWYS
FROM 07/19/96

AMERICAS BRDR
FROM 11/01/96

PRESS ENTER

GPS STATUS
....
....
....
....
....

UNIT IS IN
SIMULATOR
MODE — GPS
UNAVAILABLE

SIM | | | ⟋ | TO

PILOT CHKLIST
SELECTION:
CHECKLIST 1

1   ------

PRESS ↓
TO EDIT

SIM | | | ⟋ | TO

MAP SETUP
SELECTION:
MISC SETUP

ROUTE   OFF
  IDENTS SMALL
ORIENT   TRACK
EXTENDED
PAN WPT: CITY
IDENT ZOOM
LIMIT: 40$\frac{n}{m}$

← OR →
↑ OR ↓

SIM | | | ⟋ | TO

MAP SETUP
SELECTION:
AVIATION WPTS

ALL WPTS   ON
ARPTZOOM 100$\frac{n}{m}$
  IDENTS SMALL
VOR ZOOM 250$\frac{n}{m}$
  IDENTS SMALL
INT ZOOM   10$\frac{n}{m}$
  IDENTS SMALL
NDB ZOOM   40$\frac{n}{m}$
  IDENTS SMALL

SIM | | | ⟋ | TO

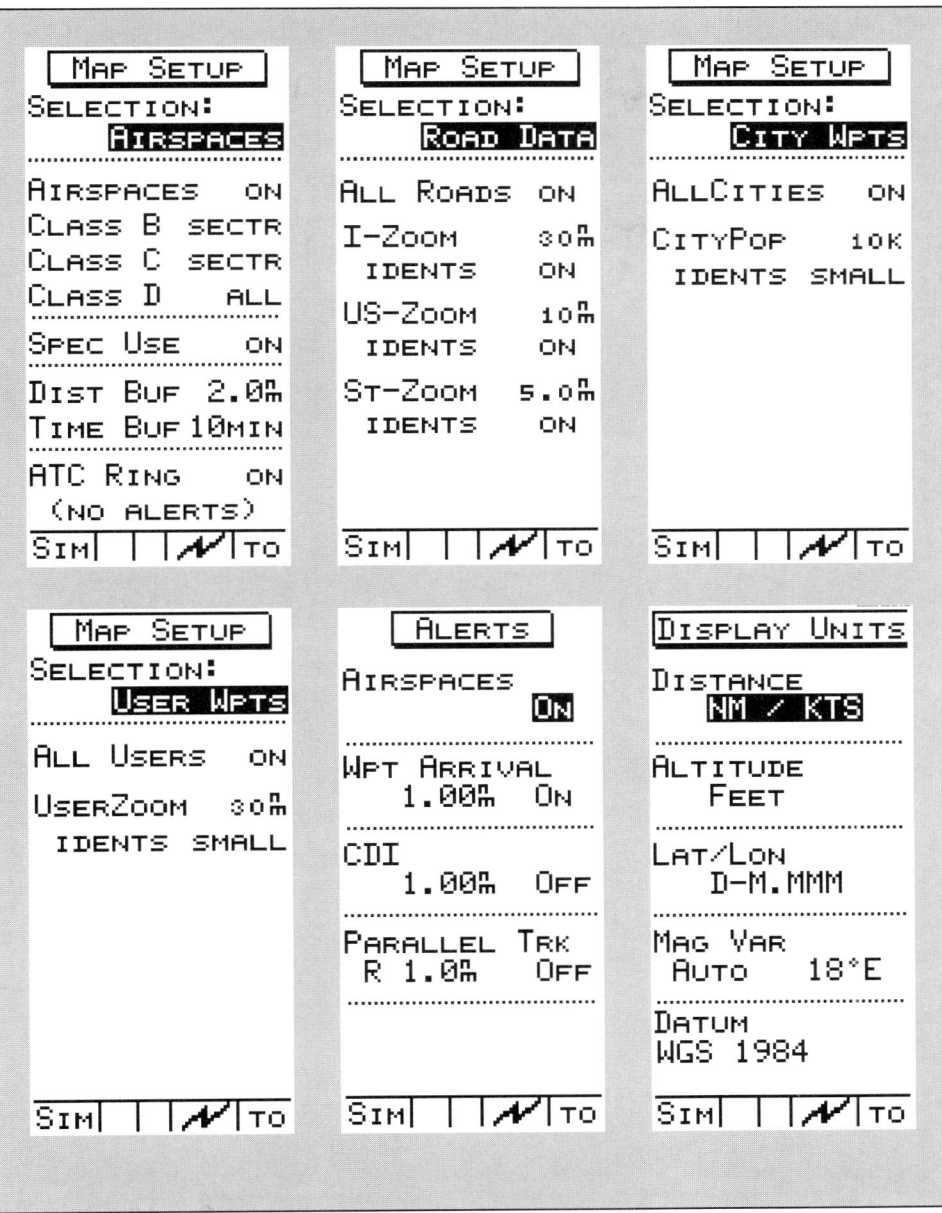

MAP SETUP	MAP SETUP	MAP SETUP
SELECTION: **AIRSPACES**	SELECTION: **ROAD DATA**	SELECTION: **CITY WPTS**
AIRSPACES ON	ALL ROADS ON	ALLCITIES ON
CLASS B SECTR	I-ZOOM $30\frac{n}{m}$	CITYPOP 10K
CLASS C SECTR	IDENTS ON	IDENTS SMALL
CLASS D ALL	US-ZOOM $10\frac{n}{m}$	
SPEC USE ON	IDENTS ON	
DIST BUF 2.0$\frac{n}{m}$	ST-ZOOM $5.0\frac{n}{m}$	
TIME BUF 10MIN	IDENTS ON	
ATC RING ON		
(NO ALERTS)		
SIM / TO	SIM / TO	SIM / TO

MAP SETUP	ALERTS	DISPLAY UNITS
SELECTION: **USER WPTS**	AIRSPACES **ON**	DISTANCE **NM / KTS**
ALL USERS ON	WPT ARRIVAL	ALTITUDE
USERZOOM $30\frac{n}{m}$	1.00$\frac{n}{m}$ ON	FEET
IDENTS SMALL	CDI	LAT/LON
	1.00$\frac{n}{m}$ OFF	D-M.MMM
	PARALLEL TRK	MAG VAR
	R 1.0$\frac{n}{m}$ OFF	AUTO 18°E
		DATUM
		WGS 1984
SIM / TO	SIM / TO	SIM / TO

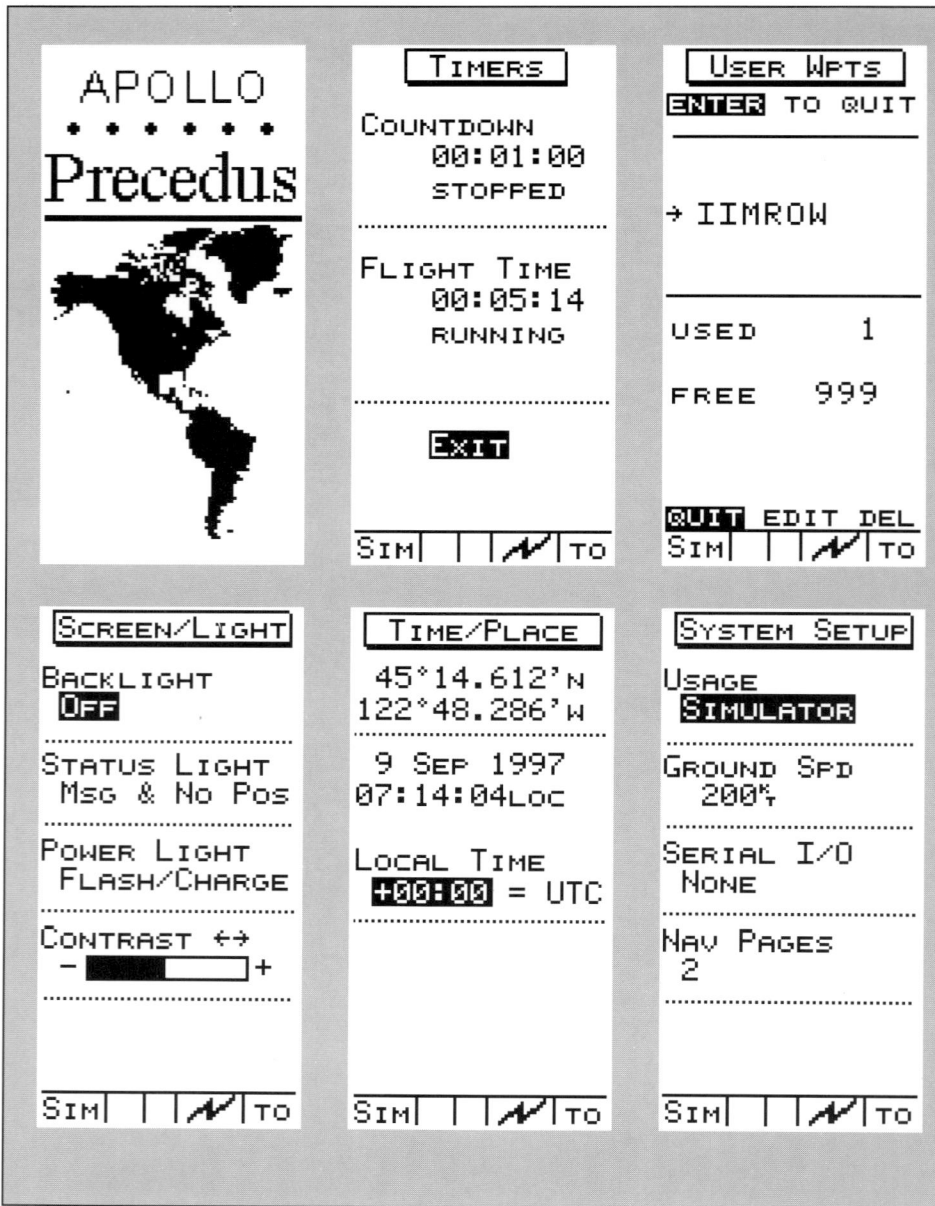

GENERAL INFO	GENERAL INFO	
		IALT 1000'
SELECTION:	SELECTION:	BARO 29.92"
DATABASES	SYSTEM	TRU° 50%
		DALT 570'
NORTHWEST USA	S/W VER 6.1	IALT 1000'
EXP. 06/22/95	NOV 1 1996	BARO 29.92"
	15:12:40	TOT° 50%
US CITIES		CAS 150%
FROM 07/18/96	DB MEMORY	TAS 151%
NW HWYS	0.6M	TAS 151%
FROM 07/19/96		HDG 000°
AMERICAS BRDR	GPS VERSION	WND 200° 50%
FROM 11/01/96	-.-	TAIL WND 49%
		FLOW/HR 20.0
SIM | | ∿ | TO	SIM | | ∿ | TO	SIM | | ∿ | TO

IIMorrow Apollo Precedus
Software-Leistungsmerkmale (Auszug)

Karteneinstellungen

Diese Option ermöglicht es Ihnen einzustellen, welche Wegpunktarten in der Karte dargestellt werden sollen. Darüber hinaus können Sie die Buchstabengröße, Luftraumdetails und die Kartenausrichtung einstellen. Die Einstellmöglichkeiten, die Ihnen im MAP SETUP (Karteneinstellungen) zur Verfügung stehen, sind: MISC SETUP, JEPP WPTS, JEPP AIRSPACE, ROAD DATA, CITY WPTS und USER WPTS.

1. Drücken Sie 🔘, um das Hauptmenü anzuzeigen. Bewegen Sie den Cursor mit der ⬇ Taste auf MAP SETUP und drücken dann die ⬛ Taste.

2. Mit der Taste ◀ oder ▶ können Sie nun die gewünschte MAP SETUP Seite auswählen. Wenn eine der möglichen Datenbanken nicht geladen wurde, so wird für diese Datenbank keine Installationsseite angezeigt.

Misc Setup

1. Drücken Sie die ⬇ Taste um den Cursor auf Route OFF/ON zu bewegen. Mit den Tasten ◀ und ▶ können Sie zwischen Ein und Aus (ON/OFF) wählen.

2. Durch erneutes Betätigen der ⬇ Taste bewegen Sie den Cursor auf ROUTE IDENTS. Mit der ◀ und ▶ Taste können Sie OFF (Aus), SMALL (klein), MEDIUM (mittel) oder LARGE (groß) einstellen.

3. Drücken Sie die ⬇ Taste, um den Cursor auf die Position ORIENT zu bewegen. Mit der ◀ oder ▶ Taste können Sie nun zwischen TRACK (Kurs), DTK (gewünschter Kurs) und Nord wählen.

4. Betätigen Sie die ⬇ Taste, um den Cursor auf MAX NEAREST MAP WPTS zu bewegen. Durch Drücken der ◀ oder ▶ Taste können Sie nun einstellen, wieviele nächstgelegene Wegpunkte (von 0 bis 400) angezeigt werden sollen.

Jepp Wpts

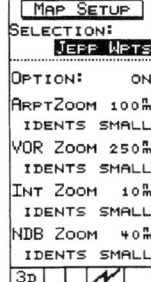

1. Drücken Sie die ⬇ Taste und bewegen damit den Cursor auf die Option ON/OFF. Durch Betätigen der ◀ oder ▶ Taste können Sie nun zwischen Ein (ON) und Aus (OFF) wählen. Hiermit stellen Sie ein, ob die Jeppesen Wegpunkte in der Karte dargestellt werden oder nicht.

2. Betätigen Sie die ⬇ Taste, um den Cursor auf die Wegpunktart zu bewegen, für die Sie die Zoom Entfernung einstellen möchten. Die verfügbaren Wegpunktarten sind: Flugplätze, VOR, NDB und Luftstraßenkreuzungen. Mit der ◀ oder ▶ Taste können Sie nun die Zoom Entfernung einstellen. Die Zoom Entfernung ist die Entfernung, innerhalb derer die vorher ausgewählten Wegpunkte dargestellt werden. Sie können Entfernungen zwischen Aus (OFF) und 250 NM einstellen.

3. Drücken Sie die ⬇ Taste, um den Cursor auf IDENTS zu bewegen. Mit der ◀ oder ▶ Taste können Sie nun einstellen, in welcher Größe die Identifizierungen der Wegpunkte angezeigt werden (Aus-OFF, klein-SMALL, mittel-MEDIUM, groß-LARGE).

4. Drücken Sie ENTER, um die Einstellungen zu speichern.

Jepp Airspace

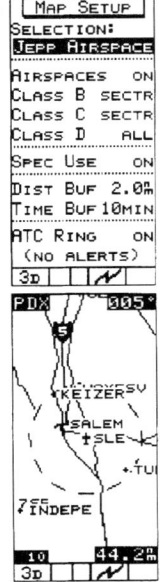

1. Wählen Sie „JEPP AIRSPACE", während Sie sich im Map Setup Menü befinden. Mit der ⬇ Taste, bewegen Sie den Cursor auf die gewünschte Position. Mit der Taste ◀ oder ▶ können Sie Ihre Auswahl vornehmen.

2. Drücken Sie ENTER, um die Einstellungen zu speichern.

3. Der Menüpunkt „ATC RING" ist ein neues Leistungsmerkmal in der Programm Version 6. Wenn ATC RING „ON" eingestellt wurde, wird ein Kreis mit einem Radius von 5 NM um jeden Flugplatz mit einer Turmfrequenz dargestellt. Es wird keine Warnung oder Meldung angezeigt, wenn Sie sich diesem Bereich nähern. Er dient nur als visuelle Referenz.

Benutzer Wegpunkte

1. Drücken Sie die ⬇ Taste, um den Cursor auf die gewünschte Position zu bewegen. Mit der Taste ◀ oder ▶ können Sie Ihre Auswahl vornehmen.

2. Drücken Sie **ENTER**, um die Einstellungen zu speichern.

Straßen Daten

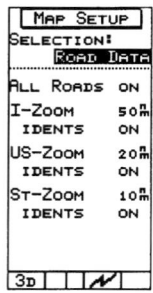

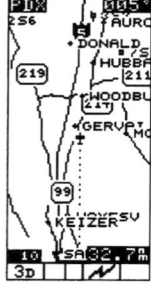

Im Menü „MAP SETUP" steht Ihnen eine neue Datenbank zur Verfügung, die es Ihnen erlaubt, die Autobahnen (Interstates, U.S. Highways, State Highways) in der Karte darzustellen, wenn die U.S. Datenbank geladen wurde (Straßeninformationen werden auch in der internationalen Version verfügbar sein!).

ALL ROADS (alle Straßen) - Wählen Sie ON (Ein) oder OFF (Aus). Wenn Sie ON gewählt haben, werden die Straßen und die Straßennamen in der Karte dargestellt. Wurde OFF gewählt, so werden keine Straßen dargestellt.

Zoom - Wählen Sie die Entfernung innerhalb derer ein bestimmter Straßentyp, bezogen auf Ihre Position, dargestellt werden soll. Wenn Sie OFF wählen, wird dieser Straßentyp nicht dargestellt.

IDENTS - Wählen Sie ON oder OFF. Wurde ON gewählt, so wird die Straßenbezeichnung angezeigt. In der Einstellung OFF wird die Straßenbezeichnung nicht angezeigt; die Straße wird dargestellt.

1. Drücken Sie die ⬇ Taste, um den Cursor auf die gewünschte Position zu bewegen. Mit der Taste ◀ oder ▶ können Sie Ihre Auswahl vornehmen.

2. Drücken Sie **ENTER**, um die Einstellungen zu speichern.

Städte
Wegpunkte

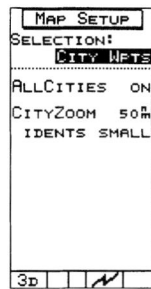

Eine weitere Datenbank steht Ihnen im MAP SETUP zur Verfügung, die es Ihnen erlaubt, die Lage und die Namen von Städten in der Karte darzustellen.

ALL CITIES (alle Städte) - Wählen Sie ON (Ein) oder OFF (Aus). Wenn Sie ON gewählt haben, werden die Städte und die Städtenamen in der Karte dargestellt. Wurde OFF gewählt, so werden keine Städte dargestellt. Die Lage der Städte wird durch ein „+" dargestellt.

CITY ZOOM - Wählen Sie die Distanz, innerhalb derer die Städte dargestellt werden. Wenn Sie OFF wählen, werden keine Städte angezeigt.

IDENTS - Wählen Sie zwischen OFF (Aus), SMALL (klein), MEDIUM (mittel) oder LARGE (groß). Wenn Sie OFF wählen, wird der Name der Stadt nicht angezeigt; ein „+" für die Lokation der Stadt wird weiterhin angezeigt. Mit der Auswahl von SMALL, MEDIUM oder LARGE stellen Sie die Buchstabengröße für die Namensdarstellung ein.

1. Drücken Sie die ⬇ Taste, um den Cursor auf die gewünschte Position zu bewegen. Mit der Taste ◀ oder ▶ können Sie Ihre Auswahl vornehmen.

2. Drücken Sie **ENTER**, um die Einstellungen zu speichern.

3-D Luftraumansicht

Die Möglichkeit, eine dreidimensionale Luftraumdarstellung anzuzeigen steht Ihnen zur Verfügung, wenn Sie sich in der Kartendarstellung (ohne Navigationsinformationen) befinden oder alte Luftraumwarnungen oder Lufträume mit besonderer Nutzung dargestellt werden.

Das nachfolgende Beispiel zeigt Ihnen, wie Sie die Panning (Schwenken)-Funktion benutzen, um einen Luftraum für die dreidimensionale Darstellung auszuwählen.

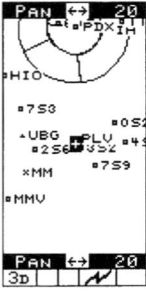

1. Drücken Sie NAV, um in den Navigationsmodus zu gelangen. Durch Drücken der ⬆ oder ⬇ Taste rufen Sie die Karte (Vollbilddarstellung) auf. Durch Drücken der **ENTER** Taste starten Sie die Panning (Schwenken) Funktion. Das Flugzeugsymbol ändert sich und wird nun als Kreuz dargestellt.

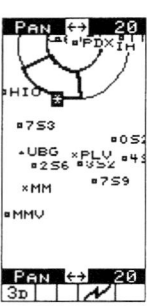

2. Bewegen Sie das Kreuz mit den Pfeiltasten. Wenn das Kreuz den Rand eines Luftraums mit besonderer Nutzung berührt, so wird die Linie, die den Luftraum darstellt, dunkler. Drücken Sie **INFO**, um Informationen über diesen Wegpunkt zu erhalten.

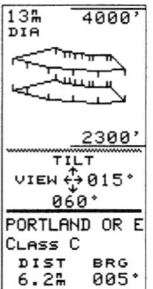

3. Durch Drücken der ◀ oder ▶ können Sie die dreidimensionale Ansicht des Luftraums rotieren.

4. Drücken Sie **ENTER**, um zur Kartenanzeige zurückzugelangen. Die „Schwenk" Funktion bleibt eingeschaltet. Durch erneutes Drücken der **ENTER** Taste wird die normale Karte angezeigt.

Benutzerdefinierte Wegpunkte (Radial & Entfernung)

Das Precedus ermöglicht es Ihnen, bis zu 1000 Wegpunkte selbst zu definieren. Sie können entweder Ihre aktuelle Position als Wegpunkt speichern oder eine Position manuell eingeben. Die manuelle Eingabe kann vorgenommen werden, indem Sie die Breiten- und Längenkoordinaten eingeben oder als Radial und Entfernung in Relation zu einem beliebigen anderen Wegpunkt definieren.

1. Drücken Sie 🔘. Benutzen Sie die ⬤ oder ⬤ Tasten, um den gewünschten Buchstaben oder die gewünschte Zahl einzustellen. Mit den ◀ und ▶ Tasten können Sie den Cursor auf die nächste Stelle bewegen, in der Sie eine Änderung vornehmen möchten.

2. Wenn Sie die 🔘 Taste drücken, wird Ihre aktuelle Position als neuer Wegpunkt angezeigt und automatisch mit einer Nummer versehen (z.B. #0002). Sie können nun die Bezeichnung dieses neuen Wegpunktes ändern oder die vom Precedus vorgeschlagene Nummer als Wegpunktbezeichnung akzeptieren.

3. Wenn Sie die angezeigten Informationen (vorgeschlagene Wegpunktnummer und Position) speichern wollen, so drücken Sie 🔘. Wenn Sie Ihre eigenen Koordinaten eingeben möchten, so wählen Sie zwischen einer Lat/Lon (Länge/Breite)- und einer Radial/Entfernung Position.

4. Zur Eingabe einer Lat/Lon Position ändern Sie die Werte mit Hilfe der ◀ ▶ ⬤ ⬤ Tasten und Drücken dann die 🔘 Taste.

5. Zur Eingabe einer Radial/Entfernung Position benutzen Sie die ◀ ▶ ⬤ ⬤ Tasten, um den Typ des Referenzwegpunktes und seine Bezeichnung oder Namen zu wählen.

6. Bestimmen Sie nun das Radial und die Entfernung Ihres neuen Wegpunktes in Relation zu dem Referenzwegpunkt. Drücken Sie 🔘, um den neuen Wegpunkt zu speichern.

Erweiterte Routeninformation

Wenn Sie einen Wegpunkt in eine Route einfügen, so können Sie diesen Wegpunkt mit der Identifizierung (z.B. ICAO) oder mit dem Namen ˙ auswählen. Während der Bearbeitung einer Route können Sie Informationen über jeden Wegpunkt dieser Route abrufen.

1. Die Wegpunkte, die Sie in eine Route einfügen wollen, können Sie basierend auf Wegpunkttyp, Identifizierung oder Name wählen.

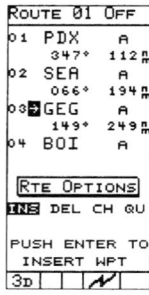

2. Zur Bearbeitung einer Route bewegen Sie den nach rechts zeigenden Pfeil auf den gewünschten Wegpunkt.

3. Drücken Sie ⬭, um Informationen über diesen Wegpunkt anzuzeigen. Drücken Sie ⬭ erneut, um zur Routenbearbeitung zurückzukehren

General Info (Allgemeine Informationen)

Wenn Sie aus dem Hauptmenü heraus den Punkt „GENERAL INFO" aufrufen, erhalten Sie Informationen über die Datenbank, die Sie in Ihrem Precedus gespeichert haben und weitere Systeminformationen. Wenn Sie sich in der Anzeige „GENERAL INFO" befinden, können Sie durch Benutzen der ◀ und ▶ Tasten durch die verfügbaren Anzeigen blättern.

Datenbanken

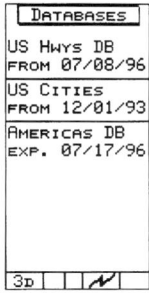

Diese Seite zeigt Ihnen an, welche Datenbanken in Ihr Precedus geladen sind und das Datum zu dem sie erstellt wurden bzw. wann ihre Gültigkeit abläuft (EXP). Sie können bis zu vier Datenbanken gleichzeitig in Ihr Precedus laden.

System Info

Die System-Informationsseite zeigt Ihnen die aktuelle Programm Version (S/W), die aktuelle Zeit und das Datum, den verfügbaren Datenbankspeicher (DB) und die GPS Version.

Erweiterte Zoom - und Schwenkfunktionen

Während Sie die Schwenkfunktion (Panning) in der Kartenanzeige des NAV Modus benutzen, können Sie einen Wegpunkt auswählen, zu dem Sie direkt navigieren möchten (GOTO) und eine beliebige Position in der Karte wählen, an der Sie einen Wegpunkt neu erstellen möchten.

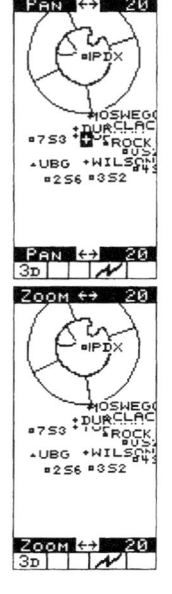

1. Rufen Sie die Karte (Vollbilddarstellung) im Navigationsmodus auf und drücken dann die ⬤ Taste, um die Kartenschwenkfunktion zu aktivieren.

2. Bewegen Sie nun das Kreuz in der Anzeige mit der ⬤ oder ⬤ Taste in den Bereich zwischen den hervorgehobenen Blöcken am oberen oder unteren Rand der Anzeige. Beachten Sie, daß die Anzeige von „PAN" nach „ZOOM" wechselt und der Zoommaßstab angezeigt wird.

3. Drücken Sie die ⬤ oder ⬤ Taste, um den Zoommaßstab zu ändern. Nachdem Sie den Maßstab gewählt haben, bewegen Sie das Kreuz wieder aus dem Bereich der Pfeile am oberen oder unteren Anzeigenrand heraus.

4. Bewegen Sie das Kreuz an den Rand der Anzeige. Sobald das Kreuz den Kartenrand erreicht, wird die Karte neu dargestellt, wobei sie in die gewünschte Richtung geschwenkt wird.

Direkt zu einem Wegpunkt im Kartenschwenk-Modus

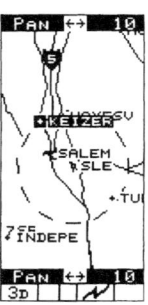

Bewegen Sie das Kreuz mit den ⬤ ⬤ ⬤ ⬤ Tasten. Wenn Sie das Kreuz an eine Stelle der Anzeige bewegen, an der es das Symbol eines Wegpunktes berührt, wird der Wegpunktname invers dargestellt. Drücken Sie ⬤, um Informationen über diesen Wegpunkt abzurufen. Drücken Sie ⬤, um diesen Wegpunkt als neues Ziel zu wählen.

Erstellen eines Wegpunktes im Kartenschwenk-Modus

Wenn Sie das Kreuz an eine beliebige Stelle der Anzeige bewegen und dann die 🔘 Taste betätigen, wird ein neuer Wegpunkt mit der Position des Kreuzes erstellt. Diesem neuen Wegpunkt können Sie nun einen Namen zuweisen, indem Sie so vorgehen, wie es im Benutzerhandbuch auf Seite 27 beschrieben ist.

Durch Drücken der Tasten 🔘, GOTO und 🔘 können Sie den neu erstellten Wegpunkt als Ihr neues „Direkt" Ziel wählen.

Info

Das Leistungsmerkmal INFO wurde erheblich erweitert, um Ihnen bei Ihrer Flugvorbereitung zu helfen. Ihr Precedus verfügt nun über einen Rechner, der die Sonnenauf- und untergangszeiten errechnet. Darüber hinaus enthält die Information über Flugplätze nun auch die An- und Abflugfrequenzen (Approach and Departure Frequencies).

Anflug/Abflug Frequenzen

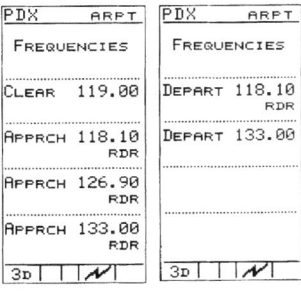

1. Drücken Sie 🔘.

2. Durch Betätigen der 🔼 oder 🔽 Taste rufen Sie die Informationen auf, die über den ausgewählten Flugplatz gespeichert sind.

Sonnenaufgang/ Sonnenuntergang Rechner

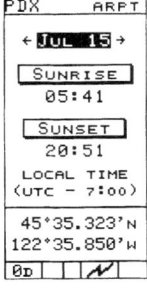

1. Drücken Sie 🔘.

2. Durch Betätigen der ◀ oder ▶ Taste können Sie das Datum einstellen, für das die Sonnenaufgangs- und untergangszeiten berechnet werden sollen. Durch einmaliges Drücken der Taste ändern Sie den Tag. Wenn Sie die Taste drücken und gedrückt halten, ändert sich der Monat. Der Wert für die Lokalzeit wird im Menü TIME/PLACE eingestellt (s. Seite 52 des Originalhandbuches). Die Werte für den Sonnenaufgang und Sonnenuntergang gelten nur für Positionen zwischen 65° N und 65° S.

Wenn Sie im Hauptmenü die Option E6B wählen, erhalten Sie den Zugriff auf einen sehr leistungsfähigen Rechner, der in Ihr Precedus eingebaut wurde. Mit diesem können Sie Berechnungen für die Dichtehöhe (DALT), die wahre Geschwindigkeit (TAS), den Wind (WND/HEAD WND) und den Treibstoffverbrauch (FLOW) durchführen. Benutzen Sie die ⬆ oder ⬇ Taste, um den Cursor auf die Position zu bewegen, die Sie ändern möchten.

Mit der ◀ oder ▶ Taste können Sie den Wert ändern.

Dichtehöhe
(Density
Altitude)

```
IALT      1000'
BARO    29.92"
TRU°       68°;
DALT      1770'
IALT      1000'
BARO    29.92"
TOT°       65°;
CAS       150°;
TAS       154°;
TAS       154°;
HDG       005°
WND 005°    48°;
HEAD WND    49°;
FLOW/HR   20.0
0D      ⟋⟋
```

1. Bewegen Sie den Cursor mit der ⬆ oder ⬇ Taste auf den IALT Wert (Indicated Altitude - angezeigte Höhe) und verändern diesen mit der ◀ oder ▶ Taste. Zur Einstellung der Höhe benutzen Sie die Höhe, die von Ihrem barometrischen Höhenmesser angezeigt wird. Um die Höhenangabe in Fuß oder Meter zu erhalten, stellen Sie die entsprechende Maßeinheit im Menü DISPLAY UNITS (Maßeinheiten - s. Seite 45 im Originalhandbuch) ein.

2. Bewegen Sie den Cursor mit der ⬆ oder ⬇ Taste auf den BARO Wert (Barometer) und verändern diesen mit der ◀ oder ▶ Taste. Bewegen Sie nun den Cursor auf die Position rechts von dem Zahlenwert und stellen mit der ◀ oder ▶ Taste entweder Inches ('') oder Millibar (mb = hPa) ein.

3. Bewegen Sie nun den Cursor auf den TRU Wert (True Temperature = wahre Temperatur) und stellen diesen mit der ◀ oder ▶ Taste ein.

    Mit der ⬇ Taste gelangen Sie zu der Position, an der Sie die Maßeinheit der Temperatur einstellen können (°C oder °F). Benutzen Sie hierzu die ◀ oder ▶ Taste. Mit jeder Änderung der Werte wird der Wert der Dichtehöhe sich ändern.

Wahre Geschwindigkeit (TAS)

```
IALT      1000'
BARO     29.92"
TRU°       68‰
DALT      1770'
IALT      1000'
BARO     29.92"
TOT°       69‰
CAS        150‰
TAS        154‰
TAS        154‰
HDG        005°
WND 005°    49‰
HEAD WND    49‰
FLOW/HR   20.0
0D        ╱
```

1. Bewegen Sie den Cursor mit der ▲ oder ▼ Taste auf den IALT Wert (Indicated Altitude - angezeigte Höhe) und verändern diesen mit der ◄ oder ► Taste. Zur Einstellung der Höhe benutzen Sie die Höhe, die von Ihrem barometrischen Höhenmesser angezeigt wird.

2. Bewegen Sie den Cursor mit der ▲ oder ▼ Taste auf den BARO Wert (Barometer) und verändern diesen mit der ◄ oder ► Taste. Bewegen Sie nun den Cursor auf die Position rechts von dem Zahlenwert und stellen mit der ◄ oder ► Taste entweder Inches ('') oder Millibar (mb = hPa) ein.

3. Bewegen Sie den Cursor auf den TOT Wert (TOT =Total Outside Temperature = Gesamt-Außentemperatur) und benutzen dann die ◄ oder ► Taste, um den Temperaturwert einzustellen. Der Wert für die Außentemperatur (TOT) ist der gleiche, wie der Wert der „wahren Temperatur", solange die Geschwindigkeit des Flugzeugs nicht mehr als 250 Knoten beträgt.

   Mit der ▼ Taste gelangen Sie zu der Position, an der Sie die Maßeinheit der Temperatur einstellen können (°C oder °F). Benutzen Sie hierzu die ◄ oder ► Taste. Mit jeder Änderung der Werte wird der Wert der Dichtehöhe sich ändern.

4. Drücken Sie nun die ▼ Taste, um den Cursor auf den CAS Wert zu bewegen (CAS = Calibrated Air Speed = kalibrierte Geschwindigkeit). Dies ist die Geschwindigkeit, die auf Ihrem Geschwindigkeitsmesser angezeigt wird.

   Benutzen Sie die ◄ oder ► Taste, um den Wert einzustellen. Ihre wahre Geschwindigkeit wird nun darunter angezeigt.

<table>
<tr><td>IALT</td><td>1000'</td></tr>
<tr><td>BARO</td><td>29.92"</td></tr>
<tr><td>TRU°</td><td>68%</td></tr>
<tr><td>DALT</td><td>1770'</td></tr>
<tr><td>IALT</td><td>1000'</td></tr>
<tr><td>BARO</td><td>29.92"</td></tr>
<tr><td>TOT°</td><td>69%</td></tr>
<tr><td>CAS</td><td>150%</td></tr>
<tr><td>TAS</td><td>154%</td></tr>
<tr><td>TAS</td><td>154%</td></tr>
<tr><td>HDG</td><td>007°</td></tr>
<tr><td>WND 011°</td><td>50%</td></tr>
<tr><td>HEAD WND</td><td>49%</td></tr>
<tr><td>FLOW/HR</td><td>20.0</td></tr>
<tr><td>0D</td><td>◢</td></tr>
</table>

Windrichtung/ Geschwindigkeit und Gegenwind

1. Bewegen Sie den Cursor mit der ⬛ oder ⬛ Taste auf den TAS Wert und stellen diesen mit der ◀ oder ▶ Taste ein. Benutzen Sie die Geschwindigkeit, die Ihr Instrument anzeigt. Der Wert für die „wahre Geschwindigkeit" kann manuell eingegeben oder aus der im vorhergehenden Abschnitt beschriebenen Berechnung übernommen werden.

2. Mit der ⬛ oder ⬛ Taste bewegen Sie nun den Cursor auf den Wert für den Kurs. Diesen Wert können Sie nun mit der ◀ oder ▶ Taste entsprechend Ihrer Instrumentenanzeige einstellen.

3. Die Windrichtung und Geschwindigkeit wird nun angezeigt. Der Wert der HEAD WND Anzeige gibt die Gegenwindkomponente an.

<table>
<tr><td>IALT</td><td>1000'</td></tr>
<tr><td>BARO</td><td>29.92"</td></tr>
<tr><td>TRU°</td><td>68%</td></tr>
<tr><td>DALT</td><td>1770'</td></tr>
<tr><td>IALT</td><td>1000'</td></tr>
<tr><td>BARO</td><td>29.92"</td></tr>
<tr><td>TOT°</td><td>68%</td></tr>
<tr><td>CAS</td><td>150%</td></tr>
<tr><td>TAS</td><td>154%</td></tr>
<tr><td>TAS</td><td>154%</td></tr>
<tr><td>HDG</td><td>005°</td></tr>
<tr><td>WND 005°</td><td>3.0%</td></tr>
<tr><td>HEAD WND</td><td>4.0%</td></tr>
<tr><td>FLOW/HR</td><td>18.3</td></tr>
<tr><td>3D</td><td>◢</td></tr>
</table>

Treibstoff-verbrauch

1. Bewegen Sie den Cursor mit der ⬛ oder ⬛ Taste auf den Wert für den Verbrauch/Stunde (FLOW/HR).

2. Stellen Sie den entsprechenden Wert mit der ◀ oder ▶ Taste ein. Drücken Sie die Taste einmalig, um den Wert in Zehntelschritten zu ändern. Wenn Sie die Taste drücken und gedrückt halten, ändern Sie den ganzzahligen Teil des Wertes.
Die hier eingegebenen Werte werden in den Treibstoffverbrauch-Anzeigen im NAV Modus verwendet.

146

Checkliste

Die Vorflugkontrolle ist einer der wichtigsten Abschnitte Ihres Fluges. Um Ihnen bei Ihren Aufgaben zu helfen und die Sicherheit zu erhöhen, haben wir in Ihr Precedus ein Menü eingefügt, das bis zu vier Checklisten speichern kann. Eine vorgefertigte Liste mit Punkten, die Sie für Ihre Checkliste auswählen können, wird Ihnen in diesem Menü angeboten.

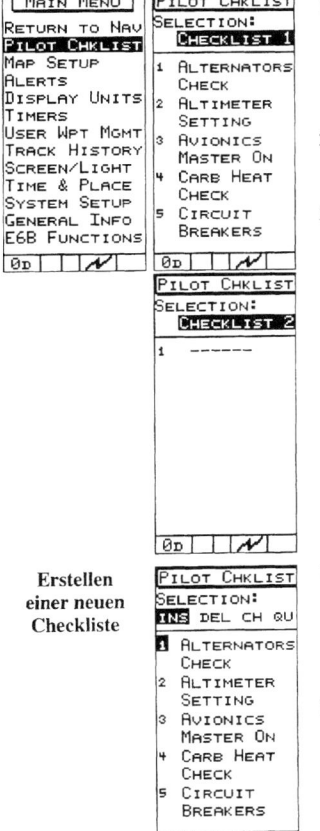

1. Drücken Sie 🔘, um das Hauptmenü aufzurufen. Mit der 🔽 Taste bewegen Sie den Cursor auf die Position PILOT CHECKLIST und drücken dann die 🔘 Taste.

2. Drücken Sie die 🔘 oder 🔘 Taste, um die gewünschte Checkliste (1-4) auszuwählen.

3. Mit der 🔺 oder 🔽 Taste können Sie nun den Cursor in der ausgewählten Checkliste zu den einzelnen Punkten bewegen.

Erstellen einer neuen Checkliste

1. Während die gewünschte Checkliste angezeigt wird, können Sie den Cursor mit der 🔺 oder 🔽 Taste zu einem beliebigen Punkt dieser Liste bewegen.

2. Mit der 🔘 oder 🔘 Taste bewegen Sie nun den Cursor auf die Position „INS" (Insert = Einfügen) und drücken dann die 🔘 Taste. Nun können Sie die Punkte auswählen, die Sie in Ihre Checkliste aufnehmen wollen.

3. Wählen Sie den gewünschten Punkt mit der 🔺 oder 🔽 Taste und drücken dann die 🔘 Taste. Wiederholen Sie den Vorgang, bis Sie alle Änderungen vorgenommen haben.
Drücken Sie dann die 🔘 oder 🔘 Taste, um den Cursor auf QU zu bewegen und drücken dann die 🔘 Taste.

Bearbeiten einer existierenden Checkliste

1. Während die gewünschte Checkliste angezeigt wird, können Sie den Cursor mit der ⬆ oder ⬇ Taste zu einem beliebigen Punkt dieser Liste bewegen.

2. Mit der ◀ oder ▶ Taste bewegen Sie nun den Cursor auf die Position „INS" (Insert = einfügen), „DEL" (Delete = löschen) oder „CH" (Change = ändern) und drücken dann die ENTER Taste.

3. Wenn Sie „INS" oder „CH" gewählt haben, bewegen Sie nun den Cursor mit der ⬆ oder ⬇ Taste auf den Punkt, den Sie ändern oder einfügen möchten und betätigen dann die ENTER Taste. Wiederholen Sie diesen Vorgang, bis Sie alle Änderungen und Einfügungen vorgenommen haben. Mit der ◀ oder ▶ Taste bewegen Sie dann den Cursor auf die Position „QU" Quit = beenden) und drücken dann die ENTER Taste.

GPS-Handheld IIMorrow Apollo Precedus: Leistungsmerkmale in Stichworten

- Wählbare Betriebsmodi:
  Luftfahrt, Simulation, Landverkehr, Seefahrt, Wandern, Überwachung

- Umfangreiche eingebaute Datenbank:
  Zivile Flughäfen, VORs, NDBs, Intersections, Start-/Landebahn-Diagramme, Waypoint-Informationen, GPS Overlay Approach Waypoints für USA und Canada, besondere Lufträume (US Klassen B, C und D; MOAs; beschränkte und gesperrte Lufträume; Warning-, Alert-, Caution-, Danger- und Trainingsgebiete; internationale Lufträume Klassen B und D, CTAs und TMAs; Frequenzen für Approach, Tower, Ground, ATIS, UNICOM etc.; automatische Anflugüberwachung mit Anzeige der GPS Overlay Approach Waypoints

- Suchroutine nach dem nächstgelegenen Waypoint (Flughafen, VOR, NDB, INT, Anwender-definiert)

- Individuell anpaßbare Navigationsseiten

- Abmessungen der Start-/Landebahnen

- Suchroutine nach Städten mit Flughäfen

- Benutzer-programmierbare Waypoints

- GOTO (Direct to Waypoint) Funktion

- Automatische Waypoint-Suche

- Parallele Kursführung

- Variable Moving-Map-Zeichengröße

- Graphische Anzeige der Satelliten-Positionen und der Signalqualität

- E6B-Rechenfunktionen:
  Berechnete und wahre Eigengeschwindigkeit, wahre Lufttemperatur, Dichtehöhe, angezeigte Flughöhe, Druck, Kurs, Wind von vorn, Windrichtung, Windgeschwindigkeit

- Countdown-Zeitmesser

- Automatisch und manuell einstellbare Variation

- Eingebaute und externe Antenne

- Eingang für DGPS-Korrektursignale

- Schnittstellen und Anschlüsse:
  NMEA 0183, RS 232 kompatibel mit Luftfahrt-Moving-Maps und Radar, PC (Database-Aktualisierung und -Datensicherung, Anwender-Waypoints und -Routen, Datenformat RTCM SC 104 für DGP

Kapitel 5
GPS heute und morgen

GPS-Entwicklungen und GPS-Projekte

Die bodenabhängige Navigation zur Flugzeugführung erfolgt heute mit allen zur Verfügung stehenden Funknavigationsverfahren. Im einzelnen sind dies ADF-, VOR-, DME-, RNAV-, ILS- und teilweise VLF-Verfahren.

An autonomen Navigationsverfahren werden Trägheitsnavigation und vereinzelt Doppler-Radar angewendet. Sowohl Navigationsrechner als auch Flugmanagementrechner werten die Funknavigationssignale aus.

Dabei werden die Informationen der Trägheitsnavigationsanlage (Lagedaten, Koordinaten) und die Werte des Luftdatenrechners (Geschwindigkeit, Druckwerte usw.) einbezogen. So erhalten die Flugzeugbesatzungen zu jedem Zeitpunkt eines Fluges einen lückenlosen navigatorischen Gesamtüberblick. Zunehmend treten bei der Streckennavigation GPS-Empfänger in den Vordergrund, wenngleich auch noch mit gewissen Einschränkungen bei der Zulassung und den Betriebsverfahren.

Bei den Landeverfahren wird das ILS noch so lange auf den Verkehrsflughäfen unangefochten die Landehilfe Nummer 1 bleiben, bis GPS in seiner Präzisionsversion DGPS die Sicherheit und Genauigkeit bietet, die von den internationalen Luftfahrtbehörden verlangt werden. MLS wird vor GPS/DGPS als optimierte Zwischenlösung auf keinen Fall „eingeschoben", da nicht zuletzt die enormen Investitionskosten bei MLS eine entscheidende Rolle spielen.

Vorausgesetzt, GPS wird vom DOD auch in Zukunft betrieben und die GPS-Industrie optimiert Empfänger und DGPS-Bodenstationen, so dürften die Betriebsjahre sämtlicher konventioneller NAV-Techniken gezählt sein. Die Möglichkeiten, die GPS in der Zukunft bietet, können von keinem bisher bekannten System erreicht werden. Dies betrifft vor allem bei IFR-Flügen die Anflugverfahren, denn im Sichtflug beherrscht GPS bereits die Streckennavigation.

Auch im B-RNAV-Verfahren (alle Flugzeuge müssen ab FL 100 B-RNAV-tauglich sein), das ab 29.01.98 als Flächennavigationsverfahren angeboten wird, dominiert GPS - selbst wenn vorerst als Backup zwei konventionelle Navigationsinstrumente (VOR, DME oder ADF) vorhanden sein müssen. Bei B-RNAV werden GPS-Empfänger vorausgesetzt, die neben der LBA-IFR-Zulassung für Enroute und den Flughafen-Nahbereich zwei zusätzliche Kriterien für die empfängereigene Integritätsüberwachung erfüllen. Dies wird vorwiegend durch Änderung der Empfänger-Software erreicht.

Inzwischen sind in den USA bereits Präzisionsanflugverfahren (SCAT-I) in umfangreicher Erprobung. Dabei können an bestimmten mit DGPS ausgerüsteten Flugplätzen entsprechend ausgerüstete Flugzeug CAT-I-Anflüge durchführen. Eine korrespondierende Umsetzung auf europäische Verfahren ist allerdings noch nicht in Sicht.

Im deutschen und europäischen Funknavigationsplan sind die navigatorischen Intentionen auf nationaler und internationaler Ebene vorerst festgeschrieben. Alles spricht für eine zügige Realisierung von EGNOS - finanzielle und institutionelle Grundlagen vorausgesetzt.

Die folgenden Texte beschreiben den Ist-Zustand der GPS-Navigation anhand von grundlegenden Verfahren und geben einen Ausblick auf künftige Entwicklungen.

DFS-Strategie bei der Satellitennavigation

Ein wichtiger Stichtag auf internationaler Ebene für den Bereich Navigation ist der 1. Januar 1998. An diesem Tag soll nach den EATCHIP-Planungen Flächennavigation, basierend auf der heutigen bodengestützten Technik, Standard werden.

Die DFS ist darauf vorbereitet: Nach Vollendung laufender Erweiterungs- und Modernisierungsprojekte in den Jahren 1996 bis 1998 wird sie im Streckenbereich über 23 Drehfunkfeuer (VOR) und 39 Doppler-Drehfunkfeuer (DVOR), 51 Entfernungsmeßanlagen (DME) und 65 ungerichtete Funkfeuer (NDB) verfügen. Dazu kommen noch 12 militärische TACAN-Anlagen, die zum Teil zivil mitgenutzt werden. Für die Sicherheit bei der Landung sorgen 48 Instrumenten-Landesysteme, von denen 28 die Allwetterflugbedingungen nach CAT II oder III erfüllen.

Die DFS geht aufgrund der Modernität dieser Infrastruktur davon aus, daß die nächste Systemgeneration, auch für Präzisionsanflüge, bereits satellitengestützt sein wird. Die Schätzungen gehen davon aus, daß spätestens ab dem Jahr 2005 ebenfalls die technischen Voraussetzungen für den Allwetterflugbetrieb auf der Basis von Satellitennavigation in Europa erfüllt sein werden.

Viele Fragen bezüglich Zertifizierung, Verantwortlichkeiten und Finanzierung sind allerdings noch zu lösen. Die DFS setzt sich engagiert für eine rasche Lösung dieser Fragen ein und unterstützt alle nationalen und internationalen Aktivitäten in dieser Richtung. Der Übergang zur Satellitennavigation im Streckenflug und für Anflüge vollzieht sich nach der DFS-Strategie in drei Stufen: Zunächst wurde GPS als ergänzendes (supplementary) Navigationssystem für Streckenflüge und Nichtpräzisionsanflüge zugelassen. Die Verfahren wurden als sogenannte „Overlay-Verfahren" angelegt, die genau den konventionellen entsprechen. Definiert wurden sie nach dem Koordinatensystem WGS 84, das von 1998 an weltweit einheitlich gelten wird. In dieser ersten Phase ist die Cockpit-Crew verpflichtet, sich mit den traditionellen Navigationsinstrumenten zu vergewissern, daß die GPS-Signale korrekt sind.

Dieser erste Schritt in Richtung Satellitennavigation ist vollzogen. Zusammen mit der Fluggesellschaft Eurowings hat die DFS Nichtpräzisionsanflüge auf GPS-Basis zunächst am Flughafen Nürnberg erprobt. Danach folgten München, Frankfurt, Berlin-Tempelhof, Dortmund und Altenberg-Nobitz. Beginnend mit diesen Flughäfen hat die DFS Verfahren für Nichtpräzisionsanflüge veröffentlicht und GPS als ergänzendes Navigationssystem für den Streckenflug zugelassen. Bis Ende 1996 ist dies auch an den restlichen IFR-Flughäfen geschehen.

Kunden mit GPS-Ausrüstungen sind nun gefordert, die neuen Möglichkeiten reichlich zu nutzen. Nur so können Piloten und Lotsen praktische Erfahrungen sammeln.

Die zweite Phase kann beginnen, wenn das amerikanische GPS oder auch das russische GLONASS durch ein „Augmentations-System" ergänzt ist und von diesem kontinuierlich überwacht wird, so daß der Pilot über Fehlfunktionen des Satellitennavigationssystems unverzüglich informiert wird.

Eine entsprechende grenzüberschreitende Initiative ist EGNOS, ein Programm unter Beteiligung der europäischen Weltraumagentur ESA, der Europäischen Union und Eurocontrol: Gemeinsam will man Transponder auf Satelliten der Serie Inmarsat 3 nutzen. Sie sollen einerseits die Funktion zusätzlicher Satelliten übernehmen, andererseits die Zuverlässigkeit der GPS-Signale überprüfen und den Nutzern, wenn nötig, Korrektursignale schicken. Die US-Flugsicherungsbehörde FAA will im Rahmen ihres Wide Area Augmentation Systems (WAAS) ebenfalls so verfahren. Auf den danach folgenden Satelliten Inmarsat 4 und 5 sollen weitere, dann noch leistungsfähigere Anlagen in den Weltraum starten. Interessant ist diese Strategie nicht zuletzt unter wirtschaftlichen Gesichtspunkten, da die hohen Kosten für den Bau eines Satelliten und seinen Flug ins All auf verschiedene Nutzer umgelegt werden können.

Ob lokale, regionale oder kontinentale Augmentation: Sobald diese Ergänzungen verfügbar sind und die Funktion der Satellitennavigationssysteme kontinuierlich überwacht wird, können diese zum Hauptsystem der Flugnavigation (Primary Means of Navigation) erklärt werden. Dann können zusätzliche Verfahren veröffentlicht werden, die ausschließlich auf Satellitennavigation basieren. Falls aber notwendig, muß der Pilot in der Lage sein, das Fehlanflugverfahren mit konventioneller Navigationstechnik durchzuführen und den Ausweichflughafen zu erreichen. Die dafür notwendigen Bodensysteme müssen nach wie vor reibungslos funktionieren, die Instrumente an Bord betriebsbereit sein.

Vorausgesetzt, ein Satellitennavigationssystem gewährleistet die erforderliche Zuverlässigkeit und alle institutionellen und rechtlichen Fragen sind geklärt, steht einer Zulassung von GPS als eigenständigem Navigationssystem (Sole Means of Navigation) nichts mehr im Wege. Die Zulassung selbst darf als gesondertes Problemfeld jedoch nicht unterschätzt werden. Unter diesen Voraussetzungen könnten die bodengestützten Navigationssysteme im Rahmen der europäischen Regionalplanung nach und nach abgebaut werden. Die DFS wird aber, wo und solange dies im Interesse ihrer Kunden als sinnvoll erscheint, zunächst weiterhin die klassischen bodengestützten Navigationsanlagen bereitstellen.

Von ihren militärischen Kunden hat die DFS keine nennenswert abweichenden Anforderungen zu erwarten. Gemäß NATO-Beschluß wird sich auch die deutsche Luftwaffe zukünftig in allen Phasen des Fluges auf GPS stützen.

Erleichtert wird der Generationswechsel in der Navigationstechnik mit der Umsetzung des Konzepts „Required Navigation Performance (RNP)", mit dem die ICAO die Definition von Anforderungen an Navigationssysteme auf eine vollkommen neue Basis stellt: Verbindlich vorgeschrieben werden nicht mehr bestimmte Systeme, sondern Navigationsleistungen. In einem als RNP 1 definierten Luftraum würde dies beispielsweise bedeuten, daß das Flugzeug während 95 Prozent seiner Flugzeit seitlich nicht mehr als eine nautische Meile vom vorgesehenen Kurs abweicht.

Bei ihren Planungen setzt die DFS zunächst auf die US-amerikanischen GPS-Satelliten. Auch das russische Satellitensystem GLONASS wird in ihre Überlegungen einbezogen. Voraussetzung ist auch hier ein vollständig und stabil arbeitendes Gesamtsystem.

Auch im Cockpit bleibt die Entwicklung nicht stehen: Immer häufiger rüsten die Kunden der DFS ihre Flugzeuge mit hochmodernen Flight Management- und Trägheitsnavigations-Systemen aus. Die DFS wird diese „Intelligenz an Bord" zum integralen Bestandteil der künftigen Architektur der Flugsicherungssysteme machen.

Eine kommende Cockpittechnik für den Anflug sind möglicherweise neue Enhanced
Vision Systeme. Diese blenden dem Piloten bei schlechten Sichtverhältnissen ein
synthetisches Umgebungsbild ein, aus dem
sichtbehindernde Komponenten wie Nebel
herausgefiltert sind. Damit könnte die „Seh-
fähigkeit" des Piloten so weit verbessert werden, daß die vorhandenen Sichtbedingun-
gen ihre Bedeutung weitgehend verlieren.

Zusammenfassung

Die Eroberung des Weltalls läutete auch eine neue Ära der Flugnavigation ein. Wenn
ein Luftfahrzeug mehrere Satelliten erfaßt,
läßt sich seine Position genau ermitteln -
und auf Moving Maps anschaulich darstellen. In Lufträumen ohne Radarüberdeckung
wie über den Ozeanen ist der Präzisions-
gewinn durch GPS enorm.

Die Zukunft der Navigation liegt für alle Phasen eines Fluges in der Nutzung der Satel-
litentechnik. Der Bezugspunkt Satellit ermöglicht es dem Flugzeug, von den Funkfeuern am Boden unabhängig zu werden.
Während es für Streckenflüge und Nichtpräzisionsanflüge keine technischen Probleme mehr gibt, wird für Präzisionsanflüge noch nach der besten Lösung gesucht.
Unbeantwortet aber ist bis heute die Frage nach der organisatorischen, haftungs-
rechtlichen und finanziellen Verantwortlich-
keit.

Die DFS will ihren Kunden die Vorteile der
Satellitennavigation so frühzeitig wie möglich zugänglich machen. Als eine der ersten Flugsicherungen Europas hat sie GPS
als ergänzendes Verfahren für Strecken-
und Nichtpräzisionsanflüge zugelassen. Der
Übergang von der konventionellen zur Satellitennavigation soll sich in drei Phasen
vollziehen.

- Phase 1
  Laufende Überprüfung der Satellitennavigation mit Hilfe der klassischen bodengestützten Systeme und Instrumente im Cockpit.
- Phase 2
  Einsatz der Satellitennavigation für In-
  strumentenanflüge auch dort, wo bodengestützte Systeme nicht zur Verfügung stehen bei zusätzlicher Absiche-
  rung des Weges zu einem Ausweichflughafen durch traditionelle Systeme.
- Phase 3
  Keine traditionelle Ausrüstung mehr
  notwendig.

In Phase 1 sind die Piloten verpflichtet, den
Flug parallel mit den traditionellen Instru-
menten zu überwachen. Diese Zeit der
zweigleisigen Beobachtung der verschiedenen Flugphasen bringt bereits wertvolle
praktische Erkenntnisse über die Möglichkeiten und eventuell noch zu lösende Probleme der neuen Navigationstechnik und
der darauf aufbauenden Verfahren.

(Quelle: DFS Deutsche Flugsicherung
GmbH)

Deutscher Funk-navigationsplan 1996

Ortung und Navigation sind wichtige Grundfunktionen für eine Vielzahl von Anwendungen in Wirtschaft und Gesellschaft. Seit etwa sieben Jahrzehnten werden hierzu Verfahren der Funknavigation eingesetzt, d.h. Navigationsverfahren mit Hilfe von Signalen, die von ortsfesten Funkfeuern ausgesendet werden und aus deren Laufzeit und Laufverhalten entsprechende Empfänger eine Ortsbestimmung vornehmen können. Die Anforderungen an solche Navigationsverfahren sind mit fortschreitender Technik ständig gewachsen.

Verkehr ist einer der Hauptanwendungsbereiche, da die Bedeutung genauer, globaler, ständig verfügbarer und möglichst wetterunabhängiger Ortungs- und Navigationsmittel mit dem Einsatz moderner Informations-, Kommunikations- und Leittechniken im Verkehr (Telematik) ständig zunimmt.

Vor dem Hintergrund der historisch gewachsenen Navigationssysteme und der richtungsweisenden Möglichkeiten raumgestützter Systeme hat das Bundesministerium für Verkehr in einem Forschungsvorhabens erstmals einen „Deutschen Funknavigationsplan" (DFNP) erstellen lassen. Der DFNP stellt eine erste Grundlage für eine abgestimmte Politik auf dem Gebiet der Funknavigation dar. Er gibt einen Überblick über den Stand der bestehenden Funknavigationssysteme und beschreibt deren Nutzungsmöglichkeiten und die damit verbundenen Nutzeranforderungen.

Ziele und Inhalte des DFNP

Mit dem DFNP sollen die Interoperabilität der bestehenden Systeme gefördert und eine wirtschaftliche Nutzung erleichtert werden. Auch sollen verkehrsträgerübergreifende Anwendungen vorangebracht werden.

Der DFNP soll als koordinierendes Instrument dienen, mit dem die unter verschiedener Zuständigkeit arbeitenden Einzelsysteme zusammengeführt und eine Überlappung oder Mehrfachbereitstellung von Funknavigationssystemen bzw. deren Komponenten durch geeignete Koordinierung der Zuständigkeiten und des Betriebes vermieden werden. Darüber hinaus soll er der Einführung neuer Technologien, insbesondere der satellitengestützten Positionierung und Navigation, schnellstmöglich den Weg bereiten. Langfristiges Ziel ist es, eine wirtschaftliche, an den operationellen und den nutzerspezifischen Anforderungen orientierte Bündelung zu fördern, die die verschiedenen vorhandenen Funknavigationssysteme zu einem Gesamtsystem integriert.

Nutzeranforderungen

Um einen Überblick über die Positionierungs- und Navigationsaufgaben, die sich in Deutschland stellen, zu geben, werden im DFNP die Hauptanwendungsbereiche in folgende Nutzergruppen unterteilt:

- Landverkehr
  Unterteilung der Verkehrsarten nach:
  - gewerblichem Fern-, Nah- und Werksverkehr, Individualverkehr,
  - Land- und Forstwirtschaft,
  - Schienenverkehr und
  - Binnenschiffahrt
- Luftfahrt
- Seeschiffahrt
- Vermessungswesen sowie
- sonstige Anwendungen
  - Präzise Zeitübertragung
  - Raumfahrt
  - Meteorologie
  - Umweltmonitoring

Anforderungen	Landverkehr	Luftfahrt	Schiffahrt	Geodäsie
Genauigkeit (Position) Dimension	2D - 3D	2D - 3D	2D - 3D	1D - 3D
Genauigkeit (Position) Wert horizontale [m] 2σ	0,5 - 5000	1,5 - 125	0,01 - 100	0,001 - 30
Genauigkeit (Position) Wert vertikal [m] 2σ	0,5 - 5000	1,5 - 12	0,01 - 1	0,001 - 30
Genauigkeit Geschwindigkeit [kn]	-*	-*	0,01 - 0,1	entfällt
Genauigkeit Kurs/Lage [°]	-*	-*	0,1 - 1	entfällt
Genauigkeit Zeit [s]	-*	-*	10^{-6} - 1	-*
Verfügbarkeit zeitlich	> 0,98	> 0,997	0,95 - 0,999	> 0,95
Verfügbarkeit räumlich	lokal - global	lokal - global	lokal - global	lokal - global
Verfügbarkeit Vorwarnzeit	-	< 1 s	10 s - 1 Std.	sofort - 1 Tag
Verfügbarkeit Redundanz	keine	notwendig	notwendig	intern - extern
Kontinuität / tolerierbare Abschattung	Sek.-Std.	$1 \cdot 1 \cdot 10^{-3}$ - 1- $4 \cdot 10^{-6}$	-*	-*
Integrität	ja	$1 \cdot 1 \cdot 10^{-5}$ - 1- $3,3 \cdot 10^{-9}$	ja	-*
Ortungsintervalle / Fixperiode	Millisek.-Std.	0,5 - 1 s	0,1-10 s	Sek.-Std.
eigene Referenzstationen	nein	ja	ja (IALA)	ja
Datenformat	RTCM	RTCA	RTCM	RTCM, Rohdaten

*Anforderungen nicht bekannt

Abb. 5.1: Navigatorische Anforderungsprofile der verschiedenen Verkehrsbereiche.

Anforderungsparameter

- Genauigkeit (Position / Geschwindigkeit / Zeit)
- Verfügbarkeit (zeitlich / räumlich / institutionell)
- Kontinuität (Einsatzverfügbarkeit)
- Warnung vor Fehlfunktion (Integrität)
- Ortungsintervalle / Fixperioden

Spezielle Parameter werden gesondert aufgezeigt. In der Tabelle auf dieser Seite sind die minimalen und maximalen Anforderungen als Wertebereiche der Hauptnutzergruppen zusammengefaßt.

Vorhandene Navigationssysteme

Der DFNP gibt einen Überblick über die für Deutschland wichtigsten Funknavigationssysteme mit ihren wesentlichen Leistungsparametern

- Genauigkeit
- zeitliche und räumliche Verfügbarkeit
- Fixperiode.

Bei der Beschreibung dieser Systeme wird im DFNP sowohl auf die aktuellen Planungen für den Systembetrieb, die zukünftige Systembereitstellung sowie auf den Nutzerbedarf eingegangen. Weiterhin legt der

DFNP die derzeitigen Verantwortlichkeiten für die Bereitstellung von Funknavigationssystemen dar. Der DFNP macht deutlich, daß die Bedürfnisse nach Ortung und Navigation in der Vergangenheit mit unterschiedlichen, an den Anforderungen der verschiedenen Anwender orientierten Systemen erfüllt wurden.

Der laufende und projektierte Status der zuvor beschriebenen Funknavigationssysteme ist in Abbildung 5.5 (Status der Funk-NAV-Systeme) am Ende dieses Kapitels zusammengefaßt.

Bewertung

- Die an den speziellen Anforderungen der Anwender orientierte Systemarchitektur läßt eine nutzergruppenübergreifende Anwendung meist nicht zu.
- Einige Systeme wie OMEGA, DECCA scheinen ihre wirtschaftliche Grenze erreicht zu haben.

- LORAN-C steht heute in Europa unter ziviler Kontrolle und wird möglicherweise neue Anwendungsfelder finden.
- Die vorhandenen Navigationssysteme NDB, (D)VOR/DME, ILS in der Luftfahrt werden zumindest mittelfristig (bis zum Jahr 2005) noch Bestand haben. Jedoch wird in dem Maße, wie satellitengestützte Systeme als primäre bzw. als alleinige Navigationsverfahren eingesetzt werden können, der Nutzerbedarf für diese Systeme zurückgehen.
- Das MLS-System dürfte aufgrund der hohen Kosten das ILS nur in Ausnahmefällen ersetzen können.
- Die Satellitennavigation ist, soweit heute erkennbar, das System der Zukunft.

Gegenüber den herkömmlichen bestehenden Navigationssystemen bietet die Satellitennavigation neben hoher Genauigkeit und weitgehender Wetterunabhängigkeit auch den Vorteil, daß mit nur einem einzigen stän-

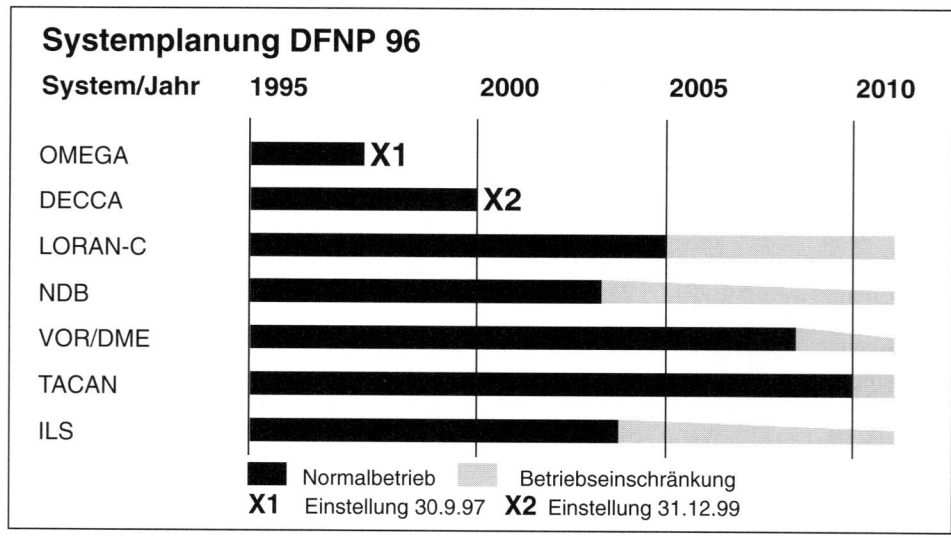

Abb. 5.2: NAV-Systemplanung beim Deutschen Funknavigationsplan DFNP 1996.

Ortungs-system	Genauigkeit horizontal	Verfügbarkeit Räumlich	Verfügbarkeit Zeitlich (%)	Fixperiode (typisch) (s)	Dimension
GPS	100 m	global	≈100	1	3D
DGPS	1 - 10 m	regional	≈100	1	3D
GLONASS	20 m	global	≈100	1	3D
DGLONASS	1 - 10 m	regional	≈100	1	3D
DECCA	50 - 500 m	regional	>99	0,1 - 20	2D
DME	30 - 400 m	lok. - reg.	≈100	kontinuierlich	1D
ILS	0,8 - 20 m	lokal	≈100	kontinuierlich	3D
LORAN C	50 - 500 m	regional	>99	0,1	2D
MLS	0,6 - 7,5 m	lokal	≈100	kontinuierlich	3D
NDB	3 - 10 °	lok. - reg.	99	kontinuierlich	1D
OMEGA	1 - 4 sm	global	99	10	2D
SYLEDIS	5 - 10 m	lokal	98	1	2D
TACAN	1 °	lok.- reg.	≈100	kontinuierlich	2D
VOR, DVOR	2 - 4 °	lok.- reg.	≈100	kontinuierlich	1D

1. Genauigkeit sowie zeitliche und räumliche Verfügbarkeit sind je nach System mehr oder weniger abhängig von Tageszeit und Wetter. 2. Die zeitliche Verfügbarkeit ist in „% pro Monat" angegeben.

Abb. 5.3: Vorhandene FunkNAV-Systeme.

dig verfügbaren System weitgehend sämtliche Nutzeranforderungen weltweit erfüllt werden können.

Die Satellitennavigationssysteme GPS und GLONASS sind national kontrolliert und auf militärische Anwendungen zugeschnitten. Sie können z.Zt. ohne direkte Gebühren für zivile Anwendungen genutzt werden. Jedoch können beide die für sicherheitsrelevante und hoheitliche Anwendungen (z.B. Luftfahrt, Schiffahrt, Bahn besonders im Hochgeschwindigkeitsverkehr) notwendigen Anforderungen nach Kontinuität, Integrität und Präzision nicht garantieren.

Daher unterstützt die Bundesregierung die von der EU eingeleiteten Aktivitäten, die darauf zielen:

- Zunächst die bestehenden Systeme durch technische Ergänzungen kurzfristig auch für hohe Anforderungen stellende zivile Anwendungen nutzbar zu machen (GNSS 1, EGNOS) und
- parallel dazu Vorarbeiten einzuleiten zur Konzeption und Organisation eines europäischen Beitrages zu einem globalen, zivilen nach internationalen Vorgaben operierenden Satellitennavigationssystems.

Die Bundesregierung engagiert sich hierfür mit erheblichen Finanzmitteln, geht jedoch im Hinblick auf die Vermarktungsmöglichkeiten der Satellitennavigation davon aus, daß ein rein staatlicher Aufbau und Betrieb eines solchen Systems nicht notwendig ist und somit nicht infrage kommt. Ein derartiges System ist nur dann realisierbar, wenn sich die europäische Indu-

159

strie nachhaltig an Aufbau, Betrieb und Finanzierung beteiligt.

In diesem Zusammenhang wird von dem kürzlich für den Bereich der Zivilluftfahrt gegründeten „Navigation Systems Program Office (NASPO)" ein wichtiger Beitrag für die Weiterentwicklung der nationalen Strategie für den Einsatz der Satellitennavigation in der Zivilluftfahrt erwartet.

Damit die Arbeiten in dem beabsichtigten Zeitrahmen zügig voranschreiten (FOC, Final Operational Capability: EGNOS: 2002; IOC, Initial Operational Capability GNSS 2: ab 2005) wird es entscheidend darauf an-

kommen, Wege für die Lösung der rechtlichen, institutionellen und finanziellen Belange zu finden.

Eine Fortschreibung des DFNP ist jeweils im Abstand von zwei Jahren vorgesehen. Das Bundesministerium für Verkehr nimmt Anregungen zur Fortschreibung des DFNP entgegen. Der DFNP kann bei der FGSV Verlag GmbH bezogen werden.

(Quelle: Kurzfassung des DFNP-Schlußberichts, Avionik Zentrum Braunschweig)

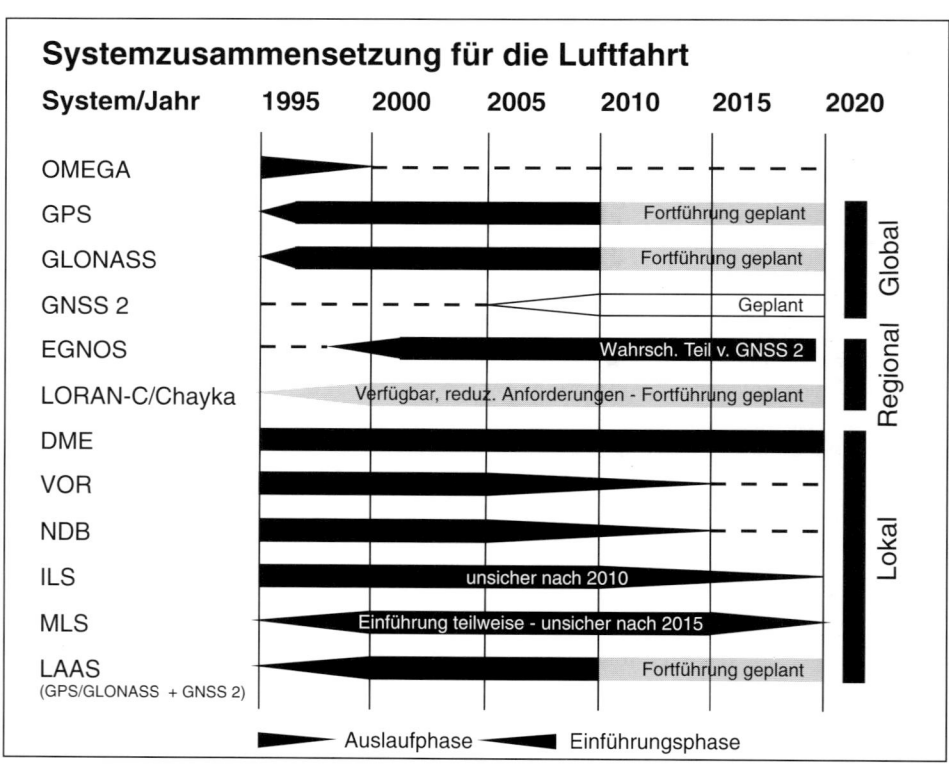

Abb. 5.4: NAV-System-Zusammensetzung 1995 bis 2020 nach dem Europäischen Radionavigationsplan ERNP 1996.

SYSTEM	STATUS	PLANUNG
OMEGA	• keine nationale Stationen • geringe Anzahl von Nutzern	in Betrieb bis 1997
LORAN C	• eine Station in Sylt, kürzlich aktualisiert • geringe Anzahl nationaler Nutzer	in absehbarer Zukunft Verknüpfung der LORAN-C-Station auf Sylt mit der russischen CHAYKA-Kette an der Ostsee geplant
DECCA	• nur noch eine nationale Station in Betrieb • schnell sinkende Zahl von Nutzern	in Betrieb bis Ende 1999
Syledis	• drei Senderketten im deutschen Küstenbereich • geringe Anzahl von Nutzern	in Betrieb bis Ende 1998
NDB	• gegenwärtig 116 NDB-Stationen in Betrieb • große Anzahl von Nutzern	Einschränkung des NDB-Betriebs für Anflug und Landung frühestens ab 2003 und für die Streckennavigation frühestens ab 2008
(D)VOR/DME	• 23 VOR-, 39 DVOR sowie 51 DME-Stationen in Betrieb • große Anzahl von Nutzern	Modernisierungs- und Erweiterungsprogramm der DFS von 1996 bis 1998, in Betrieb mindestens bis 2008
TACAN	• gegenwärtig 39 TACAN-Stationen in Deutschland • große Anzahl von Nutzern	in Betrieb mindestens bis 2010, abhängig von militärischen Anforderungen
ILS	• gegenwärtig 48 ILS-Stationen in Betrieb (davon 28 Stationen mit CAT II/III) • große Anzahl von Nutzern	Auslaufphase für CAT I ILS beginnt nicht vor 2003, von CAT II/III ILS nicht vor 2010
MLS	• als Versuchssystem in Betrieb • keine operationellen Nutzer	keine permanenten MLS-Installationen für deutsche Flughäfen geplant
(D)GPS	• FOC (Full Operational Capability) erreicht seit 1995 • 2 nationale DGPS-Stationen (Wustrow und Helgoland) in Betrieb für maritime Sicherheit • große Anzahl von Nutzern	in Betrieb mindestens bis 2010, im Flugwesen als Ergänzungssystem genutzt seit 1995, als primäres System geplant ab 1998
(D)GLONASS	• vollständige Konstellation erstmals Anfang 1996 • geringe Anzahl von Nutzern durch u.a. begrenzten Endgerätemarkt	Bereitstellung von GLONASS mindestens bis 2010 ohne direkte Nutzergebühren, Erweiterung der DGPS-Stationen (Wustrow, Helgoland) mit DGLONASS für maritime Sicherheit

Abb. 5.5: Status der FunkNAV-Systeme.

EGNOS - GNSS1

Das europäische Satellitennavigations-Aktionsprogramm (ESN) besteht aus den beiden Planungsphasen GNSS1 und GNSS2 und ist zunächst für 5 Jahre angelegt.

EGNOS (European Geostationary Navigation Overlay System), das europäische Navigationsprojekt, ist eine Initiative der EU (Europäische Union) und soll zusammen innerhalb der Planungsphase GNSS1 mit Eurocontrol und der ESA (European Space Agency) realisiert werden. Das Overlay-System ist als ergänzendes System zur Erhöhung der Zuverlässigkeit und Genauigkeit von GPS gedacht und soll Präzisionslandungen ermöglichen.

Zwar kann durch existierende DGPS-Verfahren, die GPS-Genauigkeit bis in den Zentimeterbereich erhöht werden, aber die eingeschränkte Systemzuverlässigkeit, die zeitlich nicht optimale Signalverfügbarkeit und nicht zuletzt die Abhängigkeit von den USA ist den Europäern schon seit längerer Zeit ein Dorn im Auge. Allerdings ist auch EGNOS eine Kompromißlösung auf dem Weg zu einem rein europäischen Navigationssystem ohne die Satelliten der USA, denn EGNOS basiert nach wie vor auf GPS.

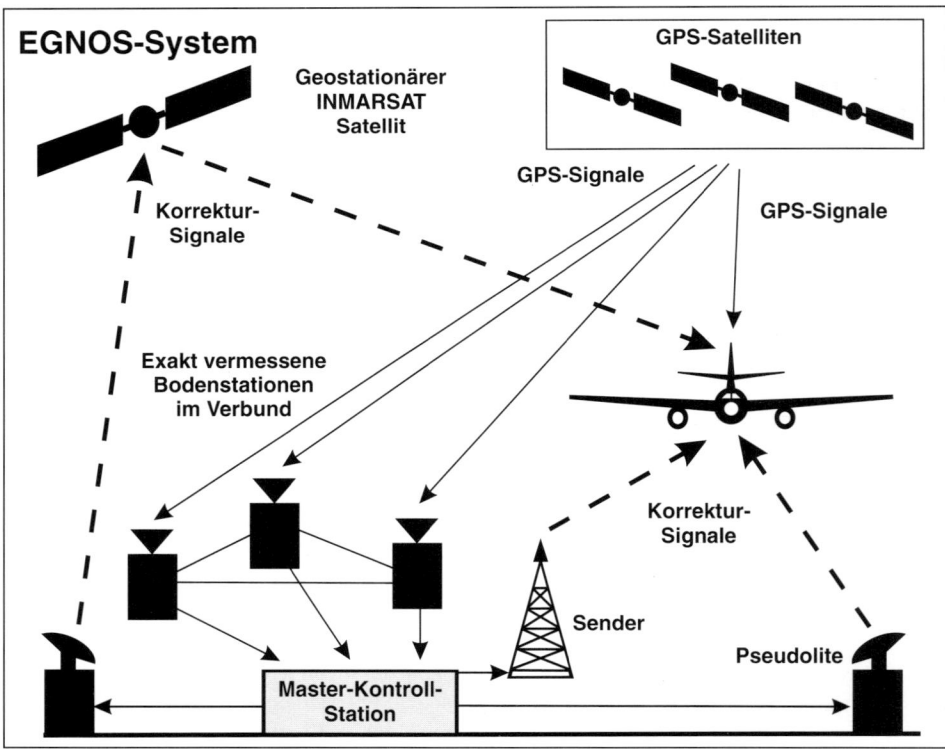

Abb. 5.6: Funktionsprinzip von EGNOS: Basis für dieses europäische Projekt sind die geostationären Inmarsat-3s-Satelliten, die in Verbindung mit lokalen DGPS-Sendern und regionalen Pseudolites Korrekturdaten an die Luftfahrzeuge senden.

Während die Europäer bei der Satellitennavigation gegenüber den USA entwicklungstechnisch deutlich zurückliegen, plant die FAA das WAAS, das Wide Area Augmentation System, das weltweit die GPS-Genauigkeit optimieren soll. Und als weiteren Coup wird die offizielle Erklärung der USA gesehen, eine weitere GPS-Frequenz (L5) bei künftigen Satellitengenerationen (Block IIF) allen zivilen GPS-Anwendern zur Verfügung zu stellen. Mit einer solchen „Augmentation" um eine weitere Frequenz könnten unter Umständen wesentlich genauere Positionsbestimmungen erreicht werden. Die Erklärungen der offiziellen US-Stellen zu diesem Thema sind im folgenden Abschnitt „GPS-Politik der USA" im Original-Wortlaut abgedruckt.

Inwieweit und in welcher technischen Form diese Frequenz allerdings de facto für Positionsverbesserungen nutzbar sein wird, ist noch offen. Das europäische Argument der GPS-Ungenauigkeit durch SA könnte aber mit der L5-Einführung entkräftet werden - ein guter Schachzug der USA gegenüber den GPS-navigatorischen Abnabelungsversuchen der Europäer.

GPS-Politik der USA

DOT and DOD assure GPS access for civil users

The Department of Transportation (DOT) and Department of Defense (DOD) today announced an agreement assuring civil users of the satellite-based Global Positioning System (GPS) the availability of a second frequency. A second frequency is essential for critical civilian uses of GPS. The White House Commission on Aviation Safety and Security, chaired by Vice President Al Gore, called for the establishment of a second civil frequency as part of a broader program to maintain U.S. leadership in aviation and satellite technology.

DOD agreed to assure civil users uninterrupted access to a portion of its military signal, known as the „carrier phase." The uninterrupted access to L2 carrier phase for civilian uses will be reflected in the upcoming publication of the Federal Radionavigation Plan, jointly published by both departments.

Guaranteed availability of the L2 carrier phase signal will support the accelerated implementation of the Federal Aviation Administration's (FAA) Wide Area Augmentation System (WAAS). WAAS is the centerpiece of FAA's transition to a satellite-based air traffic control system. WAAS enhances the capabilities of GPS signals by providing the accuracy, integrity and reliability needed to allow the system to be used by civilian pilots as a primary means of navigation.

In addition, DOT and DOD agreed to develop a plan for providing a second frequency with coarse acquisition code and navigation message for civil use.

This will enhance worldwide GPS capability and allow each department to most effectively meet its responsibilities as laid out in the President's GPS Policy issued in 1996. The addition of a second civil frequency will result in an upgrading of the next generation satellites, known as the Block IIF. The detailed plan for providing this coded second civil frequency will be announced within one year.

Dr. Paul Kaminski, under secretary of defense for acquisition and technology, and Frank Kruesi, assistant secretary for transportation policy, met on Feb. 22 to review the frequencies specified in the Block IIF contract for possible use as the second civil frequency, referred to as L5. Although none of the candidate frequencies listed in the Block IIF contract was considered mutually acceptable to all federal agencies with an interest in GPS, DOT and DOD reaffirmed their commitment to providing the second coded frequency for civil use.

As a first step, DOD's GPS Joint Program Office has requested a proposal from Boeing North American, the Block IIF contractor, for an alternative design for providing the second civil frequency. Also, the DOD intends to investigate increasing the robustness of GPS for military use by supplementing the current system with an enhanced military capability at a yet to be determined frequency.

These planned changes reflect the commitment in the President's GPS Policy that the United States will provide the most capable and reliable satellite navigation system for use by all nations of the world well into the next century.

The DOT and the DOD also announced the signing of the charter for the Interagency GPS Executive Board (IGEB).

The agreement was signed by Secretary of Defense William Cohen and Secretary of Transportation Federico Peña before he left office. This board, established by the President's GPS Policy, will provide interagency management of the GPS and U.S. government augmentations to the GPS, and policy guidance for U.S. efforts to assure global acceptance of GPS technology.

(Quelle: DOT, DOD, 27.02.97)

New radionavigation plan includes second GPS frequency for civil use

U.S. Secretary of Transportation Rodney E. Slater and Secretary of Defense William S. Cohen today announced the release of the 1996 Federal Radionavigation Plan (FRP), which includes planning for access by civil users of a second Global Positioning Satellite (GPS) frequency.

„President Clinton recognizes the importance of providing GPS services to both military and civil users," Secretary Slater said. „Our goal is to implement GPS as the world standard in civil navigation and positioning. We envision it to be the standard guidance system for all modes of transportation, thus providing a giant leap ahead in safety and efficiency."

Secretary Slater said that in formulating policies for radionavigation, the federal agencies considered both user requirements and limited government resources. Both the Department of Transportation and the Department of Defense recognize that civil users need two GPS frequencies to satisfy many of their requirements. Until a second civil frequency is available, assurances have been given in the FRP by the Defense Department that it will not interfere with civil user access to a portion of the GPS

L2 signal, known as the carrier phase, while the Defense and Transportation Departments work together to implement a second coded civil signal on the future Block IIF satellites. A plan to accomplish this is due to be completed within a year.

The FRP is a joint product of the Departments of Transportation and Defense. Secretary Slater noted DOD's continuing cooperation in producing the policy and planning document and acknowledged the importance of GPS in serving the needs of manufacturers and users of federal radionavigation systems.

The FRP, which is mandated by Congress, has been jointly produced by the two departments every two years since the first edition in 1980. GPS, the primary system in the FRP, is a satellite-based radio navigation system originally developed by the Department of Defense that now is increasingly used by motor carriers, rail and transit systems, airlines and commercial shippers worldwide to track vehicles and goods, and provide highly accurate, three-dimensional data on position, speed and time determinations.

Free copies of the 1996 FRP are available from the Volpe National Transportation System Center, Kendall Square, Cambridge, Mass. 02142. The 1996 FRP is on the Internet World Wide Web at:

http://www.navcen.uscg.mil/frp.

(Quelle: DOT 122-97, 12.08.97)

LW-Realtime DGPS

Für die GPS-Navigation im Luftfahrtbereich gibt es in Europa noch kein DGPS-Verfahren, das den behördlichen Vorschriften und den Forderungen nach Erhöhung der Zuverlässigkeit und der Verfügbarkeit entspricht. Wie ein Lösungsansatz für DGPS in der Luftfahrt aussehen könnte, beschreibt der folgende Textbeitrag des Bundesamtes für Kartographie und Geodäsie (früher: IfAG, Institut für Angewandte Geodäsie).

LW-Realtime-DGPS wird als Gemeinschaftsdienst der Telekom und des Instituts für Angewandte Geodäsie zur genaueren Navigation bzw. Positionsbestimmung in Echtzeit in absehbarer Zeit eingerichtet und zur Verfügung stehen.

LW-Realtime-DGPS basiert auf dem NAVSTAR Global Positioning System GPS, dem globalen Navigationssystem, mit dem bei Einzelpunktbestimmungen eine Positionsgenauigkeit von ca. 100 m (95% stat. Sicherheit) gewährleistet werden kann, und stellt in Echtzeit Korrekturdaten bereit, um die durch GPS bestimmte Position deutlich zu verbessern.

Zur Erhöhung der Störsicherheit werden vom GPS-Betreiber Techniken eingesetzt, die unter der Bezeichnung Selective Availability (SA) und Anti-Spoofing (AS) bekannt sind. Sie führen in der zivilen Naviagation zu einer Systemverschlechterung.

Differential GPS (DGPS)

Um die Genauigkeit der Positionsbestimmung zu erhöhen, werden differentielle Techniken eingesetzt. Mit einem GPS-Empfänger wird auf einer Referenzposition, deren Koordinaten bekannt sind, die über GPS ermittelte Position aufgezeichnet. Ein Vergleich erlaubt es, für alle beobachteten Satelliten Korrekturdaten (Pseudo-Range Corrections und Range Rate Corrections) zu berechnen. Diese Korrekturdaten sind für größere Regionen, z.B. für die Bundesrepublik Deutschland, gültig und können bei navigatorischen Aufgaben in diesem Gebiet verwendet werden.

Damit können die mit einem anderen GPS-Empfänger ermittelten Positionen durch Einbeziehen der Korrekturdaten eine Genauigkeit von wenigen Metern erreicht werden.

Aussendung der Korrekturdaten über Langwelle

Mit LW-Realtime-DGPS werden in Echtzeit Korrekturdaten durch Aussendung über einen Daten-Langwellensender zur Verfügung gestellt.

Zur Ableitung der Korrekturdaten ist eine permanente GPS-Referenzstation bei der Sendefunkstelle Mainflingen der Telekom (bei Frankfurt/M) installiert. Ihre Koordinaten sind im Europäischen Referenzsystem (EUREF) bekannt. Die Daten werden von dort über Langwelle (123,7 kHz) im RDS-Format ausgestrahlt.

Langwelle hat für diese Anwendung große Vorteile: Sie überdeckt ein Gebiet, das grösser als die Bundesrepublik Deutschland ist, Abschattungen sind im Vergleich mit UKW gering, kleine und preiswerte Empfängerkonzepte sind realisierbar, der Langwellenempfänger ist in den GPS-Empfänger integrierbar, moderne Übertragungs- und Modulationsverfahren liefern gute Empfangsqualität und sichern hohe Betriebszuverlässigkeit.

Genauigkeit

Der GPS-Empfänger errechnet nach dem Empfang des ersten Korrekturdatensatzes seine Position. Bundesweite Versuche haben entfernungsabhängige Positionsfehler im Bereich von 1-3 m ergeben. Für Vergleichsmessungen wurden Punkte des genauesten Vermessungsnetzes der Bundesrepublik Deutschland (DREF/EUREF) genutzt. Sie haben diese Genauigkeit bestätigt.

Betriebssicherheit

Im Zuge eines weiteren Ausbaus von LW-Realtime-DGPS werden DGPS-Monitorstationen eingerichtet, die im Sendebereich des Langwellensenders kontinuierliche Soll-Ist-Koordinatenvergleiche durchführen. Sie geben bei fehlerhafter Übertragung der Korrekturdaten und bei Systemausfällen der Referenzstation Alarm. Die Verfügbarkeit der Sendeanlage wird durch den Aufbau von Reservesystemen gewährleistet.

Format der Korrekturdaten (RTCM-Standard)

Von der Radio Technical Commission for Maritime Services Special Committee 104 (RTCM SC 104) sind Standards über das Format der Korrekturdaten festgelegt worden. Beim LW-Realtime-DGPS werden die Korrekturdaten im RTCM-Format Version 2.0 gesendet.

Nutzer des LW-Realtime-DGPS

Überall, wo Positionen metergenau benötigt werden, ist LW-Realtime-DGPS von Interesse, z.B. in folgenden Bereichen:

- Fahrzeugnavigation
- Straßenverkehr
- Schiffsverkehr

- Flugverkehr (Präzisionsanflüge)
- Schienenverkehr
- Verkehrsmanagement, Verkehrsleitung
- Flottenmanagement
- Transportunternehmen
- Taxi
- Rettungs- und Sicherheitsdienste
- Polizei
- Krankentransporte
- Feuerwehr
- Technisches Hilfswerk
- Landwirtschaft, Umwelt
- Geoinformationssysteme
- Container / Lagerverwaltung

DGPS-Hard- und Software

Benötigt wird für die Positionsbestimmung ein handelsüblicher GPS-Empfänger, der das Format RTCM SC 104, Version 2.0, verarbeiten kann. Die Korrekturdaten sind mit einem speziellen Langwellenempfänger zu empfangen, der direkt über eine RS 232 Schnittstelle mit dem GPS-Empfänger verbunden wird oder künftig bereits im GPS-Empfänger integriert werden soll. Eine spezielle Software ist nicht erforderlich, da wie beim normalen GPS-Signalempfang ebenfalls nur die Positionsdaten und die Zeit benötigt werden. Diese NAV-Daten sind dann allerdings durch DGPS hochgenau.

(Quelle: Bundesamt für Kartographie und Geodäsie)

NfL II - 73/94

Bekanntmachung über die Musterzulassung und Verwendung von GPS-Empfängern/Systemen als ergänzendes Navigationssystem (Supplemental Navigation System)

Das Satellitennavigationssystem des U.S. Verteidigungsministeriums (Global Positioning System, GPS) hat seine Endausbaustufe erreicht; alle 24 Satelliten sind verfügbar. Anfang Dezember 1993 begann die zweite Phase der Erprobung (Phase II: Initial Operational Capability, IOC) durch das Pentagon in Zusammenarbeit mit der amerikanischen Luftfahrtbehörde FAA.

Durch die Veröffentlichung der TSO C115b (Technical Standard Order) „Airborne Area Navigation Equipment Using Multi-Sensor Inputs" und C129 „Airborne Supplemental Navigation Equipment Using the Global Positioning System (GPS)" der FAA und die Verfügbarkeit eines Minimum Operational Performance Standards für GPS-Geräte hat sich betreffend NfL II-27/92 und NfL II-20/93 eine neue Sachlage ergeben.

Da mit der TSO C115b und der TSO C129 nun Lufttüchtigkeitsforderungen für GPS-Empfänger zur Verfügung stehen, ist eine Basis für die Musterzulassung dieser Geräte durch das Luftfahrt-Bundesamt gegeben und die Musterprüfung durchführbar.

Europäische oder nationale Ergänzungen oder Änderungen sind möglich.

Für die Musterzulassung und den Einbau von GPS-Empfängern/Systemen sowie deren Verwendung gilt:

1. Allgemeines

1.1 Anwendungsbereich

Eine Musterzulassung von GPS-Empfängern und -Systemen ist derzeit sowohl für VFR-Betrieb als auch IFR-Betrieb nur als ergänzendes Navigationssystem (Supplemental Navigation Equipment) möglich.

1.1.1 Diese Bekanntmachung behandelt GPS-Empfänger, die zum Einbau in Luftfahrzeuge bestimmt sind, d.h., Empfänger und Systeme, die mechanisch und/oder elektrisch mit dem Luftfahrzeug verbunden werden.

1.1.2 Die nachfolgenden Verfahren sind sowohl für gewerblich als auch nichtgewerblich betriebene Luftfahrzeuge anzuwenden.

1.1.3 Die Bestimmungen der Verordnung über die Flugsicherungsausrüstung der Luftfahrzeuge (FSAV) bleiben unberührt.

1.1.4 Die Regelungen dieser Bekanntmachung beziehen sich insbesondere für den IFR-Flugbetrieb nur auf technische Forderungen. Betriebsverfahren werden von der Deutschen Flugsicherung GmbH (DFS) festgelegt.

1.2 Anwenderhinweise

1.2.1 Sollten keine oder nicht ausreichende anerkannte Herstellerunterlagen für den Einbau in Luftfahrzeuge vorliegen, ist eine ergänzende Musterprüfung erforderlich.

1.2.2 Voraussetzung für die Musterzulassung von GPS-Empfängern/Systemen ist die Erfüllung fernmeldetechnischer Forderungen, sofern sie durch Rechtsvorschriften gefordert werden.

1.3 Definitionen

1.3.1 Stand-Alone-GPS-Empfänger

Stand-Alone-GPS-Empfänger sind Geräte, die nicht mit anderen Navigations-Sensoren oder Navigations-Systemen wie z.B. DME, Loran-C, Omega, Inertial-Systemen usw. kombiniert werden.

1.3.2 Multisensor-Systeme

Navigation-Management- oder Flight-Management-Systeme, die zur Positionsbestimmung des Luftfahrzeugs die Daten verschiedener Sensoren integrieren, werden als Multisensor-Systeme bezeichnet. Die Luftfahrzeugposition kann mittels einer Reihe von Methoden bestimmt werden, die abhängig sind von Faktoren wie Verfügbarkeit und Genauigkeit der Sensordaten, Signalparameter, Position und/oder Flugphase, Integrität der Signale usw. Bei der Positionsbestimmung können sowohl Daten von Bodenstationen wie z.B. DME-DME, DME-VOR, VLF/Omega, Loran-C als auch Daten von GPS und Inertialnavigationssystemen wie z.B. INS und IRS benutzt werden.

2. Durchführungsvorschriften

2.1 Stand-Alone-GPS-Empfänger für VFR-Betrieb

2.1.1 Die Forderung nach einer Musterzulassung für Stand-Alone-GPS-Empfänger für den VFR-Betrieb wird bis auf weiteres ausgesetzt.

2.1.2 Die Installation der GPS-Anlage muß nach Herstellerunterlagen von einem luftfahrttechnischen Bebrieb (LTB), in dessen Anerkennungsumfang die elektronische Ausrüstung des entsprechenden Luftfahrzeugmusters enthalten ist, durchgeführt werden.

Für Segelflugzeuge und Motorsegler, in denen als Flugsicherungsausrüstung gemäß FSAV nur ein UKW-Sende/Empfangsgerät installiert ist, gilt folgende Regelung:

Die Installation der GPS-Anlage muß nach Herstellerunterlagen geschehen und kann von einer sachkundigen Person durchgeführt werden. Die Nachprüfung ist von einem LTB mit dem Anerkennungsumfang „Motorsegler und Segelflugzeuge" durchzuführen. Als Prüfpersonal muß ein Prüfer Klasse 3 mit der Fachrichtung VHF-Sprechfunkanlagen tätig werden.

2.1.3 Es ist ein Hinweisschild „GPS nur für VFR" oder „GPS VFR only" deutlich sichtbar in der Nähe des Anzeigegerätes anzubringen.

2.1.4 Unabhängig von dieser Regelung kann ein Hersteller den Antrag auf Musterzulassung nach § 4 der Luftverkehrs-Zulassungs-Ordnung (LuftVZO) stellen. Die Grundlage für die Musterzulassung ist die TSO-C129. Nach Erstellung einer entsprechenden europäischen Bauvorschrift (JTSO) wird auch diese angewendet.

2.2 Stand-Alone-GPS-Empfänger für IFR-Betrieb

2.2.1 Für diese GPS-Empfänger ist gemäß LuftVZO eine Musterzulassung erforderlich. Zulassungsbasis ist die TSO-C129.

2.2.2 Für die Installation in ein Luftfahrzeug sind folgende Voraussetzungen zu erfüllen:

a) Der GPS-Empfänger muß vom LBA als Muster zugelassen sein.

b) Die Installation der GPS-Anlage muß nach anerkannten Herstellerunterlagen von einem LTB, in dessen Anerkennungsumfang die elektronische

Ausrüstung des entsprechenden Luftfahrzeug-Musters einschließlich GPS-Anlagen enthalten ist, durchgeführt werden.

2.2.3 Für den IFR-Betrieb ist folgende Voraussetzung zu erfüllen:

Die durch die erste bzw. dritte Durchführungsverordnung zur Betriebsordnung von Luftfahrtgerät (1. bzw. 3. DVO LuftBO) und FSAV geforderte IFR-Navigationsausrüstung muß in jedem Fall betriebsbereit, ihre Anzeigen müssen kontinuierlich vorhanden sein und vom Piloten überwacht werden (siehe hierzu auch 1.1.4).

2.3 Multisensor-Systeme mit GPS

2.3.1 Diese Systeme unterliegen gemäß LuftVZO der Musterzulassung durch das Luftfahrt-Bundesamt. Zulassungsbasis ist die TSO-C129 i.V.m. TSO-C115b.

2.3.2 Für die Installation in ein Luftfahrzeug sind, abhängig von der Komplexität des Systems und der Vernetzung mit anderen Systemen, die folgenden Verfahren möglich:

a) Das Multisensor-System ist gemäß LuftVZO, § 1 Abs. 1 Nr. 12, vom LBA als Muster zugelassen. Die Installation wird als große Änderung eingestuft und unterliegt somit einer ergänzenden Musterprüfung des Luftfahrzeugs.

b) Die Musterzulassung des Multisensor-Systems wird gemäß LuftVZO, § 1 Abs. 2, in die Musterzulassung des Luftfahrzeugs einbezogen und gilt dann nur für die Verwendung des Multisensor-Systems in Luftfahrzeugen dieses Musters.

2.3.3 Für den IFR-Betrieb ist folgende Voraussetzung zu erfüllen:

Die durch die 1. bzw. 3. DVO LuftBO und FSAV geforderte IFR-Navigationsausrüstung muß in jedem Fall vorhanden und betriebsbereit sein (siehe hierzu auch 1.1.4).

2.3.4 Bei Nutzung von GPS-Signalen in Multisensorsystemen ist eine GPS-Betriebsanzeige erforderlich.

2.4 Kopplung mit Autopilot/Flight Director

2.4.1 Das GPS-Navigationssystem darf direkt oder indirekt auf den Autopiloten/Flight Director aufgeschaltet werden unter der Voraussetzung, daß das Ausgabeformat der Steuerdaten des GPS-Systems kompatibel ist mit dem Autopilot/Flight Director-System. Die Kopplung eines Autopilot/Flight Director mit einem GPS-Empfänger/System erfordert die Durchführung eines Nachweisfluges im Rahmen der ergänzenden Musterprüfung. Es sind sowohl die ausreichende Leistung wie auch die Abweichungen des Systems bei allen verfügbaren Empfindlichkeitseinstellungen nachzuweisen.

2.4.2 Bei direkter Aufschaltung auf den Autopiloten/Flight Director ist ein Schalter mit visueller Kontroll-Anzeige (NAV/GPS) vorzusehen, der dem Luftfahrzeugführer eindeutig den Betriebsmodus anzeigt. Ferner ist ein Schaltelement vorzusehen, das beim Rasten von Localizer-Frequenzen (LOC) bzw. Instrumenten-Landesystem-Frequenzen (ILS), unabhängig vom Betriebsmodus der Aufschaltung (NAV/GPS), den ausschließlichen Empfang dieser Frequenzen sicherstellt.

2.4.3 Bei indirekter Aufschaltung in einem Mulitsensor-System ist durch geeignete Maßnahmen sicherzustellen, daß die primären Navigationssysteme durch fehlerhafte GPS-Signale nicht unzulässig beeinflußt werden.

2.5 Bereits installierte GPS-Geräte/Systeme

GPS-Geräte, die vor Inkrafttreten dieser Bekanntmachung installiert wurden, dürfen weiter betrieben werden, wenn die entsprechenden Voraussetzungen der obigen Punkte 2.1 bis 2.4.2 erfüllt sind. Sollte dies nicht der Fall sein, ist eine entsprechende Überprüfung durchzuführen, beziehungsweise eine Musterzulassung zu beantragen. Zulassungsfähig nach 2.2 bis 2.4.2 sind nur GPS-Geräte, die die Mindestforderungen nach TSO C129 erfüllen. In Zweifelsfällen ist beim Hersteller des Gerätes zu erfragen, ob die TSO C129 erfüllt wird oder eine TSO-Anerkennung möglich ist.

3. Derzeitige Grenzen des GPS und daraus folgende Nutzungsbeschränkungen

Dem GPS-Navigationssystem haften zur Zeit noch eine Reihe erheblicher Probleme an. Hier einige Beispiele:

- Dem Nutzer wird nicht oder nicht rechtzeitig angezeigt, wenn die Meßdaten nicht mehr verläßlich sind und damit z.B. die Positionsdaten außerhalb der Toleranz liegen.
- Da das GPS im Bereich sehr hoher Frequenzen arbeitet, muß bei tiefliegenden Luftfahrzeugen mit Signalabschattungen im bergigen Gelände und durch hohe Gebäude gerechnet werden. Die Anzahl der Satelliten, die der GPS-Empfänger „sieht", wird dadurch reduziert. Mit Abschattungen ist z.B. auch durch Teile des Luftfahrzeuges in bestimmten Fluglagen zu rechnen. Bei nicht ausreichender Überdeckung ist eine Integritätsprüfung nicht möglich.
- Bei einem GPS-Empfänger muß der Nutzer auch in Betracht ziehen, daß durch Mehrwege-Effekte die Position des Flugzeuges falsch gemessen, aber nicht sofort als falsch erkannt wird.

- Der zivile Nutzer hat noch keine Garantie dafür, daß ihm die zivile Genauigkeit (100 m RMS bei 95% Wahrscheinlichkeit bzw. 300 m RMS bei 99% Wahrscheinlichkeit) jederzeit und überall zur Verfügung steht. Nimmt die US-Verteidigung Reduzierungen vor, erhält der zivile Nutzer nach heutigem Stand keine Warnanzeige.
- In GPS-Empfangsgeräten vorgesehene Möglichkeiten zur Vertikalnavigation (Vertical Navigation) dürfen nicht genutzt werden. Die Definition der Koordinatensysteme für GPS und heutzutage verwendetes Kartenmaterial führt zu teilweise erheblichen horizontalen und vertikalen Abweichungen.

4. Zukünftige Regelungen

Auf internationaler Ebene wird daran gearbeitet, ein weltweites Global Navigation Satellite System (GNSS) als Primär-Navigationssystem zu errichten, von dem GPS ein Bestandteil sein könnte. Neue Erkenntnisse aus der Erprobungsphase II, wie auch weiter spezifizierte technische Forderungen, werden zukünftig in einer Fortentwicklung dieser Bekanntmachung berücksichtigt. Betriebsvereinbarungen zwischen dem U.S. Department of Defense und dem U.S Department of Transport bei der weltweiten Nutzung eines militärischen Satellitennavigationssystems sind die Voraussetzungen für anderweitige, auch deutsche Musterzulassungsverfahren.

Es muß damit gerechnet werden, daß heute verfügbare und nach derzeitigem Verfahren zugelassene GPS-Empfänger und -Systeme die Forderungen eines solchen zukünftigen GNSS nicht erfüllen werden. NfL II-27/92 und NfL II-20/93 werden hiermit aufgehoben.

(Quellen: DFS, NfL II 73/94)

NfL II - 66/96

Bekanntmachung über die Musterzulassung und die Verwendung von Flächennavigationsausrüstung

Von der DFS Deutsche Flugsicherung GmbH werden in zunehmenden Maße Flugverfahren, basierend auf Flächennavigation angeboten. Darüberhinaus wird ab 1998 auf Basis des Eurocontrol Standard Documents 003-93 Edition 1 Flächennavigation (Basic RNAV) in Europa eingeführt. Dieses Dokument entspricht auch den Richtlinien des ICAO Doc. 9613-AN/937 Manual on Required Navigation Performance (RNP) First Edition 1994.

Aufgrund der o.g. Situation sind die Voraussetzungen für eine Musterzulassung von Flächennavigationssystemen gegeben. Mit dieser Bekanntmachung werden die notwendigen Schritte zur Musterzulassung von Luftfahrzeugen sowie für die flugbetrieblichen Verfahrensanweisungen und Regelungen veröffentlicht. Für die Musterzulassung und den Einbau von Flächennavigationssystemen sowie deren Verwendung gilt:

1. Allgemeines

1.1 Anwendungsbereich

1.1.1 Die nachfolgenden Verfahren sind sowohl für gewerblich als auch nichtgewerblich betriebene Luftfahrzeuge anzuwenden.

1.1.2 Die Bestimmungen der Verordnung über die Flugsicherungsausrüstung der Luftfahrzeuge (FSAV) bleiben unberührt.

1.1.3 Die Regelungen dieser Bekanntmachung beziehen sich insbesondere auf technische Forderungen sowie flugbetriebliche Verfahrensanweisungen und Regelungen.

Betriebsverfahren werden von der DFS Deutsche Flugsicherung GmbH festgelegt.

1.2 Anwenderhinweise

1.2.1 Sollten keine oder nicht ausreichende anerkannte Herstellerunterlagen für den Einbau in Luftfahrzeuge vorliegen, ist eine ergänzende Musterprüfung erforderlich.

1.2.2 Voraussetzung für die Musterzulassung von Flächennavigationssystemen ist die Erfüllung fernmeldetechnischer Forderungen, sofern sie durch Rechtsvorschriften gefordert werden.

1.3 Systembeschreibung

Flächennavigation (RNAV) ist ein Navigationsverfahren, mit dem ein Luftfahrzeug auf jedem gewünschten Flugweg operieren kann. Dabei können bodengestützte, bordautonome oder satellitengestützte Navigationsbezugssysteme, oder eine Kombination von diesen genutzt werden. Flächennavigationssysteme führen eine automatische Positionsbestimmung unter Verwendung eines oder mehrerer der nachfolgenden Sensoren durch:

- DME-DME
- DME-VOR
- Omega oder Omega/VLF
- INS* oder IRS
- Loran-C*
- GPS/GNSS*

(*s.a. Abschnitt 4, Einschränkungen)

2. Anforderungen an Flächennavigationssysteme

2.1 Genauigkeit

Die Zulassung für Basis-Flächennavigation im europäischen Luftraum ist an Mindestforderungen gebunden:

- Kurshaltegenauigkeit +/- 5 NM oder weniger
- Verfügbarkeit mindestens während 95% der Flugzeit.

Dieser Wert schließt Signalfehler einer Quelle, Flugzeugempfängerfehler, Fehler des Anzeigesystems und flugtechnische Fehler ein.

Diese Navigationsleistung setzt eine ausreichende Abdeckung durch bodengestützte oder satellitengestützte Navigationshilfen für die geplante Flugroute voraus.

2.2 Verfügbarkeit und Integrität

Eine Anleitung zur Einschätzung der Auswirkungen, die mit dem Verlust der Navigationsfunktion oder einer fehlerhaften Anzeige der entsprechenden Information verbunden sind, wird im JAA Advisory Material Joint AMJ 25-11 §4a (3) (viii) gegeben.

Die Mindestwerte für Verfügbarkeit und Integrität, die für Flächennavigationssysteme zum Gebrauch im bekanntgegebenen europäischen Luftraum erforderlich sind, können durch ein einzelnes System mit einem oder mehreren Sensoren, Flächennavigationsrechner, Kontrollanzeigeeinheit und einer Primärnavigationsanzeige (z.B. ND oder HSI) erfüllt werden.

Diese Überlegung bedingt, daß das System von der Flugbesatzung beobachtet wird und im Falle eines Systemfehlers folgende Annahmen gelten:

a) Herkömmliche Flugverfahren sind verfügbar.

b) Das Flugzeug hat die Fähigkeit, gemäß herkömmlicher Flugverfahren zu navigieren.

2.3 Funktionsmerkmale

2.3.1 Erforderliche Funktionen

Die folgenden Systemfunktionen werden als Minimalforderung angesehen, um Flächennavigation durchzuführen.

a) Kontinuierliche Anzeige der Flugzeugposition (bezogen auf den Kurs über Grund) auf der Primärnavigationsanzeige des „Pilot Flying" (PF)

b) Anzeige von Entfernung und Richtung zum aufgerufenen Wegpunkt (TO)

c) Anzeige der Geschwindigkeit über Grund oder der Zeit zum aufgerufenen Wegpunkt (TO)

d) Speichermöglichkeit von mindestens 4 Wegpunkten

e) Geeignete Fehleranzeige des Flächennavigationssystems einschließlich der Sensoren.

2.3.2 Zusatzfunktionen

Zusätzlich zu den in Abschnitt 2.3.1 aufgeführten Anforderungen sind die folgenden Systemfunktionen und Ausrüstungsmerkmale wünschenswert:

a) Anschlußmöglichkeit an Autopilot und/oder Flight Director

b) Angabe der gegenwärtigen Position in Länge und Breite

c) „Direct to"-Funktion

d) Anzeige der Navigationsgenauigkeit (z.B. Qualitätsfaktor)

e) Automatische Frequenzwahl der Navigationshilfen

f) Navigationsdatenbank

g) Automatische Flugwegfolge unter Beachtung des Kurvenvorhalts

h) Anzeige der Flugzeugposition (bezogen auf den Kurs über Grund) auf der Primärnavigationsanzeige des „Pilot Non Flying" (PNF). Dies gilt nur für Flugzeuge, die eine Mindestbesatzung von 2 Piloten erfordern.

2.4 Flughandbuch - MMEL (Master Minimum Equipment List)

Die Zulassungsanforderungen sowie jede Einschränkung von Flächennavigationssystemen muß im Flughandbuch aufgeführt sein. Ferner können geeignete Betriebs- und Notverfahren zum eingebauten Flächennavigationssystem im Flughandbuch genannt werden. Die (Master) Minimum Equipment List MMEL/MEL kann die Mindestausrüstung festlegen, die erforderlich ist, um die in Abschnitt 2.3 aufgeführten Mindestanforderungen an das Flächennavigationssystem zu erfüllen.

3. Durchführungsvorschriften

3.1 Musterzulassung von Flächennavigationssystemen

3.1.1 Diese Systeme unterliegen gemäß der LuftVZO der Musterzulassung durch das Luftfahrt-Bundesamt. Zulassungsbasis ist eine der folgenden Lufttüchtigkeitsforderungen oder eine Kombination daraus, in der zum Zeitpunkt der Antragstellung zur Zulassung gültigen Fassung (unterschiedliche Versionen sind durch den Zusatz ( ) gekennzeichnet):

EUROCAE ED 27 > Minimum Operational Performance Specification for Airborne Area Navigation Systems (VOR/DME)

EUROCAE ED 28 > Minimum Operational Performance Specification for RNAV Airborne Computer Equipment VOR/DME

RTCA DO-180( ) > Minimum Operational Performance Standards for Airborne Area Navigation Equipment Using a Single Collocated VOR/DME Sensor Input

EUROCAE ED 39 > Minimum Operational Performance Specification for DME/DME RNAV Systems

EUROCAE ED 40 > Minimum Operational Performance Specification for DME/DME RNAV Computer

EUROCAE ED 58 > Minimum Operational Performance Specification for Area Navigation Equipment Using Multi-Sensor Inputs

RTCA DO-187 > Minimum Operational Performance Standards for Airborne Area Navigation Equipment Using MultiSensor Inputs

FAA TSO-C115( ) > Airborne Area Navigation Equipment Using Multi-Sensor Inputs

JAA JTSO 2C115 > Airborne Area Navigation Equipment Using Multi-Sensor Inputs

RTCA DO-190 > Minimum Operational Performance Standards for Airborne Area Navigation Equipment Using Omega/VLF Inputs

EUROCAE ED 72 > Minimum Operational Performance Specification for Airborne GPS Receiving Equipment

RTCA DO-208 > Minimum Operational Performance Standards for Airborne Supplemental Navigation Equipment Using Global Positioning System (GPS)

FAA TSO-C129( ) > Airborne Supplemental Navigation Equipment Using the Global Positioning System (GPS)

3.1.2 Für die Installation in ein Luftfahrzeug sind, abhängig von der Komplexität des Systems und der Vernetzung mit anderen Systemen, die folgenden Verfahren möglich:

a) Das Flächennavigationssystem ist gemäß LuftVZO, § 1 Abs. 1 Nr. 12 vom LBA als Muster zuzulassen. Die Installation wird als große Änderung eingestuft und unterliegt somit einer ergänzenden Musterprüfung des Luftfahrzeugs. Für die Nachweisführung der Lufttüchtigkeit werden folgende Unterlagen akzeptiert:

FAA AC 90-45( ) > Approval of Area Navigation Systems for use in the US National Airspace System

FAA AC 20-101( ) > Airworthiness Approval of Omega / VLF Navigation Systems for use in the US National Airspace System

FAA AC 20-121( ) > Airworthiness Approvel of LORAN C for use in the US National Airspace System

FAA AC 20-130( ) > Airworthiness Approval of Multi-Sensor Navigation Systems for use in the US National Airspace System

FAA AC 25-4 > Inertial Navigation Systems

FAA AC 25-15 > Approval of FMS in Transport Category Airplanes

FAA AC 25-7-x (Draft) > Flight Test Guide for Certification of Transport Category Airplanes

b) Die Musterzulassung des Flächennavigationssystems wird, gemäß LuftVZO, § 1 Abs. 2, in die Musterzulassung des Luftfahrzeugs einbezogen und gilt dann nur für die Verwendung des Flächennavigationssystems in Luftfahrzeugen dieses Musters. Für diese Zulassungsart sind die Lufttüchtigkeitsforderungen der jeweiligen TSOs bzw. JTSOs (Abschnitt 3.1.1) in Verbindung mit den o.g. ACs (Abschnitt 3.1.2a) nachzuweisen.

3.2 Bereits installierte Flächennavigationssysteme

Alle Luftfahrzeugmuster, die eine Eintragung bzgl. Flächennavigation bis zum 31.12.96 (mit Hinweis auf die in Abschnitt 3.1.2 a genannten ACs) im vom Luftfahrt-Bundesamt zugelassenen Flughandbuch (AFM, POH) enthalten, sind für diese Betriebsart zugelassen. Eine zusätzliche Nachweisführung ist nicht erforderlich. Die Einschränkungen, die in den entsprechenden AFMs/POHs bzw. in den o.g. ACs aufgeführt sind, bleiben weiterhin gültig. Eine Übersicht dieser Luftfahrzeugmuster kann beim

Luftfahrt-Bundesamt
Referat II 1
Postfach 3054
38020 Braunschweig

angefordert werden.

Luftfahrzeugmuster, die nicht in der Liste genannt sind, aber einen entsprechenden Eintrag im vom LBA zugelassenen AFM/POH aufweisen, können auf Antrag ohne weitere Prüfung in diese Liste aufgenommen werden.

3.3 Zukünftige Zulassungsverfahren

Noch nicht für Flächennavigation zugelassene Luftfahrzeuge und neue Luftfahrzeuge können auf Antrag für Flächennavigation zugelassen werden. In diesem Fall erfolgt eine Musterzulassung durch das LBA entsprechend der in Abschnitt 3.1.2 aufgeführten Verfahren oder durch die Verfahren im Rahmen einer JAA Musterprüfung (siehe JAA Administrative & Guidance Material, Section One, Part 3, Leaflet No 2: AMJ 20X2 - Advisory Material for the Airworthiness Approval of Navigation Systems for use in European Airspace Designated for Basic RNAV Operations).

Die Musterzulassung wird mit einem Eintrag über die RNAV-Fähigkeit im Flugzeug-Gerätekennblatt unter Angabe der Zulassungsbasis dokumentiert.

4. Einschränkungen einiger Flächennavigationssysteme

Obwohl die nachfolgenden Systeme flächennavigationsfähig sind, beinhalten sie einige Einschränkungen.

4.1 INS

INS ohne automatische „Radio Update"-Funktion, die gemäß AC 25-4 (Inertialnavigationssysteme) zugelassen sind, dürfen, solange sie die Kriterien von Absatz 2.3.1 erfüllen, nur bis zu 2 Stunden - nach der letzten Positions-Aktualisierung am Boden betrieben werden. Berücksichtigt werden können spezielle INS Konfigurationen (z.B.

dreifach INS), bei denen die Angaben entweder der Geräte- oder der Flugzeughersteller einen längeren Gebrauch nach der letzten Positions-Aktualisierung rechtfertigen. INS mit automatischem „Radio Update" einschließlich solcher Systeme, die ein manuelles Einstellen nach festgelegten Verfahren für die Flugbesatzung erfordern, müssen gemäß AC 90-45A oder gleichwertigen Unterlagen zugelassen sein.

4.2 Loran-C

Wo eine Abdeckung durch LORAN C im europäischen Luftraum eine Benutzung von bestimmten Flächennavigationsstrecken ermöglicht, kann das FAA AC 20-121 A verwendet werden. Jedoch darf die Flächennavigation nur in Verbindung mit anderen Sensoren, die als alleiniges System zugelassen sind, durchgeführt werden.

4.3 GNSS/GPS

Bis zu dem Zeitpunkt, zu dem GNSS betriebsbereit erklärt und von der entsprechenden Behörde zur Nutzung freigegeben wird, darf die Flächennavigation nicht allein auf diesem System basieren. Für GPS gelten die Einschränkungen der NfL II-73/94 oder nachfolgender Versionen.

5. Flugbetrieb

5.1 Verfahrensregelungen

Flugbetriebliche Verfahrensanweisungen und Regelungen für die Anwendung von Flächennavigation (RNAV) werden durch den Luftfahrzeughalter festgelegt.

5.2 Genehmigungsverfahren

Für gewerbliche Unternehmen, die Flächennavigationsverfahren anwenden wollen, sind diese in das Flugbetriebshandbuch (FBH)

aufzunehmen und der Aufsichtsbehörde zur Zustimmung vorzulegen.

5.3 Betriebsregelungen

Der Betrieb von Flächennavigationssystemen in gewerblich oder nichtgewerblich eingesetzten Luftfahrzeugen muß grundsätzlich im Einklang mit den Anweisungen des Herstellers im vom Luftfahrt-Bundesamt genehmigten Flughandbuch und der Betriebsanleitung erfolgen.

5.3.1 Navigationsdatenbank

Geräte mit Navigationsdatenbank dürfen nur mit gültiger Datenbasis benutzt werden.

5.3.2 Flugbetrieblicher Einsatz und Einweisung

Arbeitsabläufe im Cockpit, die sich aus der Anwendung von Flächennavigationsverfahren ergeben - wie z.B. die Bedienung und die Wahl der Bildschirmdarstellung für die verschiedenen Flugphasen - sind in die Einweisungshandbücher für Mustereinweisungen aufzunehmen sowie in die Konzepte der Zusammenarbeit von Flugbesatzungen einzufügen (Crew-Concept).

Die Arbeitsabläufe sind unter Berücksichtigung ausreichender Flugüberwachung und Luftraumbeobachtung personenbezogen zuzuordnen.

5.4 Zeitlicher Ablauf zur Umsetzung

Luftfahrzeughalter, die bereits vor der Veröffentlichung dieser Bekanntmachung Luftfahrzeuge nach Abschnitt 3.2 eingesetzt haben, müssen die Regelungen der Abschnitte 5.1, 5.2 und 5.3.2 innerhalb von 4 Monaten nach Veröffentlichung dieser Bekanntmachung umsetzen.

6. Verzeichnis der in diesen NfL verwendeten Abkürzungen

AC > Advisory Circular (der FAA)
AFM > Aeroplane Flight Manual (Flughandbuch)
AMJ > Advisory Material Joint (der JAA)
EUROCAE > European Organisation for Civil Aviation Equipment
FAA > Federal Aviation Administration
FBH > Flugbetriebshandbuch
FMS > Flight Management System
FSAV > Verordnung über die Flugsicherheitsausrüstung
GNSS > Global Navigation Satellite System
GPS > Global Positioning System
HSI > Horizontal Situation Indicator
INS > Inertial Navigation System
IRS > Inertial Reference System
JAA > Joint Aviation Authorities
JTSO > Joint Technical Standard Order (der JAA)
MEL > Minimum Equipment List
MMEL > Master Minimum Equipment List
ND > Navigation Display
PF > Pilot Flying
PNF > Pilot Non Flying
POH > Pilot Operating Handbook
RNAV > Flächennavigation
RNP > Required Navigation Performance
RTCA > Radio Technical Commission for Aeronautics
TSO > Technical Standard Order (der FAA)

(Quelle: DFS, NfL II 66/96)

AIC 15/95

Benutzung von GPS als ergänzendes Navigationssystem unter IFR-Bedingungen

1. Einleitung

Dieses AIC informiert über die Bedingungen für die Benutzung des Global Positioning System (GPS) als ergänzendes Navigationssystem für IFR-Flüge in Deutschland.

Das AIC ist keine Freigabe des GPS als eigenständiges (alleiniges) Navigationssystem.

2. Geltungsbereich

GPS ist als ergänzendes Navigationssystem für IFR-Flüge in Deutschland gemäß Pkt. 5 auf Flugverkehrsstrecken (einschließlich Ein- und Abflugstrecken) und für bestimmte veröffentlichte Nichtpräzisionsanflugverfahren zulässig, sofern die Zulassungskriterien gemäß Pkt. 4 erfüllt sind.

3. Beschreibung des GPS

3.1 Das Global Positioning System (GPS) des US-Verteidigungsministeriums (DOD) ist ein auf Satelliten basierendes Funknavigationssystem. 24 Satelliten befinden sich in verschiedenen Erdumlaufbahnen in etwa 20.000 km über der Erdoberfläche. Jeder Satellit sendet ein Zeitsignal und eine Datenmeldung aus. Ein Teil der Datenmeldung übermittelt dem GPS-Empfänger Details über die Umlaufbahn des Satelliten.

Der Empfänger mißt die Signallaufzeit der in Sicht befindlichen Satelliten und berechnet daraus Position und Geschwindigkeit.

3.2 Drei Satelliten werden benötigt zur Bestimmung einer zweidimensionalen Position, vier für eine dreidimensionale Position. Das DOD sichert den zivilen Nutzem eine horizontale Positionsgenauigkeit von bis zu 100 m in 95 % der Zeit und 300 m in 99,99 % der Zeit zu. Diese Angaben basieren auf einem weltweit einheitlichen Koordinatenbezugssystem, dem World Geodetic System 1984 (WGS-84). Die ICAO hat WGS-84 zum Standard erklärt, der bis 1998 eingeführt werden soll. Die Benutzung anderer Koordinatenbezugssysteme kann zu zusätzlichen, im Anflugbereich nicht unerheblichen Positionsfehlern führen.

3.3 GPS (ohne zusätzliche Unterstützung) erfüllt nicht die Anforderungen an Überdeckung, Verfügbarkeit und Integrität für ein als eigenständig zugelassenes Navigationssystem (Sole Means Navigation System). Überdeckung und Verfügbarkeit der GPS-Satelliten können vorausberechnet werden, die Bestimmung der Integrität*) erfordert andere Methoden.

(*Anmerkung: Integrität ist die Fähigkeit eines Systems, dem Benutzer rechtzeitig mitzuteilen, ob es innerhalb seiner spezifizierten Genauigkeit arbeitet und zu warnen, wenn das System nicht für die Navigation verwendet werden sollte.)

3.4 Zur Zeit gibt es zwei Methoden, durch die Bordausrüstung die Integrität der Navigation zu gewährleisten: Durch die empfängerautonome Integritätsüberwachung (Receiver Autonomous Integrity Monitoring, RAIM) sowie durch integrierte Navigationssysteme, in denen andere Navigationssensoren zusätzlich zu GPS benutzt werden.

3.5 Zur Sicherstellung der RAIM-Funktion muß ein fünfter Satellit in Sicht sein. Ein sechster Satellit ist erforderlich, um einen fehlerhaften Satelliten bestimmen und aus der Positionsbestimmung ausschließen zu können.

3.6 In Bordsystemen, in denen ein GPS-Sensor Daten an integrierte Navigationssysteme, z.B. FMS oder Multi-Sensor-Navigationssysteme, liefert, muß dieses System eine der RAIM-Funktion entsprechende Integrität gewährleisten.

3.7 Die Verfügbarkeit von sechs Satelliten ist nicht jederzeit gewährleistet, also kann die RAIM-Funktion unterbrochen sein.

3.8 In GPS-Empfängern vorgesehene Möglichkeiten zur Vertikalnavigation dürfen nicht genutzt werden.

3.9 Dem GPS haften zur Zeit noch eine Reihe anderer Probleme an, aus denen sich Nutzungseinschränkungen ergeben können, z.B.:

- Da GPS im Bereich hoher Frequenzen arbeitet, muß bei tieffliegenden Luftfahrzeugen mit Signalabschattungen im bergigen Gelände und durch hohe Gebäude gerechnet werden. Mit Abschattungen ist z.B. auch durch Teile des Luftfahrzeuges in bestimmten Fluglagen zu rechnen.
- Infolge von Mehrwege-Effekten kann die Position des Luftfahrzeuges falsch gewesen sein, dies aber nicht sofort erkannt werden.
- Es wird darauf hingewiesen, daß durch Störungen zeitlich und örtlich nicht vorhersagbare Erfassungslücken auftreten.

3.10 Aufgrund der genannten Einschränkungen kommt GPS derzeit nur als ergänzendes Navigationssystem (siehe auch Pkt. 4 und 5) für bestimmte Flugphasen in Betracht.

4. Zulassungskriterien

4.1 GPS-Empfänger/Systeme müssen die Zulassungskriterien der „Bekanntmachung über die Musterzulassung und Verwendung von GPS-Empfängern/Systeme als ergänzendes Navigationssystem (Supplemental Navigation System)" vom 19.07.1994 (NfL II - 73/94) erfüllen.

Grundlage für diese Bekanntmachung sind die Technical Standard Order (TSO) C 129 „Airborne Supplemental Navigation Equipment Using the Global Positioning System (GPS)" und C 115b „Airborne Area-Navigation Equipment Using Multi-Sensor Inputs" der amerikanischen Luftfahrtbehörde FAA, oder die entsprechenden „Joint Technical Standard Orders (JTSO)" der europäischen „Joint Aviation Administrations" (JAA).

4.2 Für Stand-Alone-GPS-Empfänger ist besonders zu beachten, daß die vorgeschriebene *) IFR-Navigationsausrüstung in jedem Fall betriebsbereit sein muß, ihre Anzeigen kontinuierlich vorhanden sein und vom Pilot überwacht werden müssen.

4.3 Für Multisensor-Systeme mit GPS wird besonders darauf hingewiesen, daß die vorgeschriebene *) IFR-Navigationsausrüstung in jedem Fall vorhanden und betriebsbereit sein muß.

(*Anmerkung: Gemäß erste bzw. dritte Durchführungsverordnung zur Betriebsordnung für Luftfahrtgerät (1. bzw. 3. DVOLuftBO) und Flugsicherungsausrüstungs-Verordnung (FSAV).

5. Benutzung von GPS

Die Benutzung von GPS als ergänzendes Navigationssystem ist zulässig unter Beachtung nachfolgender Punkte:

5.1 Allgemeines

5.1.1 Bei dem Betrieb von GPS-Empfängern und -Systemen sind die entsprechenden Auflagen der Flughandbücher (Airplane Flight Manuals) der Hersteller und der Flugbe-

triebshandbücher (Flight Operations Manuals) der Luftfahrtunternehmen sowie deren Ergänzungen zu berücksichtigen. Neufassungen und Änderungen bedürfen der Zustimmung der Aufsichtsbehörde. Der Luftfahrzeugführer muß mit diesen Anforderungen gründlich vertraut sein.

5.1.2 Sobald die Anzahl der für die RAIM-Funktion benötigten Satelliten nicht ausreicht, muß nach anderen zugelassenen Navigationssystemen geflogen werden. Dies gilt ebenfalls, wenn sich Zweifel über die Navigationsinformation des GPS ergeben und/oder wenn eine Abweichung der GPS-Anzeige gegenüber der herkömmlichen Navigationshilfe festgestellt wird, welche die übliche Toleranz überschreitet.

5.2 GPS auf Flugverkehrsstrecken

Die Benutzung von GPS-Empfängern oder -Systemen als ergänzendes Navigationssystem auf Flugverkehrsstrecken (durch VOR, DME, NDB definierte Strecken, Flächennavigationsstrecken sowie Ein- und Abflugstrecken) und auf von der Flugverkehrskontrolle individuell zugewiesenen Direktstreckenführungen ist zulässig.

Die hierbei veröffentlichten Positionsangaben sind derzeit noch nicht in WGS-84 Koordinaten angegeben. Die entsprechende Umstellung erfolgt sobald wie möglich und wird spätestens bis Ende 1997 abgeschlossen sein.

5.3 GPS für Nichtprazisionsanflüge

5.3.1 Die Benutzung von GPS-Empfängern und -Systemen für Nichtpräzisionsanflüge ist zulässig, wenn sie die FAA TSO C 129-Zulassungsklassen A1, B1, B3, C1 oder C3 oder Gleichwertiges erfüllen und der Anflug in Verbindung mit einer Navigationsdatenbank durchgeführt wird, deren Verfahrensinformationen auf dem neuesten Stand sind und deren Positionsinformationen in WGS-84 Koordinaten angegeben sind. Desweiteren müssen die bodenseitigen Navigationsanlagen, auf denen das Nichtpräzisionsanflugverfahren basiert, in Betrieb sein.

5.3.2 Für die Durchführung von Nichtpräzisionsanflugverfahren mit Hilfe von GPS als ergänzendes Navigationssystem werden von der DFS entsprechende Anflugverfahren in WGS-84 Koordinaten veröffentlicht. Solche Nichtpräzisionsanflugverfahren sind in ihrer Bezeichnung gekennzeichnet durch den Zusatz „(GPS)" in der rechten oberen Ecke der Instrument Approach Charts.

Beispiel: NDB-DME (GPS) RWY 24.

Konkret ist vorgesehen, zum 31. August 1995 (Inkrafttreten: 12. Oktober 1995) die ersten GPS-Nichtpräzisionsanflugverfahren im Luftfahrthandbuch zu veröffentlichen. Hiervon betroffen sind die Flugplätze Dortmund und Altenburg-Nobitz (neu) sowie die bereits für das Eurowings-Flugversuchsprogramm erstellten Verfahren für München, Frankfurt, Nürnberg und Berlin-Tempelhof. Mit Inkrafttreten zum 9. November 1995 werden für eine Reihe weiterer Regionalflugplätze GPS-Nichtpräzisionsanflugverfahren veröffentlicht werden. Im Verlauf von 1996 werden dann an allen übrigen IFR-Flughäfen in Deutschland GPS-Nichtpräzisionsanflugverfahren eingeführt.

6. Zukünftige Entwicklungen

Weitergehende Anwendungen von GPS, zum Beispiel mit differentieller Unterstützung (DGPS), sind in der Entwicklung.

Auf internationaler Ebene wird daran gearbeitet, Zulassungskriterien für ein weltweites, zivil kontrolliertes Globales Navigationssatellitensystem (GNSS) als eigenständig zugelassenes (Sole Means Of Navigation) Navigationssystem zu definieren, von dem das GPS der USA und eventuell das russische GLONASS Bestandteile in einer ersten Stufe sein könnten.

AIC 5/95 wird hiermit aufgehoben.

(Quelle: DFS, AIC 15/95)

Briefing Bulletin

GPS für Nichtpräzisionsanflüge (Stand-Alone-Empfänger)

Zur Benutzung von GPS als ergänzendes Navigationssystem unter IFR-Bedingungen (s. AIC 15/95 v. 17.8.95)

1. Allgemeines

Mit Wirkung vom 31.08.1995 wurden die ersten GPS-Nichtpräzisionsanflugverfahren im Luftfahrthandbuch Deutschland veröffentlicht (Inkrafttreten 12.10.95).

Mit Inkrafttreten zum 09.11.1995 werden für eine Reihe weiterer Regionalflughäfen GPS-Nichtpräzisionsanflugverfahren publiziert. Im Verlauf von 1996 werden an allen übrigen deutschen IFR-Flugplätzen GPS-Nichtpräzisionsanflugverfahren eingeführt.

Ziel dieses Briefing Bulletins ist, die kartographische Darstellung dieser Anflugverfahren zu erläutern und auf einige Besonderheiten bei der Nutzung dieser Verfahren hinzuweisen.

2. Anflugverfahren

Die bisherigen Nichtpräzisionsanflugverfahren (NDB-DME, VOR-DME) werden durch eine überarbeitete und mit GPS-Angaben versehene Version ersetzt. Es handelt sich hierbei um jeweils eigenständige, jedoch deckungsgleiche Verfahren, um das z. Zt. vorgeschriebene Überwachen des GPS-geführten Anfluges durch die Anzeigen der konventionellen IFR-Navigationsgeräte zu ermöglichen.

Die Angaben der Tabellen in den Anflugkarten:

- Distanz/Höhe
- Grundgeschwindigkeit/Sinkrate
- Landeminimum

bleiben aus diesem Grunde unverändert.

3. GPS-Wegpunkte

Als Ergebnis des Flugversuchsprogrammes der DFS und Eurowings, unter Beteiligung von Honeywell, erfolgt eine von der FAA abweichende Festlegung von Wegpunkten. Dies ist begründet in unterschiedlichen Verfahrenskriterien (FAA TERPS ICAO/PANS OPS) bzw. vorgegebenen Funktionsabläufen der GPS-Empfänger (gem. TSO 129).

Diese Verfahrenspunkte werden als Wegpunkte festgelegt und dargestellt:

- Anfangsanflugpunkt (IAF)
- Drehpunkt (TP)
- Endanflugpunkt (FAF)
- Fehlanflugpunkt (MAPT)
- Fehlanflug-/Wartepunkt (MAHP)

Weitere Verfahrenspunkte, wie:

- Zwischenanflugpunkt (IF) und
- Stufensinkflugpunkte (STF)

werden durch Entfernungsangabe zu dem folgenden Wegpunkt definiert. Die entsprechenden Angaben werden jeweils in der Profildarstellung eines Anflugverfahrens dargestellt. Die im Luftfahrthandbuch jedem veröffentlichten GPS-Anflugverfahren zugehörige Wegpunktliste mit WGS 84-Koordinaten-Angabe soll entsprechenden Firmen als Grundlage zur Erstellung der Navigationsdatenbank dienen.

4. GPS-Wegpunkt/Bezeichnung

Die Bezeichnung von Wegpunkten setzt sich aus den letzten beiden Buchstaben der jeweiligen Ortskennung, dem Buchstaben „W" und fortlaufender Numerierung zusammen. Dadurch ist eine Verwechslung von Verfahrenspunkten ausgeschlossen.

Beispiel:

DFW01
EDDF (Frankfurt)
W (Waypoint)
(01 /WPT Nr.)
Sprechfunk: „Waypoint ONE"

Von einer fünfbuchstabigen Bezeichnung wie in den USA wurde u.a. aus der dann erforderlichen internationalen Abstimmung jeder Wegpunkt-Bezeichnung abgesehen.

5. Flugverkehrskontroll-Freigabe

Freigabe für Standardanflugverfahren bzw. nach Radarführung zum Endanflug:

Abweichend von FAA-Regularien wird das entsprechende Verfahren grundsätzlich als

* NDB-GPS bzw.
* VOR-GPS-Anflug

freigegeben oder ist in dieser Form von Piloten anzufordern.

Auf die Verpflichtung zur Überwachung des Anflugs mit Hilfe der konventionellen Anzeigen wird an dieser Stelle nochmals hingewiesen.

6. Navigationsdatenbank/Anflugkarte

Eine Navigationsdatenbank sollte alle für das betreffende Anflugverfahren vorgegebenen, notwendigen Wegpunkte beinhalten und in entsprechender Reihenfolge gem. AIP-Anflugkarte darstellen.

Sollten Unterschiede zwischen Angaben einer AIP-Anflugkarte und der Navigationsdatenbank auftreten, so ist in jedem Fall das Anflugverfahren gem. Anflugkarte, evtl. ergänzt durch NOTAM, maßgebend.

7. Anmerkung

Die Nutzung von GPS als ergänzendes Navigationssystem unter IFR-Bedingungen bei Nichtpräzisionsanflügen ist nur dann zulässig, wenn ein solches Verfahren im Luftfahrthandbuch Deutschland publiziert und in einer Navigationsdatenbank verfügbar ist.

(Quellen: DFS, AIC 15/95, Briefing Bulletin 9.11.95)

AIC 21/95

RNP - das ICAO-Konzept über die erforderliche Navigationsleistung von Luftfahrzeugen

1. Einleitung

Dieses AIC gibt eine Übersicht über das Konzept der Internationalen Zivilen Luftfahrtorganisation (ICAO) über die erforderliche Navigationsleistung (Required Navigation Performance - RNP) von Luftfahrzeugen und behandelt Aspekte der zukünftigen Einführung im europäischen Luftraum. Hiermit soll der Nutzer frühzeitig informiert werden, bevor eine konkrete, in allen Einzelheiten abgestimmte Einführungsplanung abgeschlossen sein wird.

2. RNP-Konzept

2.1 Status

Das RNP-Konzept wurde als eine integrale Komponente des „ICAO-Communications, Navigation, Surveillance / Air Traffic Management (CNS/ATM)"-Systems entwickelt. Nähere Einzelheiten über die Richtlinien für die Einführung von RNP für den Streckenbereich können dem ICAO-Handbuch über die erforderliche Navigationsleistung (Manual on Required Navigation Performance, DOC 9613-AN/937) entnommen werden. Wichtige Aussagen daraus sind mit dem Status von „Standards, Recommended Practices and Procedures (SARPS)" seit 10.11.94 in die entsprechenden ICAO-Anhänge (z.B. Anhang 11, Kap. 2.7) aufgenommen.

2.2 Ziel

Mit dem RNP-Konzept soll die bisherige Methode, notwendige Navigationsleistungen durch Pflichtausrüstung mit bestimmten Navigationssystemen sicherzustellen, ersetzt werden durch weltweit einheitliche Anforderungen an die Navigationsleistung für definierte Lufträume und/oder Flugverfahren. Damit bleibt es dem Nutzer überlassen, mit welchem System er die Anforderungen erfüllt. Er muß jedoch sicherstellen, daß sein System für den Betrieb im entsprechenden Luftraum zugelassen ist.

Neben der angestrebten internationalen Vereinheitlichung werden zum einen für den Nutzer Erleichterungen bei der Zulassung komplexer Systemarchitekturen und Vernetzungen der Navigationsausrüstung erwartet, zum anderen erleichtert das Konzept die Entwicklung und Anwendung neuer Navigationssysteme. Dies gilt ganz besonders im Hinblick auf die Satellitennavigation.

2.3 Navigationsgenauigkeit

RNP ist definiert als Aussage über die Genauigkeit der Navigationsleistung, die notwendig ist für den Betrieb in einem definierten Luftraum.

Diese Navigationsgenauigkeit beruht auf einer Kombination der Fehler des Navigationssensors, des Bordempfängers, der Bordanzeige und des flugtechnischen Fehlers in der horizontalen Ebene. Die Genauigkeit wird ausgedrückt durch einen einzigen Parameter, der die Entfernung von der beabsichtigten Position definiert, die Luftfahrzeuge in mindestens 95% der gesamten Flugzeit einhalten. Zum Beispiel bedeutet RNP 4, daß alle Luftfahrzeuge in mindestens 95% der gesamten Flugzeit innerhalb von 4 NM von ihrer beabsichtigten Position bleiben.

2.4 RNP-Typen für den Streckenbereich

Um die Anforderungen an die Navigationsleistung für unterschiedliche Lufträume und/

oder Strecken zu berücksichtigen, wurden weltweit einheitlich vier RNP-Typen für den Streckenflug definiert:

RNP 1 verlangt hochgenaue Positionsinformationen und ist vorgesehen für kontinentale Bereiche mit hoher Verkehrsdichte. Die volle Ausschöpfung der Vorteile von RNP 1 (in Verbindung mit Flächennavigation, RNAV) setzt voraus, daß ein hoher Anteil der Luftfahrzeuge diese erforderliche Navigationsleistung erfüllt.

RNP 4 wird normalerweise in kontinentalen Bereichen zur Anwendung kommen, in denen derzeit das Streckensystem auf VOR/DME basiert (siehe dazu Punkt 3.2).

RNP 12.6 entspricht den Anforderungen an die Navigationsleistung für den Nordatlantik.

RNP 20 stellt die geringsten Anforderungen und wird in Lufträumen und/oder auf Strecken mit niedrigem Verkehrsaufkommen (z.B. über ozeanischen Gebieten) zur Anwendung kommen.

2.5 RNP für Anflug, Landung und Abflug

Während das RNP-Konzept für den Streckenbereich im wesentlichen durch den Parameter Genauigkeit gekennzeichnet ist, sind bei der vorgesehenen Erweiterung des Konzeptes auf Anflug, Landung und Abflug zusätzlich die Parameter Integrität, Kontinuität und Verfügbarkeit zu berücksichtigen. Ein entsprechender Konzeptentwurf wurde von der „ICAO-Special Communications/ Operations Divisional"-Konferenz im April 95 grundsätzlich befürwortet, jedoch ist die Konzepterarbeitung noch nicht abgeschlossen. Diese Arbeiter werden im ICAO-Ausschuß für den Allwetterflugbetrieb (All-Weather Operations Panel, AWOP) durchgeführt.

Ein Schwerpunkt ist dabei die Erstellung von Anforderungen an die zukünftige Satellitennavigation und deren Unterstützungssysteme für diese Flugphasen.

2.6 RNP und Staffelungskriterien

RNP ist ein grundlegender Parameter bei der Festlegung von Staffelungskriterien. Jedoch entspricht ein RNP-Typ allein noch nicht einem bestimmten Staffelungsmindestwert. Vielmehr sind dabei die Parameter Verkehrsdichte, Streckenkomplexität, Kommunikation Überwachung, Eingriffsfähigkeit des Lotsen und ATC-Kapazität zu berücksichtigen.

3. RNP und Flächennavigation (RNAV) in Europa

3.1 ECAC-Rahmen

Die Verkehrsminister der Mitgliedsstaaten der „European Civil Aviation Conference" (ECAC) haben in ihrer Strategie für die 90er Jahre u.a. festgelegt, daß RNAV-Geräte / Systeme 1998 Pflichtausrüstung werden. Diese Festlegung erfolgte vor der Verabschiedung des RNP-Konzeptes durch die ICAO. In der Verfolgung dieses Strategiezieles erarbeitete Eurocontrol den Standard über die flugsicherungsbetrieblichen Anforderungen an RNAV-Bordausrüstung (Area Navigation Equipment, Operational Requirements and Functional Requirements) für Precision RNAV (PRNAV) und Basic RNAV (BRNAV); er ist jedoch noch nicht in der RNP-Terminologie formuliert.

3.2 RNAV / RNP

PRNAV-ausgerüstete Luftfahrzeuge werden RNP 1 erfüllen.

BRNAV-ausgerüstete Luftfahrzeuge werden RNP 5 erfüllen. Das ICAO DOC 9613

- AN / 937 läßt regional RNP 5 übergangs-weise zu. Diese Abweichung von den von der ICAO weltweit festgelegten RNP-Typen wurde von Eurocontrol hauptsächlich für erforderlich gehalten, um eine kleinere Gruppe von Luftfahrzeugen, die RNP 4 nicht erfüllen würden, wirtschaftlich nicht zu benachteiligen. Es ist derzeit nicht geklärt, ob bzw. wie lange dieses Erfordernis bestehen bleibt.

3.3 BRNAV-Pflichtausrüstung

Ab 1998 wird BRNAV-Ausrüstung, die RNP 5 erfüllt, Pflichtausrüstung für alle ATS-Strecken im ECAC-Staatengebiet sowie für Ein- und Abflugstrecken zu/von größeren Flughäfen sein. Der Hauptvorteil dabei wird in der Flexibilität gesehen, sich ändernden Nutzeranforderungen taktisch und strategisch - unabhängig von den Standorten der Bodennavigationsanlagen - anpassen und somit das ATS-Streckensystem weiter optimieren zu können.

Derzeit ist vorgesehen, PRNAV / RNP 1 in Europa im Jahr 2005 einzuführen.

3.4 Zulassungskriterien

Zulassungskriterien für BRNAV werden unter der Arbeitsbezeichnung AMJ 20X2 von den europäischen Joint Aviation Authorities (JAA) erarbeitet; sie stehen kurz vor ihrem Abschluß.

Umfassendere Zulassungskriterien für RNP 1, 4, 12.6 und 20 sind von JAA und Eurocontrol in enger Zusammenarbeit mit entsprechenden US-Stellen in Arbeit.

Änderungen des Eurocontrol-RNAV-Standards, die sich in Hinsicht auf eine RNP-Einführung sowie aus der Ergänzung um die Anforderungen an die Navigationsleistung im An- und Abflugbereich ergeben, sind ebenfalls in Arbeit.

4. BRNAV / RNP in Deutschland

Die DFS bietet vermehrt Nutzungmöglichkeiten für RNAV an - nicht zuletzt, um einen frühzeitigen Anreiz zur Umrüstung auf die 1998 kommende Pflichtausrüstung mit BRNAV zu geben. In diesem Zusammenhang wird auf NfL I - 211/95 und NfL I - 212/95 sowie auf AIC 16/95 und AIC 15/95 verwiesen.

Das Luftfahrt-Bundesamt (LBA) überarbeitet z. Zt. die technischen und betrieblichen Zulassungsanforderungen für RNAV. Diese Anforderungen werden sich stark an das obengenannte AMJ 20X2 anlehnen.

Die DFS beabsichtigt, das RNP-Konzept in Deutschland frühzeitig einzuführen. Als Voraussetzung dafür müssen die RNP-Zulassungsfragen geklärt und die gesetzlichen Regelungen in der Verordnung über die Flugsicherungsausrüstung der Luftfahrzeuge (FSAV) geschaffen sein. In einer ersten Stufe wird voraussichtlich RNP 5 für festgelegte Lufträume und/oder Flugverfahren eingeführt werden. Die dafür notwendigen Regelungen werden rechtzeitig bekanntgegeben.

Es ist offensichtlich, daß die RNP-Einführung in Deutschland dem Nutzer nur dann wesentliche Vorteile bringt, wenn dieses in international abgestimmter Weise geschieht. Die DFS beteiligt sich aktiv an diesen Abstimmungsprozessen.

(Quelle: DFS, AIC 21/95)

B-RNAV

BASIC-RNAV:
Einsatz von GPS genehmigt

Mehr als 10.000 Flugzeuge der Allgemeinen Luftfahrt, die für IFR-Flüge zugelassen sind, können mit dem preisgünstigen GPS-Systemen nachgerüstet werden, um die Forderung für RNP-5 zum 29.1.98 zu erfüllen.

Vor 10 Jahren hat die ECAC (European Civil Aviation Conference) folgende Maßnahmen beschlossen, um das Problem der IFR-Luftraumüberfüllung zu lösen:

- Einrichtung zusätzlicher Airways. Voraussetzung dafür ist die Erhöhung der Enroute-Navigationsgenauigkeit. Dieser Standard, der 1998 bindend eingeführt und als RNP-5 bezeichnet wird, fordert eine Airway-Navigationsgenauigkeit von +/- 5 Nautische Meilen.
- Zusätzliche Airways sind nicht mehr an VOR-VOR Navigation gebunden.
- Entwicklung des Free-Flight-Prinzips.
- Ab 2005: Navigationsstandard RNP-1 (Genauigkeit +/- 1 Nautische Meile)
- Ab 2005: Abschaltung der Bodennavigationsanlagen (VOR, NDB, LORAN C)

Die IAOPA hat sich nachhaltig für die Anerkennung von GPS als die einzig mögliche Lösung für die Allgemeine Luftfahrt eingesetzt, die sowohl technisch als auch wirtschaftlich realisiert werden kann. Alle anderen Systeme wie z.B. FMS oder INS usw. sind erst ab rund 80.000 DM erhältlich und hätten unvermeidbar zum Ende des IFR-Luftverkehrs der Allgemeinen Luftfahrt (einschließlich des Werkverkehrs sowie vieler kleiner Luftfahrtunternehmen) geführt.

Das wichtigste Ergebnis des JAA/EURO-CONTROL-Symposiums im März 1997 in Luxembourg, an dem auch die IAOPA mit zwei Vertretern teilnahm, war der Konsens, GPS zu genehmigen. Voraussetzung dafür war, daß die laufenden Untersuchungen die operationelle und technische Zuverlässigkeit des GPS bescheinigen. Anschließend müssen die nationalen Länderbehörden eine Liste der GPS/B-RNAV-zugelassenen Geräte veröffentlichen.

Ohne eine solche RNP-5 Zulassung dürfen keine Flugzeuge mehr nach IFR fliegen.

Neue Informationen zu Basic-RNAV

Rechtsgrundlagen für die Anwendung von GPS in Deutschland ist NFL II - 73/94. In einem Schreiben des LBA an die luftfahrttechnischen Betriebe, die der AOPA Germany als Mitglieder angehören, sind die Probleme beim Einbau von GPS bezüglich der Definition „Kleiner Änderung" und „Grosse Änderung" angesprochen worden

„Kleine Änderung" bedeutet, einen Stand-Alone-GPS-Receiver für IFR-Flüge einzubauen, ohne dieses GPS-Gerät an andere Luftfahrzeugsysteme anzuschließen.

Eine „Große Änderung" liegt vor, wenn das GPS-Gerät z. B. mit einem Autopiloten verbunden wird. In diesem Fall ist nach Auffassung des LBA eine Supplemental Type Certification erforderlich (s.a. in diesem Zusammenhang NfL I 274/GPS vom 23.10.95).

Beim Einsatz von GPS-Geräten für Basic-RNAV in Deutschland muß folgendes beachtet werden:

1. NfL II-66/96, hervorgegangen aus dem Entwurf der JAA AMJ 20-XL Leaflet 2. NfL II-66/96 ist im September 1997 durch die endgültige Version AIC IFR 11/97 ersetzt worden.

Abb. 5.7: IFR-zugelassene Garmin GPS-Receiver 155 TSO und 165 TSO. Beide Geräte werden voraussichtlich ebenfalls für Basic RNAV zugelassen (Quelle: Garmin).

2. Die Genehmigung von GPS für B-RNAV im deutschen Luftraum ist im AIC 15/95 festgelegt worden.

Resumée

GPS erfüllt die an ein B-RNAV zu stellenden Anforderungen nach RNP 5. Wer also ab 29.01.98 gezwungen ist, IFR zu fliegen, kann ein vom LBA zugelassenes IFR-Gerät für B-RNAV und für Stand-Alone- wie auch Overlay-Approaches auf GPS-Basis einsetzen.

(Quelle: AOPA Germany)

Kapitel 6
Anhang

Behörden, Firmen und Institute

Bundesministerium für Verkehr

In der Hierarchie der Luftfahrtbehörden steht die Abteilung Luft- und Raumfahrt des Bundesministers für Verkehr an oberster Stelle. Ihr unterstehen unmittelbar das Luftfahrt-Bundesamt und der Deutsche Wetterdienst. Die Aufgaben der Abteilung Luft- und Raumfahrt umfassen:

- Genehmigung von Flugplätzen
- Genehmigung des Linienverkehrs und des gewerblichen Gelegenheitsverkehrs deutscher und ausländischer Luftfahrtunternehmen
- Gewährleistung von Sicherheit und Ordnung am Fluggerät, im Flugbetrieb und beim Luftfahrtpersonal
- Grundsatzfragen der Flugsicherung und Luftraumplanung, Aufsicht über die Durchführung der Flugsicherungsbetriebsdienste
- Angelegenheiten der Luftsicherung (Abwehr äußerer Gefahren)
- Festsetzung der Strukturreform der Flugsicherung auf europäischer Ebene (EUROCONTROL)
- Umweltschutz im Luftverkehr
- Sicherung der deutschen Luftverkehrsinteressen im Ausland in bilateralen Verträgen
- Vertretung der deutschen Luftfahrtinteressen in der Europäischen Union (EU), der Europäischen Zivilluftfahrt-Konferenz (ECAC), der Arbeitsgemeinschaft europäischer Luftfahrtbehörden (JAA) sowie in der Internationalen Zivilluftfahrt-Organisation (ICAO) und der Weltorganisation für Meteorologie (WMO)

Luftfahrt-Bundesamt

Das Luftfahrt-Bundesamt ist als Bundesbehörde dem Bundesministerium für Verkehr unterstellt und ist im Bereich der Satellitennavigation für die Zulassung von GPS-Empfängern für Sicht- und Instrumentenflug zuständig. In enger Zusammenarbeit mit der DFS Deutsche Flugsicherung GmbH werden auch beim LBA Konzepte für künftige Navigationssysteme mitentwickelt und aus gerätetechnischer Sicht Zulassungsverfahren sowie Leistungsparameter der Geräte festgelegt.

Während die DFS für die Flugverfahren und die Navigationsbodenanlagen zuständig ist, untersteht dem LBA aus zulassungs- und prüfungstechnischer Sicht die vollständige Gerätetechnik an Bord der Luftfahrzeuge.

DFS Deutsche Flugsicherung

Die nationalen und internationalen Aufgaben und Tätigkeiten der DFS Deutsche Flugsicherung GmbH im Bereich der Satellitennavigation sind in diesem Handbuch umfangreich in Form von Textbeiträgen beschrieben worden, so daß weitere Ausführungen und Informationen an dieser Stelle überflüssig wären.

Deutsche Gesellschaft für Ortung und Navigation e. V. (DGON)

Die DGON ist das neutrale Fachforum auf den Gebieten der Ortung und Navigation in allen Bereichen des Verkehrs: Schiffahrt, Luftfahrt, Raumfahrt, Landverkehr. Die Gesellschaft ist gemeinnützig. Sie wird im wesentlichen von Korporativen und Persönlichen Mitgliedern getragen.

Korporative Mitglieder

- Firmen
- Behörden
- Verbände
- Vereinigungen aus Wissenschaft und Technik
- Forschungsinstitute

Persönliche Mitglieder

- Wissenschaftler
- Ingenieure
- Personen, die an den Aufgaben der Gesellschaft interessiert sind.

Zu korrespondierenden Mitgliedern gehören Forschungseinrichtungen und Verbände im In- und Ausland, die ähnliche Ziele verfolgen und den Aufgaben der Gesellschaft positiv gegenüberstehen. International hat sich die DGON mit einigen Schwesterinstituten aus europäischen und außereuropäischen Staaten in der „International Association of Institutes of Navigation" (IAIN) zusammengeschlossen; auch auf europäischer Ebene ist der Zusammenschluß (EUGIN) erfolgt.

Zweck und Aufgaben

Die Aufgaben der DGON bestehen u.a. darin, praxisorientierte Beiträge zur Verbesserung der Sicherheit und Wirtschaftlichkeit aller Verkehrsarten an die Europäische Union, Ministerien, Behörden und andere interessierte Kreise zu liefern.

Gremien der Gesellschaft

Der Wissenschaftliche Beirat steuert die wissenschaftlich-technische Arbeit und koordiniert Planungs- und Entwicklungsvorhaben auch im internationalen Bereich. Die Aufgabenlösung überträgt er den Kommissionen und Fachausschüssen:

- Schiffahrtskommission
- Kommission Landverkehr

- Fachausschuß Radartechnik
- Fachausschuß Kreiseltechnik

Luftfahrtkommission

- Planung und Entwicklung bestehender und neuer Navigations- und Flugsicherungssysteme
- Konzepte für die Fortschreibung von Systemen
- wirtschaftliche Nutzung des Luftraums
- Verbesserung der Verkehrsflußsteuerung
- künftige Kommunikations- und Überwachungssysteme

Fachausschuß Weltraumtechnik

- GPS - Global Positioning System
- GLONASS - Global Orbit Navigation Satellite System
- Standardisierung
- Sicherheit und Zuverlässigkeit
- Verfügbarkeit und Nutzbarkeit

Bundesamt für Kartographie und Geodäsie (früher IFAG)

Das Bundesamt für Kartographie und Geodäsie gehört zu den Forschungseinrichtungen der Bundesverwaltung. Seine Aufgaben sind die Forschung auf allen Gebieten der Geodäsie, Kartographie, Photogrammetrie und Fernerkundung und die Aufbereitung der Forschungsergebnisse für die Praxis.

Das Bundesamt gliedert sich in die Abteilungen:

- Geodätische Forschung
- Photogrammetrisch-kartographische Forschung
- Kartographie
- Zentralabteilung

Folgende elektronische Informationssysteme werden angeboten:

- GIBS, GPS-Informations- und Beobachtungssystem
- Bibliographischer Dienst

Druckschriften, Karten etc.:

- Publikationen
- Karten
- digitale kartographische Datenbanken

Daneben werden zentrale wissenschaftlich-technische Dienste bereitgestellt und weitere Aufgaben wahrgenommen. Zum Bundesamt gehören die Zentrale Dienststelle Frankfurt am Main, die geodätische Fundamentalstation Wettzell sowie die Außenstelle Leipzig, die Außenstelle Potsdam und die Außenstelle Berlin.

GPS Informations- und Beobachtungssystem (GIBS)

Das Bundesamt für Kartographie und Geodäsie hat schon vor einigen Jahren einen nationalen Informations- und Beobachtungsdienst für GPS (GPS Informations- und Beobachtungssystem, GIBS) eingerichtet. Dabei werden u.a. über ein sogenanntes „Bulletin Board System" (BBS) sowohl im Mailbox-Betrieb (PC mit Modem) als auch über das Internet (World Wide Web, PC mit Modem) interessierten GPS-Anwendern wichtige Daten und Informationen über das Thema GPS sowie zusätzlich über GLONASS übermittelt. Zum GIBS-Informationsangebot gehört auch eine umfangreiche GPS/GLONASS-Literaturdokumentation.

Interessant (und wichtig) für den VFR- und IFR-Piloten ist der aktuelle Tracking- oder Ephemeridenstatus der GPS-Satelliten über Deutschland, der die Satellitenkonstellation zum Abfragezeitpunkt aus der Sicht des

GIBS-Referenz-GPS-Empfängers in Leipzig anzeigt. Diese Informationen können über Internet abgerufen werden. Eine ähnliche Möglichkeit bietet auch Trimble für GPS-Informationen in aufwendigen grafischen Aufbereitungen ebenfalls über das Internet an (http://www.trimble.com/satview/).

In einer weiteren Abfrage kann man sich über den aktuellen Stand des GPS-Systems (GPS-Systemstatus) informieren und auch Startdaten der Satelliten mit genauen Bezeichnungen und Zustandsbeschreibungen sowie voraussichtlicher Lebensdauer einsehen und gegebenenfalls ausdrucken.

Der GPS-Systemstatus und weitere GPS-Informationen sind auch als EMail-Abonnement (kostenlos) bei der US Coast-Gard erhältlich. Pünktlich findet man in seiner Mailbox, sofern man über eine EMail-Adresse samt PC und Modem verfügt, den täglichen Systemstatus. Das Beispiel auf der folgenden Seite zeigt eine an die Abonnenten verschickte GPS-Statusmeldung.

Die GIBS-Dienste sind zur Zeit gebührenfrei. Die Informationen des GIBS werden allerdings ohne Gewähr für die Richtigkeit der Angaben abgegeben. Zur Zeit werden folgende Informationen zur Satellitennavigation mit GPS und GLONASS angeboten:

- Aktuelle Satellitenkonstellation (Satellite Health Data)
- Systemzustand und Entwicklung, Nutzbarkeit der Satelliten, geplante Starts
- GPS-Satellitenalmanach des U.S. Navigation Information Center (NIS)
- Differentielles GPS (DGPS) in der Bundesrepublik Deutschland
- Geodätische GPS-Permanentstationen in Deutschland und Europa
- Aktuelle Empfangssituation über Deutschland (Local Integrity Monitoring)

```
From: nisws@smtp.navcen.uscg.mil (NIS)
To: 'GPS STATUS' <gpsstatus@nislist.navcen.uscg.mil>
Subject: General Message to All GPS Users.
Date: Thu, 28 Aug 1997 09:02:38 -0400

GENERAL MESSAGE TO ALL GPS USERS
SUBJ:   SVN28 DELETED FROM BROADCAST ALMANAC
1.   ON 15 AUG 97, SVN28 (PRN28) WAS PERMANANTLY DELETED
FROM THE BROADCAST ALMANAC OF ALL GLOBAL POSITIONING
SYSTEM (GPS) SATELLITES.
2.   GPS USERS ARE REMINDED TO UPDATE THEIR GPS RECEIVERS
IF NECESSARY.
3.   POC:   LT BRIAN BARKER, 2 SOPS NAVIGATION ANALYST,
DSN 560-6378, 719-567-6378.
```

In dieser allgemeinen Meldung (im Rahmen des kostenlosen EMail-Abonnement) wurden die GPS-Nutzer darüber informiert, daß der Satellit mit der Nummer 28 am 15. August 1997 auf Dauer von der Abstrahlung des Almanach aller GPS-Satelliten herausgenommen wurde. Gleichzeitig werden die GPS-Nutzer gebeten, ihre GPS-Empfänger entsprechend neu zu konfigurieren (falls nicht automatisch durch Empfänger-Software).

- GLONASS-Satellitenalmanach der DLR, Fernerkundungsstelle Neustrelitz und GLONASS Status-Informationen des ISN und des Coordinational Scientific Information Center (CSIC), Moskau
- Vorläufige Ephemeriden (IGR) des International GPS Geodynamic Service (IGS)
- Präzise Ephemeriden des National Geodetic Survey (NGS) der USA
- Präzise Ephemeriden des Center of Orbit Determination for Europe (CODE), Astronomisches Institut der Universität Bern
- Präzise Ephemeriden des International GPS Geodynamic Service (IGS)
- Erdrotationsparameter des International Earth Rotation Service (IERS), des Center of Orbit Determination for Europe (CODE) und des International GPS Geodynamic Service (IGS)
- Zugriff auf Programme für Sichtbarkeitsberechnungen, Geoidhöhen und Koordinatentransformationen

- GPS-Veranstaltungskalender, GIBS-Newsletter
- GPS/GLONASS Literaturdokumentation

Abrufmöglichkeiten der GIBS-Daten

Modem ... 0341-5634-387 / 0341-5634-388
Internet ....http://www.gibs.leipzig.ifag.de

Auf den folgenden Seiten sind beispielhaft die GPS-Informationen, wie sie über GIBS oder die US Coast Guard erhältlich sind, abgedruckt.

Die Terminologie und die Akronyme der Seiten sind so weit erläutert, daß die wichtigsten Informationen mit Grundkenntnissen in der englischen Sprache verständlich sind.

Aktuelle GPS Satellitenkonstellation
Dieses Dokument ist nicht in deutsch verfügbar.

```
GPS CONSTELLATION HISTORY AND STATUS (STATUS AS OF 01 SEP 97)
SVN/PRN   MISSION   LAUNCH    SLOT   OPERATIONAL   NAV      REASON FOR   MONTHS
                                                   LOST     FAILURE      OPERAT.
  1 /  4    I-1     22FEB78    **     29MAR78     25JAN80   CLOCK         21.9
  2 /  7    I-2     13MAY78    **     14JUL78     30JUL80   CLOCK         25.5
  3 /  6    I-3     06OCT78    **     09NOV78     19APR92   CLOCK        161.3
  4 /  8    I-4     11DEC78    **     08JAN79     27OCT86   CLOCK         93.6
  5 /  5    I-5     09FEB80    **     27FEB80     28NOV83   WHEEL         45
  6 /  9    I-6     26APR80    **     16MAY80     10DEC90   WHEEL        126.8
  7 /       I-7     18DEC81    **       **          **     BOOSTER        0
  8 / 11    I-8     14JUL83    **     10AUG83     04MAY93   EPS DEGR.    116.8
  9 / 13    I-9     13JUN84    **     19JUL84     28FEB94   CLOCK        115.2
 10 / 12    I-10    08SEP84    **     03OCT84     18NOV95   CLOCK        133.5
 11 /  3    I-11    09OCT85    **     30OCT85     27FEB94   TT&C          99.9

TOTAL BLOCK I SATELLITE YEARS ON ORBIT = 78.29 YEARS
AVERAGE OPERATING LIFE TO DATE         =  7.12 YEARS
(INCLUDING BOOSTER FAILURE)

 14 / 14   II-1     14FEB89    E1     14APR89     OPERATING             100.6
 13 /  2   II-2     10JUN89    B3     12JUL89     OPERATING              97.7
 16 / 16   II-3     17AUG89    E5     13SEP89     OPERATING              95.7
 19 / 19   II-4     21OCT89    A4     14NOV89     OPERATING              93.6
 17 / 17   II-5     11DEC89    D3     11JAN90     OPERATING              91.7
 18 / 18   II-6     24JAN90    F3     14FEB90     OPERATING              90.6
 20 / 20   II-7     25MAR90    B5     19APR90     10MAY96   Wheels       72.7
 21 / 21   II-8     02AUG90    E2     31AUG90     OPERATING              84.1
 15 / 15   II-9     01OCT90    D2     20OCT90     OPERATING              82.4
 23 / 23   IIA-10   26NOV90    E4     10DEC90     OPERATING              80.8
 24 / 24   IIA-11   03JUL91    D1     30AUG91     OPERATING              72.1
 25 / 25   IIA-12   23FEB92    A2     24MAR92     OPERATING              65.3
 28 / 28   IIA-13   10APR92    C5     25APR92     OPERATING              64.3
 26 / 26   IIA-14   07JUL92    F2     23JUL92     OPERATING              61.3
 27 / 27   IIA-15   09SEP92    A3     30SEP92     OPERATING              59.1
 32 /  1   IIA-16   22NOV92    F1     11DEC92     OPERATING              56.7
 29 / 29   IIA-17   18DEC92    F4     05JAN93     OPERATING              55.9
 22 / 22   IIA-18   03FEB93    B1     04APR93     OPERATING              53
 31 / 31   IIA-19   30MAR93    C3     13APR93     OPERATING              52.7
 37 /  7   IIA-20   13MAY93    C4     12JUN93     OPERATING              50.7
 39 /  9   IIA-21   26JUN93    A1     21JUL93     OPERATING              49.4
 35 /  5   IIA-22   30AUG93    B4     20SEP93     OPERATING              47.4
 34 /  4   IIA-23   26OCT93    D4     01DEC93     OPERATING              45.1
 36 /  6   IIA-24   10MAR94    C1     28MAR94     OPERATING              41.2
 33 /  3   IIA-25   28MAR96    C2     09APR96     OPERATING              16.8
 40 / 10   IIA-26   16JUL96    E3     15AUG96     OPERATING              12.6
 30 / 30   IIA-27   12SEP96    B2     01OCT96     OPERATING              11.1
 39 / 42   IIR-1    17JAN97    F5       **          **     Booster        0

TOTAL BLOCK II/IIA SATELLITE YEARS ON ORBIT = 142.05 YEARS
AVERAGE OPERATING LIFE TO DATE              =   5.46 YEARS

Letzte GIBS-Aktualisierung der Konstellation : 4-Sep 05:23.
```

```
GPS Status

Anmerkung: EMail-Status-Meldung mit zusätzlicher separater Datei auf der
Festplatte des Empfänger-PC gespeichert (s. letzte Zeile dieser Tabelle)

From: nisws@smtp.navcen.uscg.mil (NIS)
To: 'GPS STATUS' <gpsstatus@nislist.navcen.uscg.mil>
Subject: GPS Status as of 15 Sep 97
Date: Mon, 15 Sep 1997 13:34:03 -0400

SUBJ: GPS STATUS 15 Sep 97

1. SATELLITES, PLANES, AND CLOCKS (CS=CESIUM RB=RUBIDIUM):

A. BLOCK I : NONE
B.
BLOCK II PRNS  1,   2,   3,   4,   5,   6,   7,   9,  10,  14,  15,  16,  17,  18,  19
PLANE    SLOT F1,  B3,  C2,  D4,  B4,  C1,  C4,  A1,  E3,  E1,  D2,  E5,  D3,  F3,  A4
CLOCK         CS,  CS,  CS,  CS,  CS,  CS,  CS,  CS,  CS,  CS,  CS,  CS,  CS,  CS,  RB
BLOCK II PRNS 21,  22,  23,  24,  25,  26,  27,  28,  29,  30,  31
PLANE    SLOT E2,  B1,  E4,  D1,  A2,  F2,  A3,  C5,  F4,  B2,  C3
CLOCK         CS,  CS,  CS,  RB,  CS,  CS,  CS,  CS,  RB,  CS,  CS

2. CURRENT ADVISORIES AND FORECASTS :

A. FORECASTS: FOR SEVEN DAYS AFTER EVENT CONCLUDES.
NANU        MSG DATE/TIME  PRN        SUMMARY (JDAY/ZULU TIME START - STOP)

093-97252   272052Z Aug 97    27      FCST MX   252/0050    UP TO 12 HOURS
094-97254   081814Z Sep 97    1       FCST DV   254/2045-   UP TO 12 HOURS
095-97252   090555Z SEP 97    27      FCSTSUMM  252/0121-   252/0446
096-97255   120422Z SEP  97   1       FCSTSUMM  254/2058-   255/0235

B. ADVISORIES:
NANU  MSG DATE/TIME  PRN   TYPE      SUMMARY (JDAY/ZULU TIME START - STOP)

C. GENERAL:
NANU  MSG DATE/TIME  PRN   TYPE      SUMMARY (JDAY/ZULU TIME START - STOP)

3. REMARKS:
A. ANTI-SPOOF WAS DEACTIVATED ON JDAY 033 (02 FEB 97) AT OOOOZ.
ANTI-SPOOF WAS REACTIVATED ON JDAY 055 (24 FEB 97) AT 0000Z.
B. SELECTIVE AVAILABILITY WAS REACTIVATED AT STANDARD POSITIONING
SERVICE ACCURACY LEVELS ON DAY 182 (01 JUL 91) AT 0400 UTC.
VARIATIONS MAY BE SEEN IN THE EFFECT OF SA DURING TESTING, BUT THE
EFFECT SHOULD NOT EXCEED STANDARD POSITIONING LEVELS. THE POINT OF
CONTACT IS LTCOL DAVIS (719)554-2634 OR DSN 692-2634.
C. CIVILIAN:  FOR INFORMATION, CONTACT US COAST GUARD NAVCEN AT
COMMERCIAL (703)313-5900 24 HOURS DAILY, COMPUTER BBS (703)313-5910,
AND INTERNET HTTP://WWW.NAVCEN.USCG.MIL OR FTP://FTP.NAVCEN.USCG.MIL.
D. MILITARY: FOR INFORMATION, CONTACT 2LT BRIAN BARKER, 2SOPS/DOUAN
NAVIGATION ANALYST AT (719)567-6378, DSN 560-6378, OR COMPUTER BBS
(719)567-6379.

Attachment Converted: "c:\dec\eu\attach\GPSStat2"
```

```
Aktueller Systemstatus

Angaben zum Systemstatus werden durch das U.S. Space Command Center her-
ausgegeben. Die Datei wird täglich in den frühen Morgenstunden aktuali-
siert. Sie enthält Informationen über Zugehörigkeit der Satelliten zu
Block I oder Block II, genutzte Uhren (CÄSIUM oder RUBIDIUM) und Bahnebe-
nen, Hinweise und Vorhersagen in tabellarischer Form, wobei die Spalten
wie folgt zu interpretieren sind:

Spalte | Bedeutung
------------------
1 -10  | Referenz-NANU

11-26  | Nachrichten-Nummer sowie Angabe von Herausgabetag und
       | -zeit, (im oben stehenden  Beispiel  aus  Platzgründen
       | nicht gegeben)

27-33  | Satelliten-Nummer, BLKII = BLOCK II (Block II Satellit)
34-39  | Nachrichten-Typ, FCST = FORECAST (Vorhersage), ADV
       | = ADVISE (Hinweis)
40-48  | Kurzinformation, SA ON = SELECTIVE AVAILABILITY ON
       | (eingeschränkte Nutzbarkeit), UNUSABLE (nicht nutzbar)
49-    | Tagesnummer/Zeitangabe, (UTC, von - bis), UFN = UP TO
       | FURTHER NOTICE (bis auf Weiteres), UP to xx HRS (bis zu
       | xx Stunden)

Möglichkeiten der Kontaktaufnahme mit dem U.S. Space Command Center.
```

```
Tracking-Situation über Deutschland

Aktueller Tracking- oder Ephemeridenstatus
Hier wird die Möglichkeit geboten, über einen angeschlossenen GPS-
Empfänger on-line Informationen zur aktuellen Empfangssituation über
Deutschland in Erfahrung zu bringen. Der Empfänger (Pathfinder Basic, Fa.
Trimble) steht in Leipzig :

Breite 51 Grad 21 Min / Länge 12 Grad 22 Min / Höhe 180 m
Trackingstatus, Ephemeridenstatus

Die Zeitangaben beziehen sich auf GPS-Zeit (etwa UTC).
Die Anzeige des aktuellen Trackingstatus hat die Form (Beispiel) :
 LOCAL INTEGRITY MONITORING, LEIPZIG, TRACKING STATUS  11/01/96 09:42
 ------------------------------------------------------------------
 PRN C S Acq Eph  SNR  GPS-Time of meas  Elev   Azim  Old Msc BdD DCl
 ------------------------------------------------------------------
 18  4 1  1   1  20.1  Thu  8:44:43.250  63.8   75.7   0   3   0   0
 24  3 1  1   1  13.1  Thu  8:44:43.250  42.6  270.1   0   3   0   0

Hierin bedeuten:
 != = not equal to
PRN = Number of Satellite
 C  = Channel (internal coding of the hardware tracking channal)
 S  = Slot   (internal coding of the hardware tracking channal)
Acq = Acquisiton flag    = 0   never acquired
                         = 1   acquired
```

196

```
                                = 2    re-opend search
Eph = Ephemeris flag            = 0    flag not set
                                != 0   good ephemeris for this satellite
                                       (= 0   center of the last measurement
                                       taken from the satellite
Elev = Elevation                =      Approximate elevation of this satellite
                                       above horizon. Updated about every 15
                                       seconds.
Azim = Azimuth                  =      Approximate azimuth from true north
                                       to this satellite. Updated typically
                                       about every 3 to 5 minutes.
Old  = Old meas. flag           = 0    flag not set
                                != 0   The last measurement is too old
                                       to use for a fix computation
Msc = Integer msec flag         = 0    don't have good knowledge of integer
                                       millisecond range to this satellite
                                = 1    msec from sub-frame data collection
                                = 2    verified by a bit crossing time
                                = 3    verified by a successful position fix
                                = 4    suspected msec error
BdD = Bad data flag             = 0    flag not set
                                = 1    bad parity
                                = 2    bad ephemeris health
DCl = Data collect flag         = 0    flag not set
                                != 0   The GPS Receiver currently is trying
                                       to collect data from this satellite.
```

Die Anzeige des aktuellen Ephemeriden-Status im Empfaenger hat die Form
(Beispiel):

```
LOCAL INTEGRITY MONITORING, LEIPZIG, EPHEMERIS STATUS 12/01/96 10:41
-------------------------------------------------------------------
 PRN   GPS-Time collected Health  IODE      t oe        Fit    URA
-------------------------------------------------------------------
   1   Fri  4:36:18.000    00     4A   Fri  6:00:00.000   0    32.0
   2   Fri  9:40:12.000    00     A7   Fri 10:00:00.000   0    32.0
```

Hierin bedeuten:

```
PRN                          =     Number of Satellite
GPS-Time collected           =     Time of Collection when this ephemeris
                                   data was collected from the satellite.
Health = ephem. health       = 00  healthy
                             != 00  unhealthy
IODE                         =      Issue of Data Ephemeris
t oe                         =      Time of ephemeris
Fit                          =
URA                          =      Users Range Accuracy converted to meters
                                    from 4-bit code. Values less than 10 are
                                    preferred.
```
Alter Trackingstatus
Der Tracking Status wird im Abstand von 30 Minuten gespeichert. Die so
gespeicherten Informationen sind fuer einen rueckwirkenden Zeitraum
von mindestens 1 Woche abrufbar.

Akronyme und Fachwörter

Im folgenden Verzeichnis sind die wichtigsten GPS-Akronyme, gefolgt von ihrer englischen Bedeutung und deutscher Übersetzung, enthalten. Akronyme sind Kunstwörter, die aus den Anfangsbuchstaben mehrerer Wörter gebildet sind (z.B. **G**lobal **P**ositioning **S**ystem = **GPS**). Akronyme werden immer in Versalien geschrieben. Die zugehörigen englischen Fachwörter sind grundsätzlich groß geschrieben, um die Bildung der Akronyme zu verdeutlichen. Neben den Akronymen sind teilweise auch englische Fachbegriffe, die kein Akronym haben, enthalten.

Das Verzeichnis basiert weitgehend auf der international angewendeten englisch-amerikanischen Terminologie der Satellitennavigation. Zu beachten ist, daß Unternehmen, Institute und auch Behörden zum Teil unterschiedliche Akronyme für gleiche Begriffe verwenden. Dies betrifft besonders Anzeigen von Daten auf Displays und die Beschriftung von Instrumenten- und Geräte-Bedienteilen.

Wegen der großen Bedeutung der Satellitennavigation für die internationale Luftfahrt sind, soweit sie in direktem Zusammenhang stehen, entsprechende Luftfahrt-Fachbegriffe aufgenommen worden. Auch wurden einige Fachwörter mit ihren Akronymen aus der EDV-Technik übernommen, sofern sie auf die Satellitennavigationstechnik anwendbar sind oder dazu in unmittelbarer Beziehung stehen.

Zusätzlich werden die wichtigsten Begriffe aus der Satellitennavigation kurz erklärt (Glossar), damit der Leser während des Studiums des Buches jederzeit die Terminologie samt Kurzerläuterung verfügbar hat.

Werden Akronyme u.a. auch als Datenbezeichnungen auf Displays und Beschriftungen von Instrumenten- und Gerätebedienteilen verwendet, so ist dies nach dem deutschen Begriff mit (■) gekennzeichnet.

Es muß darauf hingewiesen werden, daß dieses Verzeichnis wegen der komplexen und die einzelnen Wissenschaftsbereiche übergreifenden Thematik nicht vollständig sein kann. Es dient lediglich einer grundlegenden Orientierung über die GPS-typische Terminologie und liefert, so weit erforderlich, kurze Erläuterungen. Wer sich eingehend mit der GPS-Technik beschäftigen möchte, sei auf wissenschaftliche Fachbücher und spezielle Lexika verwiesen.

Für Anregungen und Ergänzungsvorschläge zu diesem Akronym- und Fachwörterverzeichnis, die in späteren Auflagen berücksichtigt werden, sind Autor und Verlag dankbar.

A/D > Analog/Digital > Elektronischer Baustein (Wandler), der analoge in digitale Signale umsetzt. Bei der Umkehrung dieses Vorganges werden digitale in analoge Signale umgesetzt (D/A).

AAIM > Aircraft Autonomous Integrity Monitoring > Luftfahrzeug-autonome Integritätsüberwachung (erforderlich bei GPS als Primary Means of Navigation).

AC > Alternate Current > Wechselstrom

Acquisition > Akquisition > Erfassen eines neuen (aufgehenden) Satelliten im GPS-Empfänger. Danach geht der Empfänger in den Verfolgungsbetrieb über.

ACTV > Active > Aktiv, aktiviert (■)

AD > Aerodrome > Flughafen (■)

ADF > Automatic Direction Finder > Radiokompaß (■)

AeroNav > GPS-Navigationssystem der Aerodata, Braunschweig, bei dem GPS und INS gemeinsam genutzt werden. Durch diese Kombination werden Genauigkeiten im Zentimeter-Bereich erzielt.

AGC > Automatic Gain Control > Verstärkungsregelung, automatische

AHRS > Attitude Heading Reference System > Fluglage- und Kursführungssystem zur Stützung und Ergänzung von GPS-Empfängern.

AIP > Aeronautical Information Publication > Luftfahrthandbuch

AIS > Aeronautical Information Service > Flugberatungsdienst

ALM > Alarm > Alarm (■)

Almanac > Almanach > Begriff aus der Astronomie, Vorläufer der Jahrbücher. Jahrbücher enthalten die wichtigsten Angaben über den Kalender, die Bewegung der Sonne, des Mondes und der Planeten sowie die Örter der Sterne des Sternenkataloges und zahlreiche Tabellen zur Orts- und Zeitbestimmung. In der Satellitennavigation versteht man unter Almanach die Daten der gesamten Satellitenkonstellation in geringerer Genauigkeit als die in den Ephemeriden enthaltenen Einzeldaten.

ALT > Altimeter > Höhenmesser > Höhe (■)

ALT > Altitude > Höhe (■)

AMP > Amplifier > Verstärker

ANSI > American National Standards Institute > Im EDV-Sprachgebrauch: Von dem US-Institut (ANSI) entwickelte spezielle Zeichenfolge zur Ansteuerung von Bildschirmen und Tastaturen bei Computern.

ANT > Antenna > Antenne > Bei GPS-Empfängern eine ungerichtete Antenne mit Rundumbedeckung für den Empfang aller Satelliten im Elevationsbereich 10-90 Grad.

APPR > Approach > Anflug

APT > Airport > Flughafen (■)

ARINC > Arinc-Bus > Bus-Standard nach Arinc (Name für Bus-System).

AS > Anti Spoofing > Eine technische Maßnahme des DOD, bei der in politischen Krisen- oder Spannungszeiten der GPS-P-Code durch einen geheimgehaltenen Y-Code ersetzt wird, um Täuschung durch gegnerische Störsender zu unterbinden.

ASCII > American Standard Code for Information Interchange > In der EDV gebräuchlicher Zeichencode, der systemübergreifend verwendet wird und damit den Datenaustausch zwischen Rechnern standardisiert.

ATC > Air Traffic Control > Flugverkehrskontrolle

ATIS > Automatic Terminal Information Service > Ausstrahlung von Lande- und Startinformationen, automatische

Augmentation > Erweiterung, Aufstockung > Begriff wird verwendet z.B. bei WAAS (Wide Area Augmentation System) und LAAS (Local Area Augmentation System).

AUTO > Automatic > Automatisch (■)

Availability > Verfügbarkeit > Prozentsatz der Zeit, in der ein Navigationssystem in einem bestimmten Bereich genutzt werden kann. Unter Signal Availability ist der Prozentsatz der Zeit zu verstehen, in dem die Navigationssignale genutzt werden können.

Avionic > Avionik (Flugzeug-Elektronik)

Azimut > AZ > Azimut (Winkel zwischen Radial-standlinie und Nordrichtung), bei GPS: Der Winkel, der durch die Standlinie Satellit-GPS-Empfänger und geographisch Nord gebildet wird.

B

B-RNAV > Basic Area Navigation > Basis-Flächennavigation für IFR-Streckenflüge (enroute), europäisches RNAV-Verfahren (Einführung Februar 1998), bei dem während 95% der Zeit eines Fluges der vorgesehene Flugweg mit einer Genauigkeit von +/- 5 NM eingehalten werden kann. Für die Positionsangaben können Daten aus den Navigationshilfen DME/DME, VOR/DME (innerhalb 62 NM VOR-Reichweite), INS, LORAN-C und GPS (mit Auflagen) verwendet werden. In Deutschland vorgesehen für IFR-Flüge ab Flugfläche 100.

BAT > Battery > Batterie (■)

BCE > BroadCast Ephemeris > Bahndaten mit 10-m-Genauigkeit

BCE SA > BroadCast Ephemeris with SA > Bahndaten mit 20- bis 80-m-Genauigkeit

BCN > Beacon > Funkfeuer

BIT > Binary Digit > Kleinste Darstellungseinheit (Wert entweder 0 oder 1), die ein Rechner verarbeiten kann.

BITE > Build-In-Test-Equipment > System-Prüfeinrichtung

BRG > Bearing > Peilung (■)

BRG WPT > Bearing To Waypoint > Peilung zum Waypoint (■)

BRT > Bright > Hell (■)

BUS > Databus > Bus, Digitale Datensammelschiene

Byte > 8 Bit ergeben ein Byte, mit dem 256 verschiedene Bit-Kombinationen darstellbar sind.

BZT > Bundesamt für die Zulassung in der Telekommunikation (früher: FTZ, Fernmeldetechnisches Zentralamt)

C

C/A-Code > Coarse/Acquisition-Code (auch Clear/Acquisition, Civil/Acqusition) > Signalcode für zivile GPS-Nutzer, Folge von 1023 Binär-Biphasenmodulationen, auf das L1-Signal moduliert. C/A-Code wird häufig auch mit Common-Access- oder Civil-Access-Code (Code für zivilen Zugang, Zugriff) erklärt.

Carrier > Trägerwelle > Elektromagnetische Welle mit einem Charakteristikum (Frequenz, Amplitude oder Phase), die durch Modulation von einem Referenzwert variiert werden kann.

Carrier Frequency > Trägerfrequenz, Frequenz des unmodulierten Sendesignals. Die Trägerfrequenz L1 ist 1575,42 MHz.

CAS > Calibrated Airspeed > Fluggeschwindigkeit, berichtigte (■)

CAT > Category > In der Luftfahrt gibt es verschiedene Kategorien automatischer Landeanflüge: CAT I, II, III a, b, c. Bei CAT I + II wird automatisch angeflogen, aber vom Piloten gelandet. CAT III läßt unter bestimmten Bedingungen automatische Landungen zu.

CD-ROM > Massenspeicher (bis zu 650 Megabyte) für umfangreiche Datenmengen, z.B. digitalisierte Straßen- oder Seekarten, Databases usw.

CDI > Course Deviation Indicator > Kursablageanzeiger eines GPS-Empfängers, der auf LCD-Bildschirmen meistens in Form von Balken erscheint.

CDU > Control Display Unit > Anzeige/Bedienteil eines GPS-Empfängers

CH > Compass Heading > Kompaß-Steuerkurs

CHAN > Channel > Kanal (■)

Channel > Kanal > Schaltkreis eines GPS-Empfängers zum Signal-Empfang eines einzigen GPS-Satelliten.

CLR > Clear > Lösch(taste) (■)

CM > Core Module > GPS-Sensor

CMOS > Complementary Metal Oxide Semiconductor > Halbleiterspeicher, z.B. batteriegepuffert in PCs zur Speicherung von Festplatten/Diskettentypen, Hauptspeichergröße, Monitortyp etc.

CNCL > Cancel > Löschen, Aufheben, z.B. von eingegebenen Daten.

Code Phase GPS > GPS Messungen, die auf dem C/A-Code basieren.

COM > Communication > Fernmeldeverkehr

Compass > Kompaß

Control Segment > Bodenstationen des GPS, bestehend aus einer Master Control Station und verschiedenen Monitor Stations.

Coordinate Systems > Koordinatensysteme, definieren geografische Positionen auf der Erde mit bestimmten Gitteranordnungen (z.B. geografische Koordinaten, UTM, OSGB).

CPA > Closest Point of Approach > Nähester Anflugpunkt

CPU > Central Processing Unit > Zentraleinheit eines Computers

CRS > Course > Kurs (■)

CRT > Cathode Ray Tube > Kathodenstrahl-Röhre (Bildröhre)

CTRL > Control > Kontrolle, Regelung (■)

CW > Carrier Wave > Trägerwelle

D

D/A > Digital/Analog > siehe: A/D

D/T > Distance/Time > Entfernung/Zeit

DA > Density Altitude > Dichtehöhe

Database > Datenbank > Bei GPS-Empfängern und FMS: Daten-Cassette (Cartridge) für den Einsatz in Flugmanagementsystemen und Navigationsempfängern bei Flugzeugen. Weltweit führend bei solchen Datenbanken für die Luftfahrt (Frequenzen, Koordinaten, Kennungen, Flugstrecken usw.) ist das Unternehmen Jeppesen-Sanderson, USA. Durch regelmäßige Updates (Datenaktualisierung) alle 28 Tage ist eine zuverlässige Datenversorgung für die Anwender/Abonnenten sichergestellt. Databases

gibt es für verschiedene Regionen in der Welt. Bei GPS-Empfängern werden integrierte (Updates nur durch den Fachhändler) oder durch den Anwender wechselbare Databases eingesetzt.

Datenverarbeitungsprozessor > Aufgabe in einem GPS-Empfänger: Auswertung und Verknüpfung aller Satellitensignale mit externen Daten, Navigationsberechnungen, Verwaltung und Speicherung von Betriebsdaten, Steuerung aller Empfängerfunktionen und der Schnittstellen. Verwendet werden Mikroprozessoren und Speicherelemente (ROM, RAM) ähnlich wie bei Personal Computern.

Datum > Bezeichnung für nationale oder internationale Kartenbezugssysteme, die auf bestimmten mathematischen Modellen der Form der Erde beruhen. Je nach verwendeter Karte ist bei der Navigation mit GPS-Empfängern darauf zu achten, daß das zugehörige Kartenbezugssystem in den Empfänger eingegeben wird. Die Standard-GPS-Navigation beruht auf dem internationalen Karten-Datum WGS 84 (Andere: z.B. ED50 für Europa, Clarke 66 für USA und Kanada, Clarke 80 für Afrika usw.)

DBR > Differential Beacon Receiver > Mit einem GPS-Empfänger gekoppelte separate Empfangseinheit für den Empfang von Korrektursignalen einer DGPS-Bodenstation.

DC > Direct Current > Gleichstrom

DECCA > VLF-Navigationsverfahren

DEG > Degree > Gradangabe bei Kursen (■)

DEN ALT > Density Altitude > Dichtehöhe

DEST > Destination > Bestimmungsort (■)

DFNP > Deutscher Funknavigationsplan (Aktuelle Version 1996)

DFS > Deutsche Flugsicherung

DG > Directional Gyro > Kreiselkompaß

DGON > Deutsche Gesellschaft für Ortung und Navigation > Die DGON ist in Deutschland federführend bei sämtlichen Aktivitäten, die die Satellitennavigation betreffen. Seit 1989 koordiniert die DGON SATNAV-relevante Arbeiten im DGON Fachausschuß Weltraumtechnik, bearbeitet SATNAV-Schwerpunktthemen, erarbeitet Expertisen und Empfehlungen und führt entsprechende Fachveranstaltungen durch.

DGPS > Differential Global Positioning System > Verfahren, das bei SA auf 100 m Genauigkeit limitierte Satellitensignal zu korrigieren. Dabei werden von einer DGPS-Bodenstation (GPS-Referenzempfänger), die an einem exakt vermessenen Punkt steht, die Fehler (Uhrenfehler der Satelliten, ungenaue Ephemeriden, ionosphärische und troposphärische Laufzeitfehler usw.) der Satellitensignale gemessen, mit der eigenen exakten Position verglichen, korrigiert und als Korrektursignale zur Verwertung an mobile DGPS-Stationen (Flugzeuge, Schiffe, Fahrzeuge) gesendet. Die Fehlerkorrektur erfolgt bei der Bodenstation durch Vergleich ihrer exakten, bekannten Position mit der durch die Satellitensignale errechneten Position. Die Empfänger-interne Verarbeitung der Satellitensignale und der Korrekturdaten bei den Mobilstationen ermöglichen je nach Hardware- und Software-Ausstattung eine Genauigkeit bis in den Zentimeterbereich.

DIR > Direct > Direkt (Direction = Richtung) (■)

DISP > Display > Anzeige, Instrumententafel, Bildschirm (■)

DIST > Distance > Entfernung (■)

DME > Distance Measuring Equipment > Entfernungsmeßgerät

DOD > Department of Defence > US-Verteidigungsministerium, Betreiber des GPS-Systems

DOP > Dilution Of Precision > Maß für die Signalbedeckungsgeometrie > Man unterscheidet HDOP (Horizontalebene, zweidimensional), VDOP (Vertikale, eindimensional), TDOP (Zeit, eindimensional), PDOP (Position, dreidimensional) und GDOP (Vollständige Geometrie, vierdimensional). Für den Positionsfehler in der navigatorischen GPS-Praxis ist der PDOP wichtig.

Ein PDOP-Wert von 1 entspräche der idealen Satellitengeometrie für die dreidimensionale Positionsbestimmung. Werte unter 3 gelten als „gut", Werte über 8 als „schlecht". Werte zwischen 3 und 8 liefern durchschnittliche Ergebnisse.

DOPP > Doppler Radar (■)

DOT > Department Of Transportation > US-Verkehrsministerium

DR NAV > Dead Reckoning Navigation > Koppelnavigation (■)

DREF > Seit 1991 amtliches deutsches GPS-orientiertes Kartenbezugssystem.

DRMS > Distance Root Mean Square > Das quadratische Mittel der Entfernungen von Positionsberechnungen von einer wahren Position. Typischer Wert bei GPS: 2DRMS entspricht dem Radius eines Kreises, der mit einem bestimmten Navigationssystem 95% aller möglichen Positionen an einem beliebigen Ort enthält.

DT > Direct To > Funktion zum direkten Abruf eines Waypoints, oft auch als D, mit einem nach rechts weisenden Pfeil durchkreuzt, dargestellt. (■)

DVOR > Doppler VOR > Doppler VOR

DVORTAC > Doppler VORTAC > Doppler VORTAC (Kombination aus DVOR und TACAN-Anlage)

E

EAT > Expected Approach Time > Anflugzeitpunkt, voraussichtlicher (■)

ECAC > European Civil Aviation Conference

EDIT > Edit > Editieren, auch: Bearbeiten gespeicherter Daten (■)

EET > Estimated Elapsed Time > Flugdauer, voraussichtliche (■)

EGNOS > European Geostationary Navigation Overlay System > Plan der EU, im Rahmen des GNSS1 ein europäisches Navigationssystem (basierend auf GPS/GLONASS) mit zusätzlichen 4 geostationären INMARSAT-3s-Satelliten aufzubauen. EGNOS soll als europäische Lösung anstelle des amerikanischen WAAS aufgebaut werden.

Elevation > Elevation > Höhe eines Gestirns. In der Satellitennavigation wird die Elevation eines Satelliten in Winkelgraden angegeben. GPS-Satelliten können u.a. in Abhängigkeit von der Qualität und der Position der Antenne bereits zur Navigation akquiriert werden, sobald ihre Elevation mehr als 5 Grad über dem Horizont liegt. Standard ist aber eine Elevation von mehr als 10 Grad.

Elevation > Höhe > Höhe über MSL, die vertikale Entfernung über einem Geoid.

ELT > Emergency Locator Transmitter > Notsender

EMA > Elevation Mask Angle > Fehler-Höhe eines Satelliten über MSL (bei GPS 15°), um Interferenzprobleme durch Gebäude, Bewuchs und Mehrwegempfang zu minimieren. 15° sollten daher nicht unterschritten werden.

ENSS > European Navigation Satellite System > Geplanter Beitrag Europas zum weltweiten privatwirtschaftlich geplanten GNSS2.

ENT > Enter > Eingabe, Bestätigung (■)

Ephemeris > Ephemeris, plural: Ephemeriden > Geozentrische Örter eines Himmelskörpers und der Himmelskugel mit zeitlich konstantem Abstand, die an astronomischen Recheninstituten vorausberechnet und in astronomischen oder nautischen Jahrbüchern (ebenfalls Ephemeriden genannt) veröffentlicht werden. Sie dienen zum raschen Aufsuchen der Gestirne und der genauen Orts-, Positions- und Zeitbestimmungen. In der Satellitennavigation versteht man unter Ephemeris die präzisen eigenen Positions- und Bahndaten des einzelnen Satelliten.

ERNP > European RadioNavigation Plan > Europäischer Funknavigationsplan

ETA > Estimated Time Of Arrival > Ankunftszeit, geschätzte (■)

ETD > Estimated Time of Departure > Startzeit, voraussichtliche (■)

ETE > Estimated Time Enroute > Flugdauer (■)

ETO > Estimated Time of Overfly > Überflugzeit, geschätzte (■)

EUROCAE > European Organisation for Civil Aviation Equipment > Europäische Organisation zur Prüfung und Zulassung von Ausrüstungen ziviler Luftfahrzeuge

F

FAA > Federal Aviation Administration > US-Luftfahrtbehörde

Fail Hard > Ausfallempfindlich (Elektronik, Instrumente)

Fail Safe > Ausfallsicher (Elektronik, Instrumente)

Fail Soft > Ausfallunempfindlich (Elektronik, Instrumente)

FL > Flight Level > Flugfläche

Flag > Anzeigeflagge (z.B. OFF-Flagge bei VOR/LOC)

FLPL > Flight Plan > Flugplan

FM > Frequency Modulation > Frequenz Modulation

FMS > Flight Management System > Flugmanagement-System

FOC > Full Operational Capability > Volle Betriebsbereitschaft, z.B. eines NAV-Systems (GPS, GNSS etc.)

FROM > FR > FROM (Anzeige bei VOR) (■)

FRQ > Frequency > Frequenz (■)

FT > Feet > Fuß (Maßeinheit für Flug- und Flugplatzhöhe) (■)

G

G > G-Number > G-Zahl (Einheit der Beschleunigung)

GAIN > Gain > Verstärkung (Antennen und Verstärker)

GDOP > Siehe DOP

Geodesy > Geodäsie > Vermessungskunde > Wissenschaft und Technik der Bestimmung von Form und Größe der Erde bzw. von Teilen ihrer Oberfläche.

Geodetic Receiver > Geodäsie-Empfänger > GPS-Empfänger für hochpräzise Standortangaben, die einen wesentlich aufwendigeren Aufbau als normale C/A-Code-Navigationsempfänger haben. Sie unterscheiden sich z.B. durch die Verarbeitung der L1- und L2-Trägerwellen (codelose Auswertung beider GPS-Frequenzen) und Auswertung des P-Codes.

Geoid > Äquipotentialfläche (Fläche gleichen Potentials) des Erdschwerefeldes, die auf den Ozeanen genähert mit der mittleren Meeresoberfläche zusammenfällt und unter den Kontinenten fortgesetzt gedacht werden kann. Das Geoid dient als Bezugsfläche für Höhenmessungen.

GHz > Giga-Hertz > Giga-Hertz (Frequenzeinheit). Im GHz-Bereich liegen z.B. die Primär- (L1) und Sekundärfrequenz (L2) des GPS.

GIBS > Nationaler GPS Informations- und Beobachtungsdienst, Einrichtung des Instituts für Angewandte Geodäsie für GPS-Nutzer in Deutschland. Die Daten werden über ein Mailbox-System und im Internet/World Wide Web zur Verfügung gestellt.

GLONASS > GLObal NAvigation Satellite System > russisches Satellitennavigationsverfahren mit 24 Satelliten. Die durchschnittliche „Lebensdauer" eines GLONASS-Satelliten liegt nach den bisherigen praktischen Erfahrungen bei ca. 2-3 Jahren, die von GPS-Satelliten bei ca. 5-7 Jahren.

GND > Ground > Grund

GNSS > Global Navigation Satellite Systems > Sammelbezeichnung für GPS und GLONASS, die beiden einzigen weltweit z.Zt. existierenden Satellitennavigationssysteme.

GNSS1 > Zukünftiges GNSS in der ersten Ausbaustufe mit GPS, GLONASS, EGNOS.

GNSS2 > Zukünftiges weltweites GNSS mit Satellitennavigationssystemen, die frei von institutionellen bzw. behördlichen Beschränkungen sind. ENSS (European Navigation Satellite System) soll der europäische Beitrag zu GNSS2 werden.

GOTO > Goto > „Gehe zu", Waypoint-Abruf, ähnliche Funktion wie Direct To (■)

GP > Glidepath, Glideslope > Gleitweg (■)

GPS > Global Positioning System > NAVSTAR GPS, US-amerikanisches Satellitennavigationsverfahren mit insgesamt 24 Satelliten. Die Entwicklung von GPS begann 1973 in den USA.

GPS All-In-View Receiver > GPS-Empfänger mit 12 Kanälen

GPS Satellite Generations > Die verschiedenen Generationen des GPS, beginnend mit Block I Satelliten (Prototypen), die 1978 gestartet wurden. 24 Block II Satelliten stellen seit 1995 das vollständig ausgebaute GPS dar, Block IIR sind Reserve-Satelliten und Block IIF sind Satelliten der kommenden Generation.

GPS-CDU > GPS-Control Display Unit > GPS-Anzeige/Bedienteil, an das der GPS-Sensor angeschlossen wird.

GPS-Core-Module > GPS-CM > GPS-Empfangseinheit (auch GPS-Sensor genannt) ohne eigenes Anzeige/Bedienteil, ausgelegt für die Kommunikation mit externen Datengeräten über Schnittstellen.

GPS-Engine > GPS-Empfangseinheit ohne eigene Stromversorgung zur Integration in andere Systeme, z.B. in Flight Management Systemen (FMS).

GPS-Handheld-Receiver > Portabler GPS-Empfänger in kleiner Bauart, vorwiegend für Batteriebetrieb ausgelegt. Hand-Held-GPS-Empfänger werden wegen ihrer kleinen Abmessungen und ihres geringen Gewichts bevorzugt bei Expeditionen, Wanderungen, Bergtouren, Rallyes u.ä. eingesetzt.

GPS-REC > GPS-Receiver > Control Display Unit und GPS-Empfangsteil (Sensor) in einem Gehäuse. Die Antenne ist bei portablen Geräten meistens eingebaut, optional kann häufig auch eine externe Antenne angeschlossen werden. Bei stationären Geräten (Einbaugeräte) wird eine separate, externe Antenne angeschlossen.

GPS-SENS > GPS-Sensor > GPS-Empfangs-einheit ohne Anzeige/Bedienteil (GPS-Core-Module oder GPS-Engine)

GPS-Signal > GPS-Signalaufbau >
C/A-Code 1023 MHz
P/Y-Code 10,23 MHz
L1-Signal 1575,42 MHz
L2-Signal 1227,60 MHz
NAV-Daten 50 Hz

GPSIC > GPS Information Center > Das GPS Informationszentrum (USA) liefert Daten über die aktuelle Satellitenkonstellation, die System-Entwicklung und über Satelliten-bahnen an nationale Informationszentren.

Great Circle > Großkreis > Großkreis-Entfer-nungen sind die kürzesten Strecken zwi-schen 2 Punkten auf der Erde, die als ge-zeichnete Verbindung immer eine Kurve er-geben (Ausnahmen: genauer Nord- und Südkurs sowie genauer Ost- und Westkurs am Äquator).

GS > Glideslope, Glidepath > Gleitweg beim ILS > auch Ground Speed > Geschwin-digkeit über Grund (■)

H

HDG > Heading > Steuerkurs (■)
HDOP > Siehe DOP
HF > High Frequency > Kurzwelle
(3 MHz - 30 MHz)
HI > High > Hoch (z.B. Anzeige (■)
HLD > Hold > Halten, einfrieren e. Anzeige (■)
HUD > Head Up Display > Blickfelddarstel-lungsgerät
Hz > Hertz > Hertz (Frequenzeinheit)

I

IAS > Indicated Airspeed > Fluggeschwindig-keit, angezeigte (■)
IC > Integrated Circuit > Integrierter Schaltkreis
ICAO > International Civil Aviation Organization > Internationale Zivilluftfahrt Organisation

ID > Identifier > Kennung (■)

IFAG > Institut für Angewandte Geodäsie > Umbenannt 1997 in Bundesamt für Karto-graphie und Geodäsie

IFGS > Integrated Flight Guidance System > Integriertes Flugführungssystem

IFR > Instrument Flight Rules > Instrumenten-flugregeln

ILS > Instrument Landing System > Instrumen-tenlandesystem

IMC > Instrument Meteorological Conditions > Instrumentenflugwetterbedingungen

INIT > Initialize > Initialisieren, Setzen von Ein-schalt- bzw. Startbedingungen, z.B. bei GPS-Empfängern (■)

Inklination > Bahnneigung von Satelliten. GLONASS-Satelliten haben eine Inklination von 64,8 Grad, GPS-Satelliten von 55 Grad.

INMARSAT > International Maritime Satellite Organization > INMARSAT ist eine interna-tionale Organisation, die sich mit Satelliten-Kommunikationstechniken befaßt und ver-schiedene Satellitendienste zur Verfügung stellt. Dazu zählt auch die Teilnahme an dem geplanten EGNOS-Projekt, bei dem INMARSAT die 4 zum System gehörigen Satelliten Typ 3s beisteuert.

INS > Inertial Navigation System > Trägheits-navigationssystem

Integrity > Integrität eines GPS-Empfängers > Unter Integrity ist einmal die Fähigkeit eines Systems zu verstehen, zeitgerechte War-nungen an den Benutzer auszugeben, so-bald das System nicht mehr zur Navigation verwendet werden sollte. Eine andere De-finition sieht vor, daß, sobald der Positions-fehler einen definierten Grenzwert über-schreitet, innerhalb einer bestimmten Zeit-spanne Alarm ausgelöst wird (Time To Alert). Die Integrity ist das Schlüsselpro-blem bei der Zulassung von GPS als Navi-gationshilfe in der Zivilluftfahrt.

Integrity Monitoring > Zweistufige Methode (Detektion und Isolation) zur Eliminierung eines Satelliten, der fehlerhafte Daten lie-fert, aus der Navigationslösung. Nach der

Ermittlung des Positionsfehlers aus redundanten Messungen wird dieser mit einem Schwellwert verglichen. Bei Abweichung wird der die fehlerhaften Signale liefernde Satellit identifiziert und isoliert.

Interface > Schnittstellen an elektronischen Rechnern. Bei GPS-Empfängern unterscheidet man Schnittstellen im wesentlichen nach folgenden Standards: NMEA 0180, 0182, 0183, RTCM SC-104; ARINC 429, MIL STD 1553, RS 232 C, RS 422.

IOC > Initial Operational Cability > Operative Verfügbarkeit des gesamten GPS, bestehend aus 24 Satelliten.

Ionosphere > Ionosphäre > Schicht in der Erdatmosphäre, die von 80 bis etwa 450 km reicht. Durch Sonneneinstrahlung wird diese Schicht ionisiert und dadurch elektrisch leitend. Kurzwellen werden an dieser Schicht reflektiert (positiver Effekt: Weltweiter Empfang von KW-Sendungen). Nachteilig ist für die GPS-Navigation, daß aus dem Weltraum von GPS-Satelliten ankommende Signale gebrochen und damit in ihrer Laufzeit verändert werden.

IRS > Inertial Reference Sensor > Trägheitssensor

J

JAA > Joint Aviation Authorities > Zusammenschluß von 23 europäischen Staaten mit dem Ziel, gemeinsame Standards (JARs) zur Erhöhung der Sicherheit im Luftverkehr zu erarbeiten und einzuführen.

JAR > Joint Aviation Requirements > Europäische Luftverkehrs-Standards der JAA.

K

Kalman-Filter > Spezielle Software für GPS-Empfänger. Mit einem Kalman-Filter können nicht direkt meßbare Größen geschätzt werden.

Key > Taste (■)

kHz > Kilo-Hertz > Kilo-Hertz (Frequenzeinheit)

KT > Knot > Knoten (Seemeile (NM) = 1,852 km), Plural: KTS, Knots (■)

L

L1 > Hauptfrequenz des GPS-Satellitensignals (1,57542 GHz), aufmoduliert sind C/A- und P-Codes sowie NAV-Nachrichten.

L2 > Sekundärfrequenz des GPS-Satellitensignals (1,227 GHz), aufmoduliert sind P-Code und NAV-Nachrichten, Verwendung nur bei Geodäsie- und P-Code-Empfängern möglich. Eine weitere Frequenz (L5) für zivile Nutzer ist geplant (SAT Block IIF).

LAAS > Local Area Augmentation System > Lokal (regional) verfügbares optimiertes Navigationssystem mit GPS und DGPS (europäische Lösung anstelle WAAS).

LAD > Local Area DGPS > Auf ein engeres Gebiet (ca. 30-40 km, z.B. Umgebung eines Flughafens) beschränktes DGPS. In den USA wird LAD in Verbindung mit SCAT-I verwendet.

Laser Gyro > Laserkreisel

LASTFIX > Last Fix > Letzter bekannter Standort, Waypoint (■)

LAT > Latitude > Breitengrad (■)

LBA > Luftfahrt-Bundesamt

LCD > Liquid Crystal Display > Flüssigkristallanzeige

LED > Light Emitting Diode > Leuchtdioden (Opto-Elektronische Anzeige)

LF > Low Frequency > Langwelle (30 kHz - 300 kHz)

LO > Low > Niedrig (z.B. Anzeige) (■)

LOC > Localizer > Landekurssender

LON > Longitude > Längengrad (■)

LOP > Line Of Position > Standlinie

LORAN C > LOng RAnge Navigation > VLF-Navigationsverfahren, eingeführt 1977 nach dem Einstellen von LORAN A

Low > LO > Niedrig (Anzeige, Schalterstellung)

M

MAG > Magnetic > Magnetisch

Magnetic Compass > Kompaß, Magnet-

MAP > Mapping > Karteneinblendung in Displays für navigatorische Zwecke (■)

MCR > Multichannel Receiver > Mehrkanal-Empfänger > Ein MCR hat mehrere unabhängig voneinander arbeitende Kanäle zum Empfang von je 1 Satelliten.

MCS > Master Control Station

MDE > Mode > Betriebsart, Modus

Means Of Navigation > Sole, Primary und Supplemental Means > Zulassungsgrad für ein Navigationssystem >
Sole Means: Das System erfüllt alle Anforderungen an Verfügbarkeit, Genauigkeit, Integrität und Kontinuität. Es gibt keine Einschränkungen bei seiner Benutzung.
Primary Means: Das System hat die Anforderungen an Genauigkeit und Integrität voll zu erfüllen, aber nicht die nach Verfügbarkeit und Kontinuität; die Einschränkungen werden durch Verfahrensregelungen überbrückt.
Supplemental Means: Die geforderten Kriterien an ein Navigationssystem werden nur bedingt erfüllt; es dient nur der ergänzenden Unterstützung; beim „Overlay"-Verfahren müssen die bodenseitigen Navigationsanlagen, auf die sich das GPS-Verfahren stützt, in Betrieb sein.

MED > Medium > Mittlere Empfindlichkeit, Lautstärke, Intensität usw. (■)

MF > Medium Frequency > Mittelwelle (300 kHz - 3 MHz)

MH > Magnetic Heading > Mißweisender Kurs

MHz > Megacycles Per Second > Mega-Hertz (Frequenzeinheit)

MIL > Military > Militärisch

MKR > Marker Beacon > Markierungsfunkfeuer

MLS > Microwave Landing System > Mikrowellen-Landesystem

MM > Middle Marker > Haupteinflugzeichen (Teil des ILS)

MMD > Moving Map Display > Bildschirmeinheit (portabel oder für den Festeinbau) zur grafischen Darstellung z.B. einer Flugroute mit Waypoints und Kursangaben. Die Route kann mit den Cursortasten „gescrollt" werden, so daß der Eindruck einer sich bewegenden (moving) Karte (map) entsteht. Dabei bleibt z.B. das Flugzeugsymbol fixiert an einer bestimmten Stelle (meistens Display-Zentrum), die Karte bewegt sich „unter" dem Flugzeug.

MOD > Mode > Modus, Betriebsart (■)

MPH > Miles Per Hour > Landmeilen pro Stunde (■)

MSG > Message > Nachricht, Mitteilung, Info

MSL > Mean Sea Level > Mittlere Meereshöhe

MTBF > Mean Time Between Failure > Durchschnittliches Maß für die Zeitspanne zwischen 2 Fehlern eines Systems > Bei GPS-Satelliten wird eine Kurzzeit-MTBF von ca. 7.300 Stunden (10 Monate) und eine Langzeit-MTBF (Totalausfall) von mehr als 7,5 Jahren angenommen.

MTTR > Mean Time To Restore > Durchschnittliches Maß für die Zeitspanne, einen aufgetretenen Fehler zu beseitigen. Bei GPS-Satelliten wird eine Kurzzeitfehlerbeseitigung von 16 Stunden und eine Langzeitfehlerbeseitigung von 4,5 Monaten angenommen.

Multi Sensor GPS > GPS-Empfänger mit einem oder mehreren zusätzlichen externen Navigationssensoren wie z.B. LORAN, INS, VOR usw. Solche Gerätekonfigurationen erhöhen die Sicherheit und die Genauigkeit, z.B. für Präzisionsanflüge.

Multipath Signal > Mehrwege-Signal > Ein Teil eines Satellitensignals kommt über „Umwege" (Reflexionen) zur Antenne und verursacht dadurch z.B. fehlerhafte Distanzberechnungen.

Multiplex Channel > Kanal in einem GPS-Multiplex-Empfänger, der die Signale von mehreren Satelliten hintereinander verarbeiten kann.

N

NASPO > Navigation Systems Program Office > Für die Weiterentwicklung der nationalen Strategie für den Einsatz der Satellitennavigation in der Zivilluftfahrt gegründete Initiative in Deutschland.

NAV > Navigation > Navigation (■)

NAV Data Message > NAV-Nachricht > Die aus 1.500 Bit bestehende Navigationsnachricht, die von jedem GPS-Satelliten mit 50 Bit/Sekunde auf der L1- und/oder L2-Frequenz gesendet wird. Diese Nachricht enthält die Systemzeit, die Uhrenkorrektur-Parameter, die Verzögerungsparameter der Ionosphäre sowie die Ephemeris und den Zustand des Satelliten. Diese Daten werden im GPS-Empfänger berechnet und als Zeit-, Positions- und Geschwindigkeitsinformation an den Nutzer ausgegeben.

NAVSTAR > NAVigation System with Time And Ranging > NAVSTAR GPS, US-amerikanisches Satellitensystem

NCU > Navigation and Communication Unit > Navigations- und Kommunikationseinheit > auch: Navigation Computer Unit > Navigationsrechner

NDB > Non Directional Beacon > Ungerichtetes Funkfeuer

NIS > Navigation Information Service > GPS-Informationsdienst der US Coast Guard, der u.a. über das Internet abrufbar ist.

NM > Nautical Mile > Nautische Meile (Seemeile, Knoten) (■)

NMC > Navigation Management Computer > Navigationsrechner

NMEA > National Marine Equipment Association > Vereinigung nationaler US-amerikanischer Elektronikunternehmen; auch Bezeichnung für die Schnittstelle an GPS-Empfängern für den Anschluß von Peripheriegeräten (z.B. NMEA 0180, 0182 und 0183). Am häufigsten wird bei GPS-Empfängern die Schnittstelle NMEA 0183 verwendet.

NMS > Navigation Management System > Navigationssystem

NS > Nanosecond > Nanosekunde (Vorsatzzeichen ns) > der milliardste Teil (10^{-9}) einer Sekunde = 0,000 000 001 Sekunde

O

OBS > Omni Bearing Selector > Azimutwählknopf (VOR-Bedienknopf)

OEM > Original Equipment Manufacturer > z.B. GPS-Sensor-Hersteller, dessen Produkt als Baugruppe in Geräte anderer Hersteller eingebaut wird.

OFF > Off > Aus (■)

OM > Outer Marker > Voreinflugzeichen (Teil des ILS)

OMEGA > VLF-Navigationsverfahren

ON > On > An (■)

ONTRAC > VLF-Navigationsverfahren

Orbit > Satelliten-Umlaufbahn (um die Erde)

Overlay > Überlagerung eines bestimmten Navigationsverfahrens über andere Navigationsverfahren.

P

P-Code > Precise Code > Satellitencode für PPS (siehe auch Y-Code), der zur Zeit nur den Militärs der USA und befreundeten Streitkräften zur Verfügung steht.

P-RNAV > Precision Area Navigation > Geplante Präzisions-Flächennavigation > Erforderlich für IFR-Anflugverfahren (SIDs, STARs)

P/Y-Code > siehe: P-Code und Y-Code

PC > Personal Computer

PDOP > Siehe DOP

PE > Precise Ephemeris > Präzise Bahndaten mit 2-m-Genauigkeit

PGM > Program > Programm (z.B. Computer-Betriebsart) (■)

POS > Position > Position, Standort (■)

Post Processing > Zeitversetzte Verarbeitung

von aufgezeichneten Daten (s.a. Realtime Processing, Daten-Verarbeitung in Echtzeit). Bei Post Processing werden GPS-Signale sowohl von einer Bodenstation als auch von einem Luftfahrzeug simultan im RINEX-Datenformat aufgezeichnet.

PPS > Precise Positioning Service > Präzisions-GPS-Positions-, Geschwindigkeits- und Zeitreferenzdienst, der ständig und weltweit nur solchen Nutzern zur Verfügung steht, die dafür vom DOD autorisiert sind. Da PPS primär für die militärische Nutzung vorgesehen ist, werden die Signale verschlüsselt ausgesendet. 95%-Genauigkeit der PPS-Navigationsdaten:
Ebene 22 m, Höhe 27,7 m, Zeit 100 Nanosekunden.

PPS-Receiver > Precise Positioning Service Receiver > Präzisions-GPS-Empfänger für den Precise Positioning Service.

PPS-Security-Module > Precise Positioning Service Security Module > Spezieller Prozessor, mit dem SA-Fehler korrigiert werden können. Steht nur US-Streitkräften, NATO und Streitkräften befreundeter Staaten zur Verfügung.

Preselect > Vorwählen (z.B. Frequenz)

Primary Means > siehe Means Of Navigation

Pseudo Range > Pseudo-Entfernung > Durch GPS-Systemfehler entsprechen die gemessenen Entfernungen zu den Satelliten nicht den effektiven, geometrischen Entfernungen und werden deshalb Pseudo-Entfernungen genannt. Zu den Systemfehlern zählt man auch die Ungenauigkeit durch Selective Availability (SA).

Pseudolite > Am Boden installierter DGPS-Hilfssender (Ground-Based „Satellite"), der GPS-Satelliten-ähnliche DGPS-Korrekturdaten abstrahlt. Pseudolites tragen zur Verbesserung der GPS-Satellitengeometrie bei. Problematisch ist der sog. Near/Far-Effekt: In bestimmten Bereichen und Abständen des Flugzeuges zum Pseudolite können die abgestrahlten Signale erheblich stärker als die GPS-Signale sein, so daß es zu Überlagerungen und damit zu Fehlern in den Empfängern kommen kann.

Pull > Ziehen (■)

Push > Drücken (■)

PWR > Power > Stromversorgung (■)

Q

QDM > Mißweisender Steuerkurs über Grund

QDR > Mißweisende Funkstandlinie

QNH Höhenmessereinstellung (Anzeige am Boden = Flugplatzhöhe)

R

RADAR > RAdio Detecting And Ranging > Funkortung (Funkmessung)

Radar Altimeter > Höhenmesser, Radar-

Radio Frequency > Funkfrequenz

Radio Navigation > Funknavigation

RAIM > Receiver Autonomous Integrity Monitoring > GPS-Empfänger-autonomes Überwachen der Integrität (siehe Integrity) über die implementierte GPS-Software. Mit überschüssigen (redundanten) Messungen von Satellitensignalen werden Empfänger-autonom fehlerhafte Satellitensignale ermittelt. Für das Entdecken (Detektion) eines fehlerhaften Satellitensignals benötigt man Pseudo-Range-Messungen zu 5, für die Identifikation und Isolation des fehlerhaften Satelliten zu 6 Satelliten (siehe auch Integrity Monitoring).

RAM > Random-Access-Memory > Schreib-Lese-Speicher

RCL > Recall > siehe: Recall (■)

RDS > Radio Data System > Über Rundfunksender verbreitete verkehrsrelevante Daten, die z.B. auch DGPS-Korrekturdaten enthalten können.

Real Time > Echtzeit > Die von DV-Prozessoren berechnete Datenausgabe erfolgt in Echtzeit und nicht zeitversetzt zum Dateneingang.

Realtime DGPS > Verfügbarkeit von DGPS-Korrekturdaten in Echtzeit

Realtime Processing > s.a. Post Processing

REC > Receiver > Empfänger, GPS-Empfänger

RECALL > Recall > Abruf, z.B. von gespeicherten Daten (■)

Receiver > Empfänger

Reference Clock > Referenzuhr > Im GPS-Empfänger eingebaute, temperaturstabile, beschleunigungsresistente Quarzuhr zur Bestimmung der GPS-Systemzeit. Sie synchronisiert alle Empfängerfunktionen und definiert die Empfänger-Lokalzeit.

Reference Frame > Referenz-Kartenbezugssystem > WGS 84

Remote Unit > Fernbedienung

REV > Reverse > Umgekehrt, Umkehrkurs (■)

RINEX > Receiver INdependent EXchange Format > RINEX-Datenstandard für Zeit, Phase und Reichweite. Zusammenstellung von Standard-Definitionen und -Formaten, die den Datenaustausch z.B. zwischen verschiedenen GPS-Empfängern oder Post-Processing Software vereinheitlicht.

RMI > Radio Magnetic Indicator > ADF/VOR-Kombinationsanzeiger

RMS > Root Mean Square > Quadratischer Mittelwert einer Messreihe, z.B. bei der horizontalen Genauigkeit bei GPS-Empfängern (+/- 100 m RMS).

RNAV > Area Navigation > Flächennavigation (■)

RNG > Range > Reichweite, Entfernung (■)

RNP > Required Navigation Performance > RNP sieht vor, daß entsprechend den aus der Verkehrsdichte und -struktur resultierenden Anforderungen an die Navigationsgenauigkeit in bestimmten Lufträumen für jeden Luftraum eine geforderte laterale Navigationsgenauigkeit festgelegt wird. Die Luftfahrzeuge müssen dann so ausgerüstet sein, daß die geforderte Navigationsgenauigkeit von ihnen eingehalten werden kann, wobei es dem Luftfahrzeughalter überlassen wird, mit welchen bordseitigen Navigationsanlagen er den Anforderungen genügt.

Mit der Festlegung von Genauigkeitsklassen werden die erforderlichen Navigationsgenauigkeiten vorgeschrieben, z.B.:

RNP 1 > Required Navigation Performance Class 1 > Lufträume, laterale Genauigkeit von +/- 1 NM (95% Wahrscheinlichkeit)

RNP 5 > Required Navigation Performance Class 5 > Lufträume/-Strecken, laterale Genauigkeit von +/- 5 NM

ROM > Read-Only-Memory > Nur-Lese-Speicher

RR > Reverse Route > Umkehrstrecke

RTCA > Radio Technical Commission for Aeronautics > Kommission in den USA, die u.a. Datenformate für den Luftfahrtbereich standardisiert.

RTCM > Radio Technical Commission for Maritime Services > Kommission in den USA, die u.a. Datenformate für den Marinebereich standardisiert.

RTCM SC 104 > Radio Technical Commission for Maritime Services Special Committee 104 > Datenformat-Standard z.B. von Korrekturdaten des LW-Realtime-DGPS (RTCM-Format Version 2.0).

RTE > Route > Route, Strecke

S

SA > Selective Availability > Künstliche Verschlechterung der Satellitensignale bei SPS durch den GPS-Betreiber (DOD), um den zivilen, nicht-autorisierten Nutzer die Präzision der militärischen Anwendung (PPS) vorzuenthalten. Bei SA werden die Frequenzen der Satelliten-Borduhren und die Satelliten-Bahndaten nach dem Zufallsprinzip verfälscht. Dadurch wird die in den GPS-Empfängern berechnete Position auf eine Genauigkeit von horizontal ca. 100 Meter (95% Wahrscheinlichkeit) begrenzt.

SAR > Search and Rescue > Such- und Rettungsdienst

SATCOM > Satellite Communications > Austausch digitaler (Daten) und analoger (Telefon, Video, TV) Signale über Satelliten.

Satellite Clocks > Cäsium- und Rubidium-Atomuhren in Satelliten > Hochpräzise Referenzuhren mit extremer Frequenzstabilität.

SATNAV > Satellitennavigation > Sammelbegriff für die bestehenden Systeme GPS und GLONASS

SATSTAT > Satelliten-Status

Scan > Abtasten, Suchen, automatisches (z.B. Sendersuchlauf in Empfangsanlagen) (■)

SCAT-I > Special CAT-I > Ein in den USA von der FAA für einzelne private Flugplätze zugelassenes Anflugverfahren mit DGPS-gestütztem GPS. Die Zulassung wird für jeden einzelnen Flugplatz und auch nur für einzelne Flugzeuge erteilt.

Screen > Bildschirm (Raster, Netz)

Scroll > Rollen > Auf- und/oder Abwärtsbewegen in einem Display mit den Cursortasten.

Security Module > SM > Bauteil eines GPS-Empfängers (PPS Security Module), mit dem die SA umgangen werden kann. SMs stehen ausschließlich autorisierten GPS-Nutzern zur Verfügung.

SEL > Select > Wählen (■)

SEL > Selector > Drehknopf (■)

SENS > Sensitivity > Empfindlichkeit (■)

SENS > Sensor, GPS-Sensor > Geber (Meß- oder Empfangseinrichtung), GPS-Empfangsteil ohne Anzeige/Bedienteil

SET > Set > Speichern, schalten (■)

SGS85 > Soviet Geodetic System 1985 > bei GLONASS verwendetes Kartenbezugssystem der früheren Sowjetunion.

Shadowing > Abschatten der GPS-Antenne durch Gebäude, Tragflächen bei Flugzeugen im Kurvenflug usw.

SI > International System of Units > Internationales Einheitensystem

Signal Processing Channels > Signalverarbeitungskanäle > Kanäle in einem GPS-Empfänger zum simultanen Empfang und Verarbeitung der Daten. Mindestens 4 Satelliten müssen simultan (parallel) empfangen werden (3 für die zweidimensionale Position, 1 für die Höhe). Ältere GPS-Empfänger mit nur einem Kanal verarbeiten

die Signale sequentiell oder quasi-parallel nach dem Multiplex-Verfahren. Üblich sind heute mehrere simultan arbeitende Parallelkanäle (5-12 Kanäle). Sequentielle Empfänger entsprechen heute nicht mehr dem Stand der Technik.

Signal Processor > Signalverarbeitungsprozessor > Bauteil eines GPS-Empfängers. Aufgabe: Ausfilterung und Verarbeitung von individuellen Satellitensignalen. Verwendet werden konventionelle Digital Signal Prozessoren.

Sole Means > s. Means Of Navigation

Space Segment > Raumsegment des GPS, bestehend aus den 24 Satelliten im Orbit.

SPD > Speed > Geschwindigkeit (■)

SPS > Standard Positioning Service > Standard-GPS-Positions- und Zeitreferenzdienst, der allen GPS-Nutzern weltweit kostenlos zur Verfügung steht. Bei SPS werden über die GPS-L1-Frequenz der C/A-Code und Navigationsdaten mit folgenden 95%-Genauigkeiten ausgesendet: Ebene 100 m, Höhe 156 m, Zeit 340 Nanosekunden.

SPS Receiver > Standard Positioning Service Receiver > GPS-Empfänger für den Standard Positioning Service.

STAT > Satellite-Status > Satelliten-Status

Station Indicator > Stationsanzeiger (z.B. bei VLF-Navigation)

STBY > Stand-By > Warten (■)

STD > Standard > z.B. Standardbetrieb (■)

Supplemental Means > siehe Means Of Navigation

SV > Space Vehicle > Anderer Begriff für Satellit (■)

T

TACAN > Tactical Air Navigation System > Taktische Flugnavigationshilfe

TAG > Tag > elektronische Markierung

TAS > True Airspeed > Fluggeschwindigkeit, wahre (Eigengeschwindigkeit des Flugzeuges) (■)

TDOP > Siehe DOP

TH >True Heading > Rechtweisender Steuerkurs

Time Errors > Laufzeitfehler > Die Satellitensignale werden beim Durchlaufen der Ionosphäre und Troposphäre gebrochen und
dadurch in ihrer Laufzeit verlängert.

Time Measurement > Zeitmessung > Jeder
aktive GPS-Satellit hat zur hochpräzisen
Zeitmessung vier integrierte Atom-Uhren.

TMR > Timer (■)

TO/FROM Indicator > TO/FROM-Anzeiger (bei
VOR) (■)

Tracking > Verfolgen von Satelliten durch den
GPS-Empfänger.

Transceiver > Sende/Empfangsgerät. Engli-
sches Kunstwort, das sich aus **Trans**mitter
und Re**ceiver** zusammensetzt.

Transmitter > Sender

Troposphere > Troposphäre > Unterste
Schicht der Erdatmosphäre, in der sich das
Wettergeschehen abspielt. Sie reicht an
den Polen etwa 9 km, am Äquator etwa 17
km hoch.

TSO > Technical Standard Order > Technische
Spezifikation der FAA für die Luftfahrt
(Luftfahrzeuge, Avionik usw.).

TST > Test > Test (z.B. Anzeige) (■)

TT > True Track > Rechtweisender Kurs über
Grund (■)

TTFF > Time to First Fix > Zeit bis zum ersten
Fixpunkt

TTG > Time To Go > Restzeit zum Zielort (■)

TTS > Time To Station > Flugzeit zur Funksta-
tion (■)

TVOR > Terminal VOR > Flugplatz-VOR

U

UHF > Ultra High Frequency > Dezimeterwelle
(300 MHz - 3 GHz)

Update > Aktualisierung, z.B. von Karten, EDV-
Programmen, Daten in GPS-Empfängern,
Databases usw.

Update Rate > Aktualisierungsrate > Zeitliche
Folge (z.B. Abstand von 1 Sekunde), in der
GPS-Empfänger ihre Position neu berech-
nen (aktualisieren).

URA > User Range Accuracy > Teil des Entfer-
nungsmeßfehlers einer individuellen Fehlerquelle (scheinbare Uhren- und Epheme-
ris-Vorhersagegenauigkeit). Der Wert wird
umgesetzt in Entfernungs-Einheiten, vorausgesetzt, die Fehlerquelle korreliert nicht
mit allen anderen Fehlerquellen. Werte
unter 10 sind akzeptabel.

User Segment > Nutzersegment des GPS,
bestehend aus den stationären und mobi-
len GPS-Empfängern der Anwender.

UTC > Universal Time Coordinated > Weltzeit

V

VAR > Variation > Ortsmißweisung

VDC > Volts Direct Current >Voltangabe bei
Gleichstrom

VDF > Very High Frequency Direction Finder >
UKW-Peilstelle

VDOP > Siehe DOP

VFR > Visual Flight Rules > Sichtflugregeln

VHF > Very High Frequency > Ultrakurzwelle
(30 MHz - 300 MHz)

VLF > Very Low Frequency > Längstwelle
(3 kHz - 30 kHz)

VMC > Visual Meteorological Conditions >
Sichtflugwetterbedingungen

VNAV > Vertical Navigation > Höhennavigation

VOL > Volume > Lautstärke (Anzeige, Schalterstellung) (■)

VOR > Very High Frequency Omnidirectional
Radio Range > UKW-Drehfunkfeuer (■)

VORTAC > VOR + TACAN > Kombinationsan-
lage VOR und TACAN (■)

VS > Vertical Speed > Steig- oder Sinkflugge-
schwindigkeit (■)

VSI > Vertical Speed Indicator > Variometer

W

WAAS > Wide Area Augmentation System > Geplantes weltweit verfügbares Navigationssystem der USA mit GPS und DGPS.

WAD > Wide Area Differential > Weiteres Akronym über ein geplantes europäisches Navigationssystem-Pendant mit GPS und DGPS zum amerikanischen WAAS (s.a. EGNOS, LAAS, WAAS).

WARN > Warning > Warnung (■)

WGS 84 > World Geodetic System 1984, globales terrestrisches Kartenbezugssystem, das bei GPS seit 1987 verwendet wird.

WPT > Waypoint > Wegpunkt (Wegepunkt bei RNAV, GPS usw.) (■)

WRN > Warning > Warnung (■)

XYZ

XTE > Cross Track Error > Kursablage, Kursversatz (■)

Y-Code > Secret Code > Geheime Chiffrierung des P-Codes bei AS, .

GPS-Empfänger- und Moving Map Display-Übersicht

In dieser Übersicht (Stand Oktober 97) sind die meisten der auf dem deutschen Markt erhältlichen Luftfahrt-GPS-Empfänger sowie die gängigsten GPS-fähigen Moving Map Displays aufgeführt. Diese Übersicht ist nur eine Momentaufnahme per Oktober 1997 und kann somit nicht vollständig sein, da sich das GPS-Empfängerangebot durch rasche Modellwechsel ständig verändert.

Alle aufgeführten Typen werden in den Empfänger-Portraits (Kapitel 4) mit den wichtigsten technischen Daten vorgestellt.

Anschriften

Aero Electronic
Flughafen
90411 Nürnberg
Vertrieb von Luftfahrt-GPS-Systemen

Aerodata Flugmeßtechnik GmbH
Hermann-Blenk-Straße 36
38108 Braunschweig
Erprobung und Herstellung von Differen-
tial-GPS- und GPS-Satellitennavigations-
systemen für alle Verkehrsbereiche

Airmarin GmbH
Flughafen Köln-Bonn
51147 Köln
Vertrieb von Luftfahrt-GPS-Systemen

Allied Signal Bendix/King
Frankfurter Str. 41-65
56479 Raunheim
Hersteller von GPS-Empfängern

AMSAT Deutschland
Holderstrauch 10
35041 Marburg

AOPA Germany
Verband der Allgemeinen Luftfahrt e.V.
Ausserhalb 27
63329 Egelsbach-Flugplatz

ARNAV Systems
P.O. Box 73730
USA - Puyallup, WA 98373
Hersteller von GPS-Empfängern

Atlas Air Service GmbH
Flugplatz
27777 Ganderkesee
Vertrieb von Luftfahrt-GPS-Systemen

Avionic Service
Richthofenweg 13
49088 Osnabrück
Vertrieb von Luftfahrt-GPS-Systemen

Avionik Zentrum Braunschweig
Forststr. 33
38108 Braunschweig
Entwicklungen im Bereich der Luftfahrt-
elektronik, Flugwerft-Betrieb

Becker Flugfunk
Baden Airpark, Gebäude 108
76549 Hügelsheim
Hersteller von GPS-Empfängern

Bundesamt für Kartographie
und Geodäsie
(früher: Institut für Angewandte Geodäsie
in Frankfurt, IFAG)
Zentrale Dienststelle, Villa Mumm
Richard-Strauss-Allee 11
60598 Frankfurt am Main

Bundesamt für Kartographie
und Geodäsie
GIBS - GPS Informations-und Beobachtungsdienst
Karl-Rothe-Str. 10-14
04105 Leipzig

DARA GmbH
Deutsche Agentur für Raumfahrt-
angelegenheiten
Königswintererstr. 522-524
53227 Bonn

Deutsche Aerospace
Fachbereich Bordsysteme
Sedanstr. 10
59427 Ulm

Deutsche Aerospace
Fachbereich Satellitensysteme
Leopoldstr. 175
80804 München

Deutsche Flugsicherung GmbH
Büro NfL
Kaiserleistr. 29-35
63067 Offenbach

Deutsche Flugsicherung GmbH
Zentralstelle
Kaiserleistr. 29-35
63067 Offenbach

**Deutsche Forschungsanstalt
für Luft- und Raumfahrt**
Institut für Flugführung
Flughafen
38110 Braunschweig

**Deutsche Forschungsanstalt
für Luft- und Raumfahrt**
Linder Höhe
51147 Köln

**Deutsche Gesellschaft
für Luft- und Raumfahrt**
Godesberger Allee 70
53175 Bonn

**DGON
Deutsche Gesellschaft
für Ortung und Navigation**
Pempelforter Str. 47
40211 Düsseldorf
*Federführende Organisation der jährlichen
Fachseminare „Satellitennavigationssyste-
me - Grundlagen und Anwendungen im
Verkehrswesen und in den Geowissen-
schaften"*

**DGPS-Dienst der
Differential Corrections Inc.**
Differential Corrections Inc.
20045 Stevens Creek Blvd., Suite 2A
USA - Cupertino, CA 95014
Hersteller von DGPS-Empfängern

**DGPS-Dienst der Wasser- und Schiff-
fahrtsverwaltung**
Wasser- und Schiffahrtsverwaltung
Seezeichen Versuchsfeld
Weinbergstraße 11-13
56070 Koblenz

**DGPS-Dienst des
Landesvermessungsamtes Nordrhein-
Westfalen**
DGPS-Dienst VITESSE
LVermA Nordrhein-Westfalen
Muffendorfer Straße 19-21
53177 Bonn

**DGPS-Dienst EPS der Arbeitsgemein-
schaft der Vermessungsverwaltungen**
DGPS-Dienst RASANT
LVermA Nordrhein-Westfalen
Muffendorfer Straße 19-21
53177 Bonn

**DGPS-Dienst HEPS der Arbeitsgemein-
schaft der Vermessungsverwaltungen**
DGPS-Dienste der AdV
Freie und Hansestadt Hamburg
Baubehörde, Vermessungsamt
Postfach 300580
20302 Hamburg

DGPS-Dienst RASANT
WDR-Senderbetriebstechnik
Apellhofplatz 1
50667 Köln

**DGPS-Dienst vom Institut für
Angewandte Geodäsie**
Institut für Angewandte Geodäsie
Richard-Strauss-Allee 11
60598 Frankfurt

DGPS-Dienst von Telekom
Deutsche Telekom, Niederlassung Trier
TBR, Projektteam DGPS-Zusatzdienst
Postfach 9100
54287 Trier

Eisenschmidt GmbH
Frankenallee 25
60327 Frankfurt
Offizielle Auslieferungsstelle der amtlichen
Luftfahrt-Veröffentlichungen der DFS
Deutsche Flugsicherung GmbH, Büro NfL,
Vertrieb von Luftfahrtzubehör und Luft-
fahrt-GPS-Systemen

ESA European Space Agency
8-10 Rue Mario Nikis
F 75738 Paris Cedex 15
Europäische Weltraumorganisation

ESOC
Robert-Bosch-Str. 5
64293 Darmstadt
Europäisches Operationszentrum für
Weltraumforschung

European Geostationary Navigation
Overlay Service EGNOS
Deutsche Bundespost Telekom
Forschungs- und Technologiezentrum
Referat S3
Postfach 100063
64276 Darmstadt

Eventide Inc.
1 Alsan Way
USA - Little Ferry, New Jersey 07643
Hersteller von GPS-Displays

FGSV Verlag GmbH
Stichwort DFNP 96
Konrad-Adenauer-Straße 13
D-50996 Köln
Verlag und Auslieferung des Deutschen
Funknavigationsplanes 1996

Filser Electronic
Gewerbestr. 2
86875 Waal
Hersteller von GPS-Empfängern

Friebe Luftfahrtbedarf
Flughafen Neuostheim
68163 Mannheim
Vertrieb von Luftfahrt-GPS-Systemen

Garmin International
11206 Thompson Ave.
USA - Lenexa, Kansas 66219
Hersteller von GPS-Empfängern

Honeywell GmbH
Berg-am-Laim-Str. 47
81673 München
Hersteller von GPS-Empfängern

IIMorrow
P.O. Box 13549
USA - Salem, OR 97309
Hersteller von GPS-Empfängern

INMARSAT
40 Melton Street
GB London NW1 2 EQ
Internationale Satellitenorganisation

INMARSAT
Aeronautical Satellite News
40 Melton Street
GB London NW1 2 EQ
Fachmagazin für Satellitenanwendungen

Jeppesen & Co GmbH
Walter-Kolb-Str. 13
60594 Frankfurt
GPS-Databases für die Luftfahrt

Klatt EDV
Eichenstr. 34
84555 Jettenbach
Hersteller von GPS-Software

Luftfahrt-Bundesamt
Postfach 3054
38110 Braunschweig

Magellan Systems
960 Overland Court
USA - San Dimas, CA 91773
Hersteller von GPS-Empfängern

Moving Terrain
Air Navigation Systems
Bunzlauer Str. 23
80992 München
Hersteller von GPS-Displays

Northstar Technologies
30 Sudbury Road
USA - Acton, MA 01720
Hersteller von GPS-Empfängern

Rockwell Collins
Collins General Aviation Deutschland
Kelsterbacher Str. 20
65479 Raunheim
Hersteller von GPS-Sensoren

Siebert Flugbedarf
Rektoratsweg 40
48159 Münster
Vertrieb von Luftfahrt-GPS-Systemen

Skyforce Avionics
14100 Parke Long Court, Suite F
USA - Chantilly, Virginia 20151
Hersteller von GPS-Empfängern

Trimble Navigation Deutschland GmbH
Moselstr. 27
63452 Hanau
Vertrieb von GPS-Empfängern der Trimble Navigation für Deutschland

TU Braunschweig
Institut für Flugführung
Prof. Dr. Schänzer
Hans Sommer Str. 66
38106 Braunschweig

TU München
Lehrstuhl für Raumfahrttechnik
Prof. Dr. Eder
Richard-Wagner-Str. 18/III
80333 München

Universität der Bundeswehr
Prof. Dr. Hein
Werner-Heisenberg-Weg 39
85579 Neubiberg

Universität Stuttgart
Institut für Navigation
Prof. Dr. Hartl
Keplerstr. 11
70174 Stuttgart

Internet-Adressen (Auswahl)

Aerodata Flugmeßtechnik GmbH
http://www.aerodata.de

Air Report Verlag
http://www.air-report.com

Allied Signal Bendix/King
http://www.alliedsignal.com/aerospace

AOPA Germany
http://www.cybermedia.de/aopa

ARNAV Systems
http://www.arnav.com

Avionik Zentrum Braunschweig
http://www.az-bs.de

**Bundesamt für Kartographie
und Geodäsie**
http://www.ifag.de

**Bundesamt für Kartographie
und Geodäsie - GIBS**
http://www.no5.leipzig.ifag.de

Bundesministerium für Verkehr
http://www.bmv.de

Deutsche Flugsicherung GmbH
Noch nicht im Internet vertreten.

Deutsche Forschungsanstalt für Luft- und Raumfahrt
http://www.dlr.de

DGON
http://www.dgon.de

DCI Differential Corrections Inc.
http://www.dgps.com

DOT Department Of Transportation
http://www.dot.gov

ESA European Space Agency
http://www.esoc.esa.de

ESOC
http://www.esoc.esa.de

Eventide Inc.
http://www.eventide.com

FAA Federal Aviation Administration
http://www.faa.gov

Garmin International
http://www.garmin.com

GPS NAVSTAR Informationen
http://www.navcen.scg.mil

GPS-WORLD Magazine
http://www.gpsworld.com

GLONASS Informationen
http://www.rssi.ru

Honeywell GmbH
http://www.honeywell.com/products

IIMorrow
http://www.iim.ups.com

INMARSAT
http://www.inmarsat.org

Jeppesen & Co GmbH
http://www.jeppesen.com

Luftfahrt-Bundesamt
http://www.lba.de

Magellan Systems
http://www.next-destination.co.uk

Navtech GPS-Seminare
http://www.navtechgps.com

Northstar Technologies
http://www.northstarcmc.com

Novatel
http://www.novatel.ca

Rockwell Collins
http://www.corp.rockwell.com

Skyforce Avionics
http://www.skyforce.com

Trimble Navigation
http://www.trimble.com

**Weltbeste GPS-Webpages:
University of Texas, Peter H. Dana**
http://www.utexas.edu

Wormley´s GPS Resources
http://www.cnde.iastate.edu/gps.html

Literatur- und Quellenhinweise

Aerodata Informations-Video:
Die GPS-Story
Aerodata, Braunschweig 1993

Ardey, K.F.:
GPS als alleinige Navigationshilfe in der Allgemeinen Luftfahrt
DGON Seminar Script, Düsseldorf 1996

Augath, Dr. W.:
Pläne zum Aufbau eines Netzes von DGPS-Referenzstationen in der Landesvermessung im norddeutschen Raum
DGON Seminar Script, Düsseldorf 1993

Bachmann, P.:
Flugzeug-Instrumente
Motorbuch Verlag, Stuttgart 1992

Bachmann, P.:
Handbuch der Satelliten-Navigation
Motorbuch Verlag, Stuttgart 1993

Becker Avionic Systems:
Air Scout Bedienungsanleitung
Becker GmbH, Hügelsheim 1997

Bloch, Dr. S.:
Aufbau und Funktion eines GPS-Satelliten-Navigationsempfängers
DGON Seminar Script, Düsseldorf 1993

Brockhaus, F.A. (Hrsg.):
Brockhaus Naturwissenschaften und Technik in 5 Bänden
F.A. Brockhaus, Mannheim 1989

Broughton, D.W.:
A European radionavigation plan
ESA Publications, Noordwijk (NL) 1992

Connes, K.:
The LORAN, GPS and NAV/COMM Guide
Butterfield Press, Templeton (USA) 1992

DFS Deutsche Flugsicherung GmbH Büro Nachrichten für Luftfahrer:
AIC 15/95
AIC 21/95
AIC 5/96
NfL II-72/94
NfL II-73/94
NfL Briefing Bulletin vom 09.11.95
NfL II-66/96
Büro NfL, 1994-1996

Dickhaut, G..:
Strategie für den Einsatz der satellitengestützten Navigation in der Zivilluftfahrt
DGON Seminar Script, Düsseldorf 1996

Eissfeller, Dr. B.:
Integrity Monitoring
DGON Seminar Script, Düsseldorf 1993

Gerlach, B.:
Welcher Empfänger für welche Anwendung?
DGON Seminar Script, Düsseldorf 1993

Görnemann, M.:
Zulassung und Betrieb von SATNAV aus der Sicht der Joint Aviation Authorities JAA
DGON Seminar Script, Düsseldorf 1996

Graf, K.P. und Gampe, F.:
Collection and distribution of ecological data by satellite: Pilot projects as demonstration of the concept
ESA Publications, Noordwijk (NL) 1992

Hein, Prof.Dr. G.:
Differentialverfahren in der Satellitennavigation - Internationale Standardisierung von DGPS
DGON Seminar Script, Düsseldorf 1993

Hein, Prof.Dr. G.:
Differentialverfahren in der Satellitennavigation
DGON Seminar Script, Düsseldorf 1993

Hielscher, D. et al.:
Das SATNAV-Experimentalprogramm der DFS - Ziele und Umsetzung
DGON Seminar Script, Düsseldorf 1996

IIMorrow Inc.:
Apollo 360 User´s Guide
IIMorrow Inc., Salem, USA, 1997

IIMorrow Inc.:
Apollo Precedus Benutzerhandbuch
IIMorrow Inc., Salem, USA, 1995

IIMorrow Inc.:
Apollo Precedus Benutzerhandbuch, Kurzübersicht (Zusatz)
IIMorrow Inc., Salem, USA, 1996

IIMorrow Inc.:
Apollo SL 50 / SL 60 User´s Guide
IIMorrow Inc., Salem, USA, 1997

Jakowski, Dr. N., Mayer, Prof.Dr. G.:
Grenzen des Einsatzes von Satellitennavigationssystemen - Radiowellenausbreitung
DGON Seminar Script, Düsseldorf 1993

Jeppesen FlighTime Video Series:
GPS/LORAN Navigation
Jeppesen Sanderson, NN (USA) 1993

Kasties, G., Jeske, R.:
Erfahrungen mit GLONASS
DGON Seminar Script, Düsseldorf 1993

Kügler, D. et al.:
Integration von GPS und LORAN C - Möglichkeiten und Leistungsfähigkeit eines integrierten Radionavigationssystems
DGON Seminar Script, Düsseldorf 1996

Kügler, Dr. D. et al.:
Der Deutsche Funknavigationsplan
DGON Seminar Script, Düsseldorf 1996

Kügler, Dr. D. et al.:
Der Europäische Radionavigationsplan
DGON Seminar Script, Düsseldorf 1996

Kühnle, E.:
Satellitennavigation für Jedermann - Marktperspektiven einer Zukunftstechnologie
DGON Seminar Script, Düsseldorf 1996

Laue, H.:
Satellitennavigation in der Raumfahrt
DGON Seminar Script, Düsseldorf 1993

Lechner, Dr. W., Jeske, R., Vieweg, S.:
Results of a DGPS / GLONASS / INS Flight Test Program
Aerodata, Braunschweig 1992

Lechner, Dr. W.:
AeroNav Specification
(and other publications on AeroNav and Differential GPS in 1992)
Aerodata, Braunschweig 1993

Lechner, Dr. W.:
Aktivitäten der DGON im Bereich der Satellitennavigation
DGON Seminar Script, Düsseldorf 1993

Lechner, Dr. W.:
Navstar GPS and Glonass - Competitors or Initial Elements of a Future Global Satellite Navigation System?
Aerodata, Braunschweig 1992

Lindstrot, W.:
Satellitennavigation über Rundfunk in Nordrhein-Westfalen
DGON Seminar Script, Düsseldorf 1993

Moving Terrain:
Handbuch für MT-MultiMobil Version 3.6
Moving Terrain Air Navigation Systems
GmbH, München 1997

Müller, A.:
GPS-Meßverfahren und Bezugssysteme
DGON Seminar Script, Düsseldorf 1993

Nau, H., Unverdross, R.:
Satellitennavigation in der Zeitmeßtechnik
DGON Seminar Script, Düsseldorf 1993

Rehmert, H.:
DGPS - Referenzstation, Anforderungs-profil
DGON Seminar Script, Düsseldorf 1993

Rohling, Prof.Dr. H.:
Möglichkeiten der Datenübertragung bei Echtzeit-Differentialverfahren
DGON Seminar Script, Düsseldorf 1993

Schänzer, Prof.Dr. G.:
Satellitennavigation in der Luftfahrt
DGON Seminar Script, Düsseldorf 1993

Schmid, K.H.:
Stand der Zulassungen von SATNAV als Navigationssystem
DGON Seminar Script, Düsseldorf 1993

Schrödter, F.:
GPS Satelliten-Navigation
Franzis Verlag, Poing 1994

Schwarting, E.R.:
The Future of Satellite-Based Navigation
Rockwell Avionics Collins, Cedar Rapids, USA, 1997

Shirer, H.O.:
The role of GPS in a future radionavigation mix - Trend in the 1992 US Federal Radionavigation Plan
ESA Publications, Noordwijk (NL) 1992

Steilen, E.:
Insurance cover for space ventures
ESA Publications, Noordwijk (NL) 1992

Tiemeyer, B. et al.:
Can GNSS be Certificated for General Aviation?
DGON Seminar Script, Düsseldorf 1996

Wacker, Dr. U., Jacob, Dr. T., Meyer-Hilberg, Dr. J.:
Integration von Satellitennavigation mit anderen Systemen
DGON Seminar Script, Düsseldorf 1993

Weber, Dr. G.:
Das Computer Bulletin Board des GPS-Informations- und Beobachtungssystems (GIBS)
DGON Seminar Script, Düsseldorf 1993

Wlaka, M.:
Konzept für einen Beitrag zu GNSS 2
DGON Seminar Script, Düsseldorf 1996

Der Autor

Peter Bachmann (Jahrgang 1942) studierte nach dem Abitur Wirtschaftswissenschaften (J.W.v.-Goethe-Universität, Frankfurt).

Nach dem Studium war er fünf Jahre lang Geschäftsführer in drei großen deutschen Verlagen. 1975 gründete er einen eigenen Verlag und ein betriebswirtschaftliches Beratungsbüro. Bis heute sind in diesem Verlag weit über 100 Publikationen, vorwiegend über Luftfahrt-Themen, erschienen.

Daneben werden seit 1975 im Beratungsbereich des Verlages Wirtschaftlichkeitsanalysen über ein- und zweimotorige Privat- und Geschäftsreiseflugzeuge erstellt.

Neben diesem Know-How über die betriebswirtschaftlichen Aspekte in der Luftfahrt stehen die praktischen Erfahrungen aus ca. 3.500 VFR- und IFR-Flugstunden als Pilot und Co-Pilot seit 1973.

Vor diesem Hintergrund ist das vorliegende Handbuch entstanden.

Bisherige Veröffentlichungen des Autors im Motorbuch Verlag:

Einmotorige Flugzeuge
Bilder, Daten, Kosten (1976 und 1978)

Ein- und zweimotorige Flugzeuge
Bilder, Daten, Kosten (1980, 1991, 1993)

Flugzeuginstrumente
Typen, Technik, Funktion (1992)

Handbuch der Satelliten-Navigation
GPS - Technik, Geräte, Anwendung (1993)

Luftfahrtberufe
Voraussetzungen, Ausbildung, Perspektiven (1994)

Internationale Flughäfen Europas
Pläne - Daten - Fakten (1995)

Wetter
Privatpiloten-Bibliothek, Band 6, (1996)

Sprechfunkzeugnisse für VFR-Piloten
Privatpiloten-Bibliothek, Band 7, (1997)